高职高专汽车制造类立体化创新教材

汽车整车装配与调试

(配任务工单)

主 编 刘竞一 邓 璘 汪随风
参 编 徐凤娇 谢吉祥 张俊峰 曹怀宾
主 审 马明芳

机械工业出版社

本教材是"全国职业院校装备制造类示范专业"项目建设中"高职高专汽车制造类立体化创新教材"开发与建设项目的核心成果，并基于生产实践，贯穿"理实一体化"的教学理念，采用项目教学法整合开发。全书以汽车装配的实际生产线为基础，以"工位"为单位，内容包含：汽车装配基础知识、内饰件装配工位、仪表总成装配工位、底盘装配工位、动力总成装配工位、外饰件装配工位、尾线装配工位、整车装配检测与调整工位。每一个工位为一个学习项目，每一个学习项目又包含该工位的装配任务。为了便于师生的学习，本教材还配备了任务工单及相关的微课视频。

在本教材的编写过程中，编者依照《国家职业教育改革实施方案》建设要求，按照以学生为主体，以真实装配过程为载体，以实训为手段的内容体系进行编写，体现教学内容的实用性、先进性和前瞻性。

本教材可作为应用型本科、高职高专汽车装配与试验技术及相关专业的教材，也可供汽车研究、开发、制造、生产和管理等方面的工程技术人员参考。

图书在版编目（CIP）数据

汽车整车装配与调试：配任务工单 / 刘竞一，邓璘，汪随风主编．— 北京：机械工业出版社，2023.7（2025.1 重印）
高职高专汽车制造类立体化创新教材
ISBN 978-7-111-73265-5

Ⅰ.①汽… Ⅱ.①刘… ②邓… ③汪… Ⅲ.①汽车－装配（机械）－高等职业教育－教材 ②汽车－调试方法－高等职业教育－教材 Ⅳ.① U463

中国国家版本馆 CIP 数据核字（2023）第 097340 号

机械工业出版社（北京市百万庄大街 22 号　邮政编码 100037）
策划编辑：李　军　　　　　责任编辑：李　军　丁　锋
责任校对：樊钟英　李　杉　　封面设计：马精明
责任印制：张　博
北京建宏印刷有限公司印刷
2025 年 1 月第 1 版第 4 次印刷
184mm×260mm · 25.25 印张 · 630 千字
标准书号：ISBN 978-7-111-73265-5
定价：79.90 元（含任务工单）

电话服务　　　　　　　　网络服务
客服电话：010-88361066　　机　工　官　网：www.cmpbook.com
　　　　　010-88379833　　机　工　官　博：weibo.com/cmp1952
　　　　　010-68326294　　金　书　网：www.golden-book.com
封底无防伪标均为盗版　机工教育服务网：www.cmpedu.com

编委会

主　任：张俊峰（重庆电子科技职业大学）
副主任：翟候军（重庆长安汽车股份有限公司）
　　　　陈红鹰（上汽依维柯红岩商用车有限公司）
　　　　罗永前（重庆电子科技职业大学）
编　委：陈心赤（重庆电子科技职业大学）
　　　　王　勇（重庆电子科技职业大学）
　　　　李　慧（重庆电子科技职业大学）
　　　　邓　璘（重庆电子科技职业大学）
　　　　刘云云（重庆电子科技职业大学）
　　　　徐　计（重庆电子科技职业大学）
　　　　于星胜（哈尔滨职业技术学院）
　　　　杨正荣（贵州装备制造职业学院）
　　　　张书诚（安徽职业技术学院）
　　　　林　波（重庆科创职业学院）
　　　　张　敏（哈尔滨职业技术学院）
　　　　吴厚廷（贵州装备制造职业学院）
　　　　于志刚（成都工业职业技术学院）
　　　　刘阳勇（重庆交通职业学院）
　　　　黄再霖（贵州装备制造职业学院）
　　　　杨　谋（重庆电讯职业学院）
　　　　张玉平（重庆工业职业学院）
　　　　林铸辉（贵州装备制造职业学院）
　　　　张洪书（重庆电讯职业学院）
　　　　张谢源（贵州装备制造职业学院）
　　　　陈廷稳（贵州装备制造职业学院）
　　　　陈　旭（重庆长安汽车股份有限公司）
　　　　张桂乾（重庆长安汽车股份有限公司）
　　　　曹怀宾（重庆长安汽车股份有限公司）
　　　　李　成（重庆电子科技职业大学）
　　　　徐跃进（重庆电子科技职业大学）
　　　　刘竞一（重庆电子科技职业大学）
　　　　谢吉祥（重庆电子科技职业大学）
　　　　陈卫东（重庆电子科技职业大学）
　　　　魏健东（重庆电子科技职业大学）
　　　　赵　军（重庆电子科技职业大学）
　　　　陈双霜（重庆电子科技职业大学）
　　　　姚晶晶（重庆电子科技职业大学）
　　　　刘红玉（重庆电子科技职业大学）
　　　　祖松涛（重庆电子科技职业大学）
　　　　李穗平（重庆电子科技职业大学）
　　　　马良琳（重庆电子科技职业大学）
　　　　李　蕊（重庆电子科技职业大学）
　　　　邓家彬（重庆电子科技职业大学）
　　　　周　均（重庆电子科技职业大学）
　　　　徐凤娇（重庆电子科技职业大学）

丛书序

2019年1月，国务院颁发《国家职业教育改革实施方案》，推进职业教育领域"三全育人"综合改革试点工作，使各类课程与思想政治理论课同向同行，努力实现职业技能和职业精神培养高度融合。建设一大批校企"双元"合作开发的国家规划教材，倡导使用新型活页式、工作手册式教材并配套开发信息化资源。2019年12月，教育部、财政部公布《中国特色高水平高职学校和专业建设计划建设单位名单》后，为了满足重庆电子科技职业大学等双高建设院校的建设要求，我们依托全国职业院校装备制造类示范专业点——重庆电子科技职业大学汽车制造与装配技术专业，联合重庆长安汽车股份有限公司等大型汽车制造企业加快了本系列丛书的开发进度。

本丛书结合汽车整车制造企业的生产全过程，以汽车车身制造技术、汽车整车装配与调试、汽车检测技术和汽车综合故障诊断等课程为主线，以汽车构造、汽车电控系统诊断与调试、汽车制造工艺技术、汽车生产质量管理、汽车制造安全技术和汽车制造物流技术等课程为辅助，以汽车三维设计、汽车数据采集与处理和汽车试验技术等课程为拓展，全面介绍汽车制造过程的冲压、焊接、涂装、总装四大工艺，以及下线检测、整车调试、生产安全、生产技术、质量管控、生产物流等制造知识，同时拓展学生在汽车设计、逆向工程、数据处理和汽车试验等方面的应用知识，为学生今后从事汽车制造中的设计、调试、试验和管理等相关工作打下良好基础。

本丛书主要特色如下：

1. 知识的全面性

在制定本丛书各教材的知识框架时，就将写作的重心放在体现知识的全面性上，因此从各教材提纲的制定到内容的编写都力求将课程所涉及的专业知识全面囊括。

2. 知识的实用性

本丛书由高职院校具有丰富教学经验的教师和汽车制造企业具有丰富工作经验的一线技术人员及管理人员共同编写而成，具有很强的实用性。此外，每个项目中均会根据知识点安排若干个工作过程，让学生从汽车制造实际出发，通过书中的知识点，解决现实中遇到的问题。

3. 知识的灵活性

本丛书中各教材的每一个知识点都匹配了相应的学习任务，学生可以通过不同类型的学习任务，来学习并掌握书中的知识。

4. 知识的直观性

本丛书中各教材的每一类知识点均录制了各种形式的微课视频，学生通过扫描二维码即可观看生动的视频资源来学习相关知识内容。

本丛书根据汽车制造领域（即汽车前市场）的设计、生产、工艺、试验和管理等岗位需求搭建人才培养体系，有效融入了课程思政的育人理念，可作为高职高专院校、应用技术型本科院校、中等职业学校、技工学校的教材，也可作为企业的培训教材，推动汽车制造全产业链的应用技术人才培养。

由于编写经验有限，本丛书难免存在疏漏，欢迎读者提出宝贵意见，以便我们在今后进行补充和改进。

编　者

前言

　　近年来,我国汽车行业的发展日新月异,各类汽车企业如雨后春笋般出现,汽车行业的用工量急剧增加。特别是汽车总装线装配岗位,对汽车装配质量的控制已经成为行业竞争中优胜劣汰的主要因素之一,对汽车装配与质量控制人才的要求也越来越高。我们紧密结合目前行业的实际需求,编写了本教材。

　　"汽车整车装配与调试"课程是高等职业技术学院汽车制造与试验技术专业的一门专业核心课,根据汽车装配调试岗位的技能要求而设立,具有很强的岗位针对性、专业性和实践性。本教材根据课程设置的实际需求,从高职教育的培养目标出发,以促进学生就业为导向,以培养高技能应用型人才为目的,在编写的过程中重视知识的前沿性和应用性。教材采用项目教学法,具有情景导入、项目引领、任务驱动、图文并茂的特色,设计了8个学习项目(情景),29个学习(工作)任务。从汽车开始生产到检测完成,详细叙述了各个模块所需要的基本理论知识和装配过程,以实际生产总装线上的工位为项目,引导学生在完成任务中积极探索汽车制造与试验技术专业领域的新知识和新技术。本教材的主要特色如下:

　　1)基于综合能力训练设计活页教材结构,将汽车整车装配与调试分为六个装配工位和一个检测工位,每个工位分别设置相应的操作任务,提出每个任务的任务描述、学习目标、知识与技能点清单等,使教师在教学时有的放矢,明确教学任务,学生对学习和工作任务清晰明了地掌握。

　　2)基于职业岗位编写教材,将知识、技能和能力融为一体,同时还包括了职业道德、职业素养、课程思政等内容,具备立德树人的教育功能。

　　3)以学习成果为导向设计教材内容和结构,遵循"从简单到复杂、从单一到综合"的学习与职业成长规律,并对每个学习成果按照教育部相关要求规定适宜的学分,为今后国家学分银行开通和"1+X"书证融通奠定基础。

　　4)教材中采用了大量的图片来配合零部件结构和装配的讲解,语言通俗,内容翔实,图文结合,形象生动,有助于提高学生学习的兴趣和理解力,实用性强。教材配备作业指导书和任务工单,便于读者学习和掌握知识。

　　5)教材虽然详细解剖了汽车各装配系统的结构和工作原理,但主要目的是为了配合总成部件的装配讲解,侧重点在总成部件的装配与调整,因此列举了大量的装配方法和装配要点,十分注重细节描述,力争让学习者一目了然。

　　6)教材中列举了大量汽车装配与检测的设备和工具的结构、工作原理、使用方法,详细介绍了使用普通或先进的设备对汽车部件的装配和检测过程。

　　7)教材中结合汽车装调技术的发展状况和发展趋势,详细介绍了部分先进装置的结构和工作原理、控制原理和装配方法等，全过程训练学生的创新思维、创新能力，将质疑与创新相统一。通过实践训练培养学生创业素质和职业素养。

8）本教材强调学生解决实际问题的能力，培养学生的动手能力，但又重视基础知识的牢固掌握，同时也加强了学生在学习过程中对汽车专业领域新工艺、新技术等内容的理解。

本教材在编写过程中参阅许多参考文献，在此表示感谢。由于水平有限，书中不足之处在所难免，敬请读者和专家批评指正。

编 者

目录

前言

项目1 汽车装配基础知识 ········· 1

1.1 汽车生产工艺基础知识 ········· 3
1.1.1 车身制造工艺概述 ········· 4
1.1.2 汽车总装工艺概述 ········· 8

1.2 汽车总装工艺技术基础 ········· 14
1.2.1 汽车总装工艺流程 ········· 15
1.2.2 汽车总装输送系统 ········· 29
1.2.3 整车性能测试与调整 ········· 38

课程育人之一 ········· 42

项目2 内饰件装配工位 ········· 43

2.1 电气线束装配 ········· 45
2.1.1 汽车线束概述 ········· 46
2.1.2 电气线束的装配 ········· 48

2.2 汽车天窗系统总成装配 ········· 51
2.2.1 汽车天窗总成概述 ········· 52
2.2.2 汽车全景天窗系统的装配 ········· 55

2.3 安全气囊系统和安全带装配 ········· 65
2.3.1 安全气囊系统和安全带概述 ········· 66
2.3.2 安全气囊系统的装配 ········· 69
2.3.3 安全带装配 ········· 74

2.4 制动系统操纵机构装配 ········· 78
2.4.1 制动系统的结构和工作原理 ········· 79
2.4.2 典型车型的制动系统 ········· 84
2.4.3 制动系统操纵机构的装配 ········· 87

课程育人之二 ········· 91

项目 3　仪表总成装配工位 …………………………………………… 92

3.1　变速器操纵系统装配 ………………………………………………… 94
3.1.1　自动换档操纵系统的结构和工作原理 ………………………… 95
3.1.2　自动换档操纵系统的装配 ……………………………………… 100

3.2　泊车辅助系统装配 …………………………………………………… 102
3.2.1　泊车辅助系统的结构和工作原理 ……………………………… 103
3.2.2　全景泊车影像系统的装配 ……………………………………… 106
3.2.3　倒车雷达的装配 ………………………………………………… 107

3.3　仪表板与副仪表板装配 ……………………………………………… 110
3.3.1　仪表板与副仪表板的结构 ……………………………………… 111
3.3.2　仪表板与副仪表板的装配 ……………………………………… 112

3.4　空调系统装配 ………………………………………………………… 120
3.4.1　汽车空调系统的结构和工作原理 ……………………………… 121
3.4.2　空调系统的装配 ………………………………………………… 126

课程育人之三 ……………………………………………………………… 133

项目 4　底盘装配工位 ………………………………………………… 134

4.1　燃油供给分系统装配 ………………………………………………… 136
4.1.1　燃油系统的功能和组成 ………………………………………… 137
4.1.2　燃油系统附件的装配 …………………………………………… 137

4.2　排气管消声器装配 …………………………………………………… 142
4.2.1　汽车排气系统功能和组成 ……………………………………… 143
4.2.2　排气管消声器的装配 …………………………………………… 147

4.3　制动系统执行机构装配 ……………………………………………… 149
4.3.1　轮速传感器的结构和工作原理 ………………………………… 150
4.3.2　电子驻车执行机构的结构和工作原理 ………………………… 151
4.3.3　电子驻车制动系统的装配 ……………………………………… 154

4.4　后悬架分系统装配 …………………………………………………… 158
4.4.1　汽车悬架和车桥概述 …………………………………………… 159
4.4.2　后悬架分系统的装配 …………………………………………… 163

课程育人之四 ……………………………………………………………… 165

项目 5　动力总成装配工位 …………………………………………… 166

5.1　前悬架总成装配 …………………………………………………… 168
5.1.1　前悬架总成的结构 …………………………………………… 169
5.1.2　前悬架总成的装配 …………………………………………… 169

5.2　变速器总成装配 …………………………………………………… 175
5.2.1　变速器的结构和工作原理 …………………………………… 176
5.2.2　变速器总成的装配 …………………………………………… 181

5.3　发动机总成装配 …………………………………………………… 185
5.3.1　发动机的结构和工作原理 …………………………………… 186
5.3.2　发动机总成的装配 …………………………………………… 191

5.4　冷却系统装配 ……………………………………………………… 198
5.4.1　冷却系统的结构和工作原理 ………………………………… 199
5.4.2　冷却系统的装配 ……………………………………………… 200

5.5　转向管柱总成装配 ………………………………………………… 205
5.5.1　转向管柱的结构和工作原理 ………………………………… 206
5.5.2　转向管柱总成的装配 ………………………………………… 208

课程育人之五 ……………………………………………………………… 210

项目 6　外饰件装配工位 …………………………………………………… 211

6.1　刮水器分系统装配 ………………………………………………… 213
6.1.1　电动刮水器与洗涤器系统的组成和工作原理 ……………… 214
6.1.2　刮水器的装配 ………………………………………………… 217

6.2　汽车照明与信号系统装配 ………………………………………… 219
6.2.1　汽车照明与信号系统概述 …………………………………… 220
6.2.2　汽车照明与信号系统的装配 ………………………………… 222

6.3　汽车保险杠装配 …………………………………………………… 227
6.3.1　汽车保险杠概述 ……………………………………………… 228
6.3.2　汽车保险杠的装配 …………………………………………… 232

课程育人之六 ……………………………………………………………… 236

项目 7　尾线装配工位 ……………………………………………… 237

7.1　行李舱系统总成装配 ………………………………………………239
7.1.1　汽车行李舱系统总成概述 …………………………………… 240
7.1.2　汽车行李舱系统的装配 ……………………………………… 241

7.2　方向盘总成装配 ………………………………………………245
7.2.1　方向盘总成概述 …………………………………… 246
7.2.2　方向盘总成的装配 ………………………………… 249

7.3　汽车座椅装配 …………………………………………………251
7.3.1　汽车座椅概述 ……………………………………… 252
7.3.2　汽车座椅的装配 …………………………………… 255

7.4　车门总成装配 …………………………………………………257
7.4.1　车门总成概述 ……………………………………… 258
7.4.2　车门总成的装配 …………………………………… 262

7.5　车轮总成装配 …………………………………………………270
7.5.1　车轮总成概述 ……………………………………… 271
7.5.2　车轮总成的装配 …………………………………… 277

课程育人之七 …………………………………………………………278

项目 8　整车装配检测与调整工位 ………………………… 279

8.1　整车外部检测与调整 …………………………………………280
8.1.1　整车符合性检验 …………………………………… 281
8.1.2　车辆外观检查 ……………………………………… 282
8.1.3　外部元件安装检查 ………………………………… 285

8.2　整车内部检测与调整 …………………………………………291
8.2.1　内饰件检查 ………………………………………… 292
8.2.2　汽车电气设备检查 ………………………………… 294
8.2.3　踏板装配参数检查 ………………………………… 296

课程育人之八 …………………………………………………………299

参考文献 ……………………………………………………………… 300

项目 1
汽车装配基础知识

任务描述

汽车的制造技术涉及四大工艺：冲压工艺、焊装工艺、涂装工艺、总装工艺。将完成涂装的车身转移到总装线输送设备上，车身在连续不断的移动过程中，操作工（机器人）将上千种零部件按照严格的工艺要求装配到车身上，到流水线的末端，一辆汽车就装配完成。

学习目标

1. 能正确认识汽车装配的四大工艺。
2. 能正确认识汽车总装的流程。
3. 能掌握汽车总装生产方式。
4. 能正确认识汽车总装输送系统。
5. 能了解整车性能的检测及返修。

汽车整车装配与调试

知识与技能点清单

序号	学习目标	知识点	技能点
1	能正确认识汽车装配的四大工艺	1. 冲压的基本概念及工艺流程 2. 焊装的基本概念及工艺流程 3. 涂装的基本概念及工艺流程 4. 总装的基本概念	能正确认识汽车冲压、焊装、涂装工艺流程和总装的基本概念
2	能正确认识汽车总装流程	1. 汽车总装工艺的总体布局 2. 模块化生产 3. 汽车总装生产的工位、工段等概念	能正确认识汽车总装生产线的布置形式及模块化生产概念
3	能掌握汽车总装工艺	1. 典型工段的作业内容和作业方法 2. 汽车分装线的概念 3. 汽车总装流水线的基本概念	能正确认识汽车总装工艺的基本概念和工艺流程
4	能正确认识汽车总装输送系统；了解整车性能的检测及返修	1. 汽车总装输送系统的类型 2. 整车性能的检测与调整项目 3. 汽车返修的概念	能正确认识汽车总装输送系统的类型，了解整车性能检测的项目及汽车返修的概念

项目 1 汽车装配基础知识

学习任务

1.1 汽车生产工艺基础知识

☞ 教学准备

教学情境准备	**教师活动**：在老师的指导下对整个班级进行分组，并由各小组讨论，选举出组长。教师安排组长负责班组管理，如负责分配分解任务，负责班组团队建设、班内的协调工作等。 **学生活动**：组长根据查阅的作业指导书、互联网及相关资料的学习，通过班组讨论进行分解、分配任务，并由组长担任装配质量检查员。按照制定的任务分解单和标准操作工序在班内进行装配训练，查找存在的问题与不足，提出改进的措施或意见并记录。
教学目标准备	**素养点**： ① 在小组中能够良好地自我表达，并懂得倾听他人的意见。 ② 能够阅读相关的教学资料，通过查阅资料能够使用工具。 ③ 能够保持周围环境干净整洁。 ④ 能够独立工作。 ⑤ 能够小组合作。 ⑥ 能够与他人进行有效的沟通和交流。 **知识点**： ① 冲压的基本概念及工艺流程。 ② 焊装的基本概念及工艺流程。 ③ 涂装的基本概念及工艺流程。 ④ 汽车总装工艺的总体布局。 ⑤ 模块化生产。 ⑥ 汽车总装生产的工位、工段等概念。 **技能点**： ① 能正确认识汽车冲压、焊装、涂装工艺流程。 ② 能正确认识汽车总装生产线的布置形式及模块化生产的概念。
资料设备清单	① 长安逸动车辆一台。 ② 汽车总装模拟生产线。 ③ 世达 128 件工具套装、工具车等。

☞ 任务描述

角色扮演	**学生活动**：学生分组，四人一组。分布于汽车总装线的装配工位之上，扮演装配工人、小组长（质检员），在模拟生产线上重现装配流程。 **教师活动**：教师观察学生的装配过程，观察同学的表现。
全员换位评价	学生在班组内进行轮岗（包括组长，即质量检查岗）训练。通过轮岗训练，要求学生能够熟练掌握本班组内的不同岗位上多个任务的操作能力以及本班组装配质量的检查能力。
全员分组练习	**教师活动**：教师通过观察找出表现优异的同学，作为借鉴和示范，要求各小组接受任务并练习。 **学生活动**：学生按照示范，遵循教师的提示与强调，分组在汽车模拟生产线上进行任务接受并练习，进行轮岗训练。
提交检查评估表	**教师活动**：教师要求学生根据自己对任务的完成情况进行评估并提出改进意见。 **学生活动**：学生在任务工单上进行自评和互评。

🖝 任务分析

教师活动：教师提供任务工单、汽车总装生产线作业指导书，指导学生独立完成汽车总装任务的分析。
学生活动：根据教师提供的资料进行查阅，确定分工位的装配步骤和注意事项并明确分工与协作。

1. 汽车装配的四大工艺
1）冲压的基本概念及工艺流程。
2）焊装的基本概念及工艺流程。
3）涂装的基本概念及工艺流程。
2. 车身总装流程
1）汽车总装工艺的总体布局。
2）模块化生产。
3）汽车总装生产的工位、工段等概念。

🖝 理论学习

1.1.1 车身制造工艺概述

汽车工艺的概念：在汽车制造业中，冲压、焊装、涂装、总装合为四大核心技术（即四大工艺）。

一、冲压工艺流程

冲压是所有工序的第一步。先是把钢板在切割机上切割出合适的大小，这个时候一般只进行冲孔、切边之类的动作，然后进入真正的冲压成形工序。每一个工件都有一个模具，只要把各种各样的模具装到冲压机床上就可以冲出各种各样的工件。模具的作用是非常大的，模具的质量直接决定着工件的质量。

冷冲压工序概括起来可分为四个基本工序：冲裁、弯曲、拉深、局部成形。

1）冲裁。冲裁是使板料实现分离的冲压工序。包括冲孔、落料、修边和剖切等。
2）弯曲。弯曲是将板料沿曲线弯成一定的角度和形状的冲压工序。
3）拉深。拉深是将平面板料变成各种开口空心零件，或把空心件的形状、尺寸作进一步改变的冲压工序。
4）局部成形。局部成形是用各种不同性质的局部变形来改变毛坯的冲压成形工序。包括翻边、胀形、校平和整形工序等。

冲压的工艺流程图如图1-1-1所示。

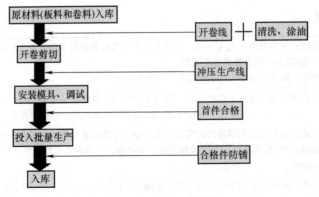

图1-1-1 冲压工艺流程

冲压工艺流程中，开卷剪裁的冲压材料一般为卷材（图1-1-2），因此需要开卷，并剪切成规定的尺寸；在剪切之前，还需要对板材进行校平（图1-1-3）。冲压工艺流程中，冲压机冲压应用于大型薄板的压延、成形、压弯等工序，或薄板件的浅拉深、成形、弯曲、校正、冲裁等各种冷冲压工艺，如图1-1-4所示。目前，一般来说，冲压车间只生产"四门两盖"，即4个车门、发动机舱盖和行李舱盖，其余像白车身的底盘、侧围、翼子板等全部由供应商来提供。

图1-1-2　卷材　　　　　　图1-1-3　校平　　　　　　图1-1-4　冲压机冲压

二、焊装工艺流程

焊装是冲压好的车身板件局部加热或同时加热、加压而接合在一起形成车身总成，如图1-1-5所示。在汽车车身制造中应用最广的是点焊，焊接质量的好坏直接影响了车身的强度。

图1-1-5　焊接机器人进行焊接操作

焊接工艺由焊接和定位两种工艺构成。它是在定位夹具焊接生产线上逐级进行分焊，然后才进行侧围主焊；同时还有如车门等分焊线，在安装好车门和背门之后，才形成白车身，还需要进行打磨、补焊和填缝等后续工作。焊接流程图如图1-1-6所示。

汽车车身焊接主要有点焊、凸焊、二氧化碳保护焊和氩弧焊。主要用途见表1-1-1。

三、涂装工艺流程

涂装有两个重要作用，第一车身防腐蚀，第二增加美观。涂装工艺过程比较复杂，技术要求比较高。主要有以下工序：漆前预处理和底漆、喷漆工艺、烘干工艺等，整个过程需要大量的化学试剂处理和精细的工艺参数控制，对涂装材料以及各项加工设备的要求都很高，因此涂装工艺一般都是各公司的技术秘密。

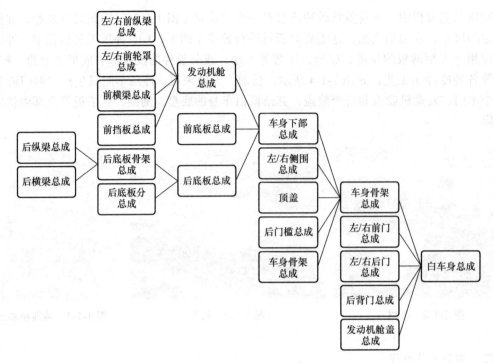

图 1-1-6 汽车车身焊接流程图

表 1-1-1 汽车车身焊接的主要用途

焊接方式		典型应用实例
电阻焊	点焊	车身主体总成、车身侧围总成
	凸焊	螺母
电弧焊	二氧化碳保护焊、氩弧焊	车身总成

1. 涂装前表面处理

涂装前表面处理有 3 个目的：

1）增强涂料的附着力，延长涂层的使用寿命。

2）为涂层的平整、美观、光亮创造条件。

3）增强涂层和被涂物的防腐蚀能力。

2. 阴极电泳（ED）

1）阴极电泳的功能：把前处理的车身表面泳涂上底漆，阴极电泳涂装是涂装车间技术的核心之一。

2）阴极电泳的设备：由电泳槽、电泳主循环系统和过滤系统、加料装置、超滤系统、电泳槽液温度自动控制系统、阳极液系统、直流电源、电泳后冲洗系统、电泳底漆烘干系统、前处理线和电泳线等主要设备组成，如图 1-1-7 所示，电泳槽如图 1-1-8 所示。

3. PVC 密封和车底焊缝密封（UBS）

PVC 密封和车底 UBS 的目的：本工序的目的是按 PDM 图规定，涂上 PVC 焊缝胶和喷涂 PVC 车底涂料。

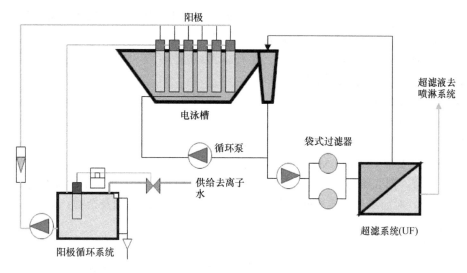

图 1-1-7 阴极电泳（ED）设备

4. 中间涂层的喷涂（ESTA）

1）中间涂层的喷涂（ESTA）的目的：中间涂层喷涂工序简称中涂，其作用是为面漆的装饰性创造优良的条件。

2）中间涂层的喷涂（ESTA）的工序过程：

底漆打磨：消除表面的毛刺及杂物；消除工件表面颗粒、降低粗糙度和不平整度；增强涂层的附着力。

擦净：擦净车身表面的灰尘、水渍，保持车身表面清洁，力争清洁度 100%。

图 1-1-8 电泳槽

手擦净过程：

① 在打磨后，用擦布擦净车身各部位的灰浆和水渍。

② 用压缩空气吹净车身各部位的水分和灰尘。

③ 用干擦布擦净车身各部位的灰尘。

④ 再用压缩空气吹净车身各部位的灰尘和纤维。

⑤ 用黏性擦布擦净车身各部位的灰尘。

⑥ 用离子吹净器吹车身的各部位（若有鸵鸟毛擦净机，可不进行③、④的擦净）。鸵鸟毛擦净机如图 1-1-9 所示。

图 1-1-9 鸵鸟毛擦净机

5. 车身中涂

1）手工喷涂。手工喷涂四门两盖和发动舱等内表面。四门内表面要求喷涂两遍，间隔时间约 3min。这些部位要求喷涂均匀、严密、不露底、不流挂。

2）自动喷涂。使用自动喷涂机喷涂车身外表面。采用高压静电喷涂或高压空气喷涂。喷涂要求不露底、不流挂、厚度均匀、无针孔、无缩孔、无橘皮等。

3）人工检查。人工对车身进行检查，如有露底，进行手工补喷，若有小颗粒等缺陷，用1500#的砂纸打磨后，再用喷枪修补。

6. 面漆喷涂（ESTA+AIR）

1）车身面漆喷涂（ESTA+AIR）的目的：就是在车身的中涂层上喷涂上优质的面漆涂层。喷面漆工序是涂装车间的关键工序。各涂层的性能基本都在面漆层上体现。

2）车身面漆喷涂（ESTA+AIR）的工序过程：

① 中涂打磨。同底漆打磨。不同之处在于所用的砂纸型号不一样，中涂打磨用的是 800 ~ 1000# 的水砂纸。对面漆外观质量的要求更高。要求消除表面的毛刺及杂物；消除工件表面颗粒、降低粗糙度和不平整度；增强涂层的附着力。

② 中涂擦净。与底漆擦净完全相同。

③ 面漆喷涂。由面漆的种类决定，面漆有本色漆、金属漆以及树脂漆三种，所以一般设有三个喷涂站。

④ 面漆烘干工序。温度 140℃，时间在 30min 左右。

⑤ 面漆强冷。冷却至 40℃ 左右。

7. 面漆修饰与喷蜡

1）面漆修饰与喷蜡的作用。本工序主要是消除车身的某些缺陷。因人、机、料、法、环的影响，车身表面难免有些小颗粒、脏点、流痕等缺陷，这些缺陷影响车身的外观质量，本工序就是消除这些缺陷，使车身表面更美观。

本工序分为打磨、抛光和点修补 3 个工位。

2）面漆修饰与喷蜡的工序过程

① 打磨。对缺陷处用 1200 ~ 1500# 的砂纸打磨。如有流痕，先用刨刀刨平，再用砂纸打磨。可干磨，也可湿磨。

② 抛光。擦净打磨灰之后，涂上抛光膏，再用抛光机进行抛光。抛光膏要用量适宜，抛光时要用力适宜，时间不宜太长，以免发热损坏涂层。抛光后要擦净灰尘。抛光机有电动和气动两种。

③ 点修补。车身因打磨、抛光等因素造成的缺陷无法消除时，要进行点修补。

④ 车身喷蜡。由于车身的内腔电泳不上或电泳涂层很薄，其防腐性能不好，为增强其防腐性能，故在其内部喷上一层防锈腊，形成憎水层。

1.1.2 汽车总装工艺概述

尽管自从 20 世纪初汽车实现大规模工业化生产以来，汽车总装的流程方式基本确定，即：将完成涂装的车身转移到总装线输送设备上，车身在连续不断移动的过程中，操作工将上千种零部件按照严格的工艺要求装配到汽车上，到流水线的末端，一辆汽车就装配完成。但汽车总装工艺与设备却在持续不断地发展与更新。早期总装生产线上，除车身的输送由设备来完成外，其他所有的装配工作几乎都依赖于手工作业，为了保证总装线上的物流配送，常采用庞大的二级仓储模式，即汽车总装厂均配置有一个十分庞大的备件总库和分散在总装线

微课视频
汽车总装工艺概述

各工位处的若干多个二级备件库。技术的不断进步，总装作业方式发生了许多本质性的变化，主要表现在总装作业自动化程度越来越高、多品种共线柔性化生产、总装备件的无库存准时配送、生产过程的信息化等多个方面。

一、汽车总装工艺的总体布局

汽车总装工艺的布局首先应遵循前面所述的七大原则，然后结合各企业场地的具体实际进行合理规划。目前常见的总装工艺布局形式主要有 S 形、T 形及 U 形等 3 种，如图 1-1-10、图 1-1-11、图 1-1-12 所示。

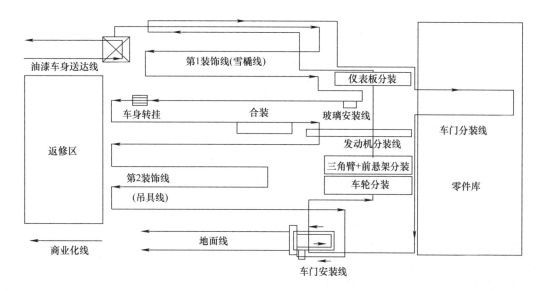

图 1-1-10　S 形布局的总装线

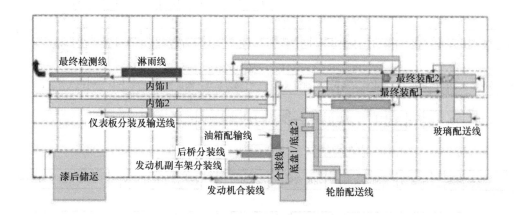

图 1-1-11　T 形布局的总装线

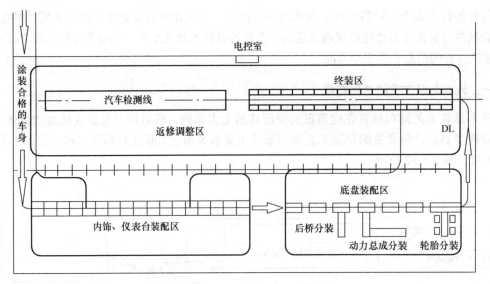

图 1-1-12　U 形布局的总装线

二、模块化生产

为了便于汽车总装质量的控制与总装工艺的规范化管理，汽车总装工艺常将其分为若干个模块，如：内饰装配一线、内饰装配二线、底盘分装线、车门分装线、仪表台分装线、车轮分装、车身合装线、终装线、性能检测线等。

汽车总装工艺十分复杂，由数百个工位组成，图 1-1-13 是某汽车公司汽车总装工艺的主要工艺流程。为了简化总装工艺、提高总装效率，汽车总装已普遍实现了模块化生产，即将多个总成部件按照其装配关系或功能的关联性组合成一个个的装配模块，如：将动力系统（包括发动机及整个传动系统）、车桥与悬架集成为一个底盘装配模块（图 1-1-14），将汽车全部仪表与空调机组组成一个模块（图 1-1-15），将车门及安装在车门上的全部附件组合成一个模块（图 1-1-16）等。

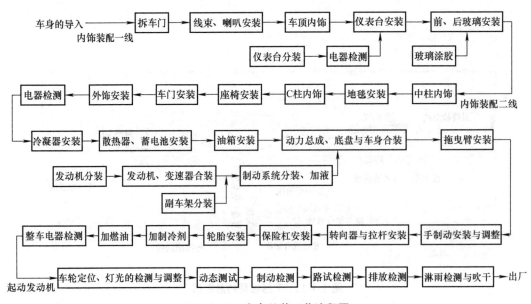

图 1-1-13　汽车总装工艺流程图

图 1-1-14 动力系统、车桥与悬架模块

图 1-1-15 仪表与空调机组模块

三、汽车总装生产方式

汽车总装已普遍采用准时制拉动式生产方式（Just-in-Time，JIT），即以看板管理为手段，采用"取料制"，即最后一道工序依据市场需求进行生产，对本工序在制品短缺的量，从前道工序取相同的在制品量，从而形成全过程的拉动控制系统。这种"拉动式"逆向控制方式，把由于企业划分所形成的、相对孤立的工序生产同步化地衔接起来，从而有效地制止了盲目过量生产，大幅度减少了在制品的数量，提高了生产效率和生产系统的柔性。为此需根据企业的经营方针和市场预测，制订年度计

图 1-1-16 车门与附件模块

划、季度计划以及月度计划，然后据此制订出日生产计划。但这些计划都是滚动调整的动态计划，对生产只起到预测指导和参考作用。在生产实际中，通过产品订单拉动进行生产。真正作为生产指令的最终投产顺序指令只下达到最后一道工序，即总装配线（混流生产线）。其余工序由总装配线后序顺次上溯，通过看板或同步控制信息拉动进行。

1. 工位与工段

工位（workstation）是总装生产线上的基本单元，工位地址提供物料运送的位置，安排生产人员并完成装配任务。总装线上的每一个工位都配置有装配用的专用工具和设备，供生产人员用于各总成部件的装配。待装配的车身作为装配基体，在流水线上（机运线）以一定的速度移动，各工位的操作工在移动中完成本工位的装配工作。

为了便于管理和提高生产效率，常将大总成大系统的装配、同类零部件的装配组合在一起进行集中装配，这就是总装线上的工段。如前面所述的内饰装配一线、内饰装配二线、底盘装配线、车门分装线、动力总成分装线、动力总成合装线、仪表台分装线、终装线、性能检测线都是总装线上的独立工段。

2. 工位节距

工位节距（FPS）是工位起点和终点之间的距离，也就是前一辆车和下一辆车的间隔距离。不同工段的工位节距往往不尽相同。

3. 装配流水线节拍

流水线节拍是指车身从一个工位的起始点移动到终点的时间。流水线节拍决定混流生产条件下各工位的工位工时。

$$R = \frac{T_S}{N}$$

式中　T_S——日实际工作时间。日实际工作时间 = 日理论工作时间 × 流水线开动率；
　　　N——日产量。

4. 等效工位工时

工位工时：完成工位作业内容所需要的时间。如果一条流水装配生产线上只生产一种车型，则应均衡每一工位的作业内容，使各工位的作业时间尽可能地等于流水线节拍。但对于多车型共线生产的柔性生产线，由于各车型在同一工位所装配的零部件不一定相同，装配工序也可能不一样，要使作业的时间都接近流水线节拍往往很难，甚至是不可能。因此，在进行工艺设计时，应根据各车型的生产比例算出等效工位工时，使之尽可能接近流水线节拍。

$$T_w = \sum q_i T_i$$

式中　q_i——混流生产时第 i（$i=1, 2, \cdots, n$）车型投入生产的百分率；
　　　T_i——第 i（$i=1, 2, \cdots, n$）车型在某装配工位上所需的工位工时。

例如：生产 A、B、C、D 4 种车型，在某工位的装配时间分别为 128s、133s、135s、143s。4 种车型的生产比例为 35：30：15：20。即 35%A、30%B、15%C、20%D，则该工位的等效工位工时为：T_w =（35% × 128+30% × 133+15% × 135+20% × 143）s = 133.55s。

5. 工作要素

工作要素（work element）又称工序，是装配过程中全部工作内容的一部分，是完成某项操作所进行的最小工作单元。

6. 工位质量控制

按照精益生产（Lean Manufacturing）的理念，从前道工序流到后道工序的零部件必须是 100% 的合格率，决不允许任何不合格品从前工序流到后工序。所谓 100% 的合格率，不仅是指已加工完成的零部件及产品的加工质量应全部合格，同时还包括是否按照生产工艺的要求完成了对零部件及产品的全部作业。若操作工在本工位作业区域内没能完成装配作业，则该产品被视为不合格产品，不允许流到下一工位的作业区。若出现某一工位在其作业区内没能完成其作业内容，该作业岗位的工人就必须拉下标有 Andon 的开关或按钮（图 1-1-17），停止装配线的移动，继续进行未完成的装配作业（这时班组长会前来协助完成装配），直到作业完成后再次拉下 Andon 开关，重新启动装配线的移动。

图 1-1-17　用于临时停止总装线移动的装置（Andon 绳、Andon 按钮）

一旦某一工位的一名员工拉下 Andon 绳或按下 Andon 按钮，停止装配线的移动，其他岗位的员工也被迫停止装配而处于空闲状态。如此不但影响了整个装配线的工作效率，也影响了流水线的开动率。此外，若装配流水线频繁地停止、启动，还会对装配线的使用寿命带来不利影响。这就是为何必须均衡工位作业时间的原因。

☞ 任务计划

独立查阅信息	**教师活动**：教师提供汽车总装生产线的生产工艺流程作业指导书。 **学生活动**：学生独立查阅教师提供的作业指导书，提炼整理关键信息。
小组制定工作计划并展示	**教师活动**：教师要求学生小组合作制定"汽车总装线"的生产计划，把每一个分系统的装调细节和注意事项写出来，包括为什么干、怎么干、安全、环保、工具、时间、质量检查标准等。

☞ 任务决策

装调员工与小组长沟通工作计划	**教师活动**：教师选出一个学生代表（这个学生是以往决策出现问题较大的）和自己进行任务决策，教师暂时担任小组长（质检员）的角色。 **学生活动**：被选出的学生与教师进行决策对话，让其他学生观察，并进行口头评价、补充、改进。
提交任务决策	**学生活动**：每个学生制定自己的任务决策，在任务工单上表述出来。 **教师活动**：教师对每个学生的任务决策进行确认。

☞ 任务实施

示范操作	**教师活动**：教师亲自示范操作，或者播放相关微课视频。 **学生活动**：学生观察教师的示范操作，或者观察微课视频中的示范操作。
操作实施	**教师活动**：教师将学生分组，并要求学生分工明确，严格强调安全和事故预防要求等。实施过程中教师进行巡视指导。 **学生活动**：学生查阅相关资料，了解汽车四大工艺的基本操作。

☞ 任务检查

5S 与检查工作结果：

教师活动：教师提供任务检查单。要求学生分组，小组合作完成任务检查及 5S，在表单上进行标注。教师要求学生小组成员对工作过程和工作计划进行监督和评估，记录优缺点及改进建议，并口头表述。教师要重点引导学生对队友的支持性意见的表达，并训练学生接纳他人建议。

学生活动：学生分组，小组合作完成任务检查及 5S，并在任务检查单上标注。学生按照教师的规定对小组其他成员的工作过程友善地提出改进建议。

☞ 任务评价

总结知识点、技能点和素养点：

教师活动：教师归纳整理理论体系，以一页 PPT 展示知识点、技能点和素养点。

学生活动：学生认真反思、倾听，构建适合自己学习的知识体系。学生对照学习目标进行自我评价。

1.2 汽车总装工艺技术基础

☞ **教学准备**

教学情境准备	**教师活动**：在老师的指导下对整个班级进行分组，并由各小组讨论，选举出组长。教师安排组长负责班组管理，如负责分配分解任务，负责班组团队建设、班内的协调工作等。 **学生活动**：组长根据查阅的作业指导书、互联网及相关资料的学习，通过班组讨论进行分解、分配任务，并由组长担任装配质量检查员。按照制定的任务分解单和标准操作工序在班组内进行装配训练，查找存在的问题与不足，提出改进的措施或意见并记录。
教学目标准备	**素养点**： ① 在小组中能够良好地自我表达，并懂得倾听他人的意见。 ② 能够阅读相关的教学资料，通过查阅资料能够使用工具。 ③ 能够保持周围环境干净整洁。 ④ 能够独立工作。 ⑤ 能够小组合作。 ⑥ 能够与他人进行有效的沟通和交流。 **知识点**： ① 典型工段的作业内容和作业方法。 ② 汽车分装线的概念。 ③ 汽车总装流水线的基本概念。 ④ 汽车总装输送系统的类型。 ⑤ 整车性能的检测与调整项目。 ⑥ 汽车返修的概念。 **技能点**： ① 能正确认识汽车工艺流程。 ② 能正确认识汽车总装输送系统的类型，了解整车性能检测的项目。 ③ 了解汽车返修的概念。
资料设备清单	① 长安逸动车辆一台。 ② 汽车总装模拟生产线。 ③ 世达 128 件工具套装、工具车等。

☞ **任务描述**

角色扮演	**学生活动**：学生分组，四人一组。分布于汽车总装线的装配工位之上，扮演装配工人、小组长（质检员），在模拟生产线上重现装配流程。 **教师活动**：教师观察学生的装配过程，观察同学的表现。
全员换位评价	学生在班组内进行轮岗（包括组长，即质量检查岗）训练。通过轮岗训练，要求学生能够熟练掌握本班组内的不同岗位上多个任务的操作能力以及本班组装配质量的检查能力。
全员分组练习	**教师活动**：教师通过观察找出表现优异的同学，作为借鉴和示范，要求各小组接受任务并练习。 **学生活动**：学生按照示范，遵循教师的提示与强调，分组在汽车模拟生产线上进行任务接受并练习，进行轮岗训练。
提交检查评估表	**教师活动**：教师要求学生根据自己对任务的完成情况进行评估并提出改进意见。 **学生活动**：学生在任务工单上进行自评和互评。

☞ 任务分析

教师活动：教师提供任务工单、汽车总装生产线作业指导书，指导学生独立完成汽车总装任务的分析。
学生活动：根据教师提供的资料进行查阅，确定分工位的装配步骤和注意事项并明确分工与协作。
1. 汽车总装配工艺
1）典型工段的作业内容和作业方法。
2）汽车分装线的概念。
3）汽车总装流水线的基本概念。
2. 汽车总装输送系统
1）汽车总装输送系统的类型。
2）汽车总装输送系统的应用。
3. 整车性能的检测与返修
1）整车性能的检测与调整项目。
2）汽车返修的概念。

☞ 理论学习

1.2.1 汽车总装工艺流程

汽车总装配工艺包括若干个装配工段、数百个工序，下面简要介绍几个典型工段的作业内容和作业方法。

一、车身（车架）的导入

车身（载货汽车的车架）是汽车各总成部件的装配基础，车身（车架）在流水线上移动的过程中，将全部总成部件装配到车身（车架）上便完成了汽车的总装。由此可见，车身（车架）的导入是汽车总装工艺的起点。

微课视频
汽车总装工艺
流程一

车身进入总装线后，积放链的控制系统通过控制线路上的道岔使车身按照产品的品种自动分类储存到不同的储存线路内，如图 1-2-1 所示。总装车间的生产控制人员根据库区内储存车身的具体情况安排总装车间的生产次序。积放链系统能够按照生产调度人员指定的生产次序自动从储存区内提取符合要求的车身并转运至内饰线。

图 1-2-1　车身的自动分类储存

车身转挂后进入总装线。总装线的起点处设置一升降机将涂装好的车身转挂到总装线上（图 1-2-2），并赋予车身一些必要的信息（如：车型、各总成部件的配置、内饰颜色等）。

携带车身的吊具在接到转接工位允许进入的信号时进入转接工位，待完全到位后吊具定位并夹紧，随后升降机下降。待接近下位时将车身缓慢放置到在转接工位处等待的内饰线大平板上，并继续下降一定高度，确保吊具和车身脱开。升降机下降到位后自动发送内饰线允许启动大平板的信号，大平板将车身拖出吊具进入内饰装配线，如图 1-2-3 所示。

图 1-2-2　车身转挂升降机　　　　图 1-2-3　进入总装线的车身

二、装饰一线

装饰一线的作业内容主要有车门拆卸，装线束，装车顶内饰，装天窗，装仪表台，装前、后风窗玻璃等零部件。

1. 拆车门

涂装合格的车身进入总装车间装饰一线后，第一项工作是将车门和车身分离，即拆车门。在涂装作业过程中，将车门与车身装在一起整体涂装是为了保证车身的颜色一致，而到总装车间后将两者分开则是为了便于各种部件在车身上的安装及避免在总装过程中造成对车身油漆的破坏。车门和车身通过空中运输通道送到各自的装配线，仪表和动力总成的分装也同时进行。车门拆卸如图 1-2-4 和图 1-2-5 所示。

图 1-2-4　拆卸车门铰链　　　　图 1-2-5　卸下车门

2. 车内线束及内饰的安装

车门从车身上拆下后，就可以非常方便地进行车内线束和内饰的安装，如图1-2-6～图1-2-21所示。为了提高效率、尽可能减小人为因素对汽车装配质量的影响，汽车总装过程中，需人工调整的内容越来越少，除门锁、铰链、车轮定位参数、车灯等极少数内容需要人工调整外，其他绝大多数装配项目的装配质量则由设备和工装来保证。通常情况下，装配操作工只需将待装配的总成部件放置到相应位置（任何错位都装配不上），然后就由专用卡口、专门的锁紧机构和定力矩扳手来完成，对于体积与重量大的总成部件，由专用吊具或机械手协助完成装配。为此，在列举汽车装配工艺过程时，不再介绍其简单的工艺操作方法。

a) 安装车内线束

b) 安装发动机线束

图1-2-6　安装车内线束

a) 隔热垫的安装

b) 安装后的隔热垫

图1-2-7　安装前壁板隔热垫

图1-2-8　安装安全带

图1-2-9　安装天窗

图 1-2-10 仪表台专用吊具

图 1-2-11 安装仪表台

图 1-2-12 安装中控台

图 1-2-13 安装地垫

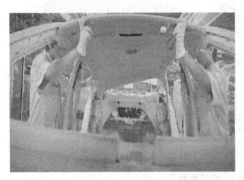
图 1-2-14 安装车顶内饰

图 1-2-15 安装车门锁

图 1-2-16 安装 A 柱、B 柱内装饰板

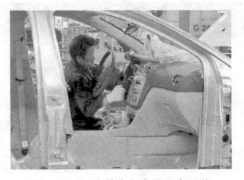
图 1-2-17 安装方向盘及组合开关

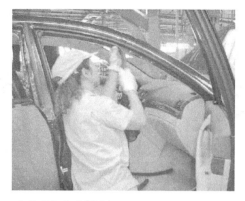

图 1-2-18　安装车门框密封条

图 1-2-19　安装前、后风窗玻璃

图 1-2-20　安装制动总泵、制动管路及 ABS 泵　　　图 1-2-21　安装前横梁及散热器

装饰一线的装配完成后转到底盘装配线，汽车车身的传送方式由大平板改为悬架输送。车身进入装饰一线的同时，从车身上拆下的车门及仪表台、动力总成、车桥与悬架总成在总装线的两侧紧邻其与车身合装处的分装线上同步分装，如图 1-2-22 所示。

三、车门分装

如图 1-2-23、图 1-2-24 所示分别是某轿车车门的分装线全貌和工艺流程图，车门分装的内容包括：安装车门限位器、安装车门线束、安装门把手、安装车门锁、安装升降器、安装车窗玻璃、安装密封条、安装防水帘、安装后视镜、安装车门内防护板、安装扬声器、电检等，其具体装配工艺过程如图 1-2-25～图 1-2-30 所示。

图 1-2-22　由大平板输送改为悬架输送

图 1-2-23　车门分装线全貌

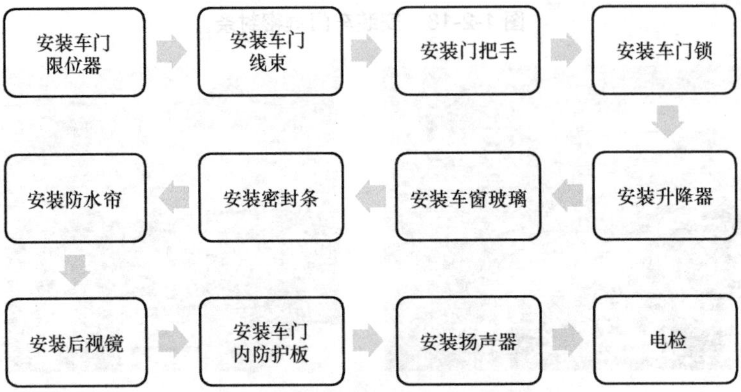

安装车门限位器 → 安装车门线束 → 安装车门把手 → 安装车门锁 → 安装升降器 → 安装车窗玻璃 → 安装密封条 → 安装防水帘 → 安装后视镜 → 安装车门内防护板 → 安装扬声器 → 电检

图 1-2-24　车门分装工艺流程图

图 1-2-25　将车门放入悬吊式的专用车门装配架

图 1-2-26　安装车门限位器

图 1-2-27　安装车门线束

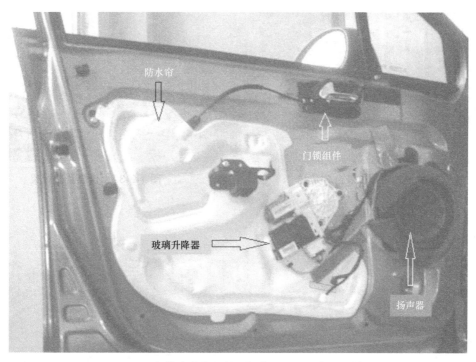

图 1-2-28　安装玻璃升降器、扬声器、防水帘及门锁组件

图 1-2-29　安装车门内防护板、消除装配缝隙

图 1-2-30　安装车门密封条

四、仪表台分装

仪表台是一个多总成集成的装配模块，包括仪表板、仪表、转向柱、空调机组与通风管道等。如图 1-2-31 所示是某轿车仪表台分装线，仪表台分装的主要设备是可翻转的仪表台专用装配台架，如图 1-2-32 所示。其主要装配工艺过程是依次将仪表台安装横梁（图 1-2-33）、仪表台线束（图 1-2-34）、空调主机（图 1-2-35）、空调风道（图 1-2-36）、仪表台面板（图 1-2-37）、转向柱（图 1-2-38）、组合开关（图 1-2-39）及仪表台附件等装到仪表台装配架上即完成了仪表台的分装。

图 1-2-31　仪表台分装线

图 1-2-32　仪表台装配架

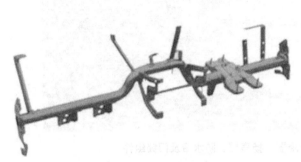
图 1-2-33　仪表台安装横梁

图 1-2-34　仪表台线束

图 1-2-35　空调主机

图 1-2-36　空调风道

图 1-2-37　仪表台面板

图 1-2-38　转向柱

图 1-2-39　组合开关

五、底盘的分装

关于汽车底盘有很多不相同的定义。如在《汽车构造》《汽车设计》的教科书上,其定义是除发动机、车身和电气设备之外的部分,由传动系、行驶系、转向系和制动系 4 个部分组成。在汽车改装行业,汽车底盘被分为二、三、四共 3 类,二类底盘与汽车整车的唯一区别就是没有装配货厢;将二类底盘上的驾驶室拿掉就是三类底盘;四类底盘和三类底盘的组成完全一样,其唯一区别是:四类底盘是没有组装在一起的散件,若将四类底盘组装在一起就是三类底盘。对于轿车而言,"底盘"缺少一个清晰的概念,它只是汽车总装生产的一个模块化装配单元。由于汽车结构上的差异,底盘装配模块的组成往往各不相同。如图 1-2-40、图 1-2-41 和图 1-2-42 所示分别是 3 种不同车型的底盘装配模块,从中不难看出:图 1-2-40 中的底盘装配模块包括发动机与动力传动系统、前桥、前悬架等部分;图 1-2-42 中的底盘装配模块所包括的总成部件更多,除图 1-2-41 中的总成部件外,还把后桥、后悬架、前横梁、灯板梁、护风罩、发动机冷却风扇等总成部件组合在一起,构成一个更大的底盘装配模块。

微课视频
汽车总装工艺
流程二

六、底盘装配工艺流程与装配托架

底盘的分装,尽管因其构成的不同其装配工艺过程会有所差异,但经分析发现,不同构成的底盘装配模块,只存在工序数的差异,其主体的装配工艺基本相同,故在此以某车型为例不加区分地介绍底盘的装配工艺。

图 1-2-40　底盘装配模块 1

图 1-2-41　底盘装配模块 2

图 1-2-42 底盘装配模块 3

汽车底盘装配的工艺内容如图 1-2-43 所示，在此需特别指出的是：现代汽车的传动系统有 MT（手动机械式变速器）、AT（液力自动变速器）、CVT（带式无级自动变速器）、AMT（机械式自动变速器）等多种不同的结构形式。对于采用 CVT 和 AMT 变速器的汽车，由于 CVT 和 AMT 常作成整体式结构，因此其装配过程比 MT 和 AT 的汽车少了一道装离合器（或液力变矩器）的工艺。对于绝大多数轿车而言，底盘装配模块中的前桥和后桥之间缺少确定彼此位置关系的专门装置，因此需将底盘组成部件统一装到一个专门的安装架上，此专门安装架在汽车制造业将其称为机械托架，如图 1-2-44 所示。机械托架上设置有许多个不同高度、不同形状、不同尺寸的定位点，以此确定各总成部件在汽车上的精确位置。此外为了实现柔性生产（多品种共线生产），其上设置有在产各车型的定位点。若需要导入新车型，需补充适合新车型的新的定位点。

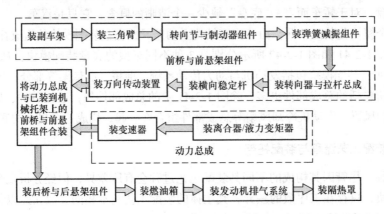

图 1-2-43 底盘装配工艺流程

七、底盘的总装

为了便于看清底盘分装各总成部件的位置关系，下面借用图 1-2-45 和图 1-2-46 简要介绍底盘的装配过程。先将图 1-2-45 中的副车架安装到机械托架上，再依次安装悬架中左右侧的三角臂、转向节与制动器组件、弹簧与减振组件、转向器与拉杆总成、横向稳定杆等装置，然后再将组装在一起的动力总成，包括发动机、离合器（图 1-2-46）、变速器（图 1-2-47）装到

图 1-2-44 机械托架

副车架上,如图 1-2-48 所示。有的厂家也将后桥和燃油箱安装到机械托架上,如图 1-2-49 所示。甚至将排气系统也安装至机械托架上,作为底盘整体进行总装,如图 1-2-50 所示。

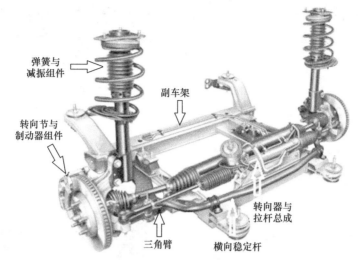

图 1-2-45 前桥与前悬架的组装

图 1-2-46 安装离合器

图 1-2-47 安装变速器

图 1-2-48 将动力总成安装到副车架上

图 1-2-49 依次将后桥和燃油箱安装到机械托架上

八、车身合装

车身合装的主要内容是将前面各分装工艺过程所得到的底盘装配模块、车门装配模块、车轮装配模块装配到车身上,如图 1-2-51~图 1-2-59 所示。

图 1-2-50 安装排气系统

图 1-2-51 底盘与车身的合装

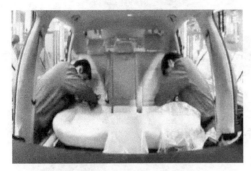
图 1-2-52 安装后排座椅

图 1-2-53 安装前排座椅

a) 安装底部管路

b) 在插头处打标记

图 1-2-54 安装车身底部管路,在插头处打上标记

图 1-2-55 吊装车轮

图 1-2-56 拧紧轮胎螺栓

图 1-2-57 安装方向盘

图 1-2-58 安装车门

九、装饰二线

装饰二线的主要装配内容包括合装后车身底部管路连接、散热器风扇机组装配、汽车制动/冷却/空调/助力转向等系统管路的装配、前/后前照灯装配、前/后保险杠装配、管路的密封检查、发动机油/变速器油加注、制动液/空调液加注、发动机冷却液/助力转向液/玻璃清洗液加注等，如图 1-2-60~图 1-2-67 所示。

十、"激活"整车电控系统

所有的部件都安装完毕后，下线前需起动发动机，使整车能够进入正常运行状态。由于是全车设备第一次开始集体工作，需要用专门的设备"激活"整车电控系统，如图 1-2-68 所示。

图 1-2-59 检查车门缝隙

图 1-2-60 安装发动机舱内油液管路

图 1-2-61 安装保险杠内衬

图 1-2-62 安装散热器风扇机组

图 1-2-63 安装保险杠

图 1-2-64 安装车灯

图 1-2-65 安装发动机密封条

图 1-2-66 制动液加注

图 1-2-67 油液加注

十一、避免柔性生产中总成部件装配错误的技术措施

现代化的汽车制造公司均已采用拉动式生产方式（JIT）。为了均衡工位工时，基于市场预测的结果制订年度生产计划、季度生产计划、月度生产计划直到日生产计划，按照日生产计划中各车型的比例交叉安排生产。为了避免不同车型共线生产总成部件的错装，目前常用的有两种方法：其一是汽车车身进入装配线时，随身携带了一个详细的配置单（图1-2-69），每一个装配工位严格按照配置单装配；另一种方法是，在每一个装配工位均配置有按车型分别摆放的配件架，各车型的配件分别放置在各自的配件箱里，配件箱的正前方设置有红、绿指示灯，如图1-2-70所示。车身上线时随身携带有包含该车规格、型号、配置信息的VIN码。VIN码是按照国际标准统一编制的，有一维和二维两种，车身每到一个工位，先利用条码阅读器录入车身的条码（图1-2-71），随着条码的录入，应该装配的配件箱前的绿色指示灯被点亮，按照绿色指示灯的指示取件装配便可彻底避免装错配件。

图 1-2-68　车载电脑的初始化

图 1-2-69　保证柔性生产不出错的配置单

图 1-2-70　带指示灯配件架

图 1-2-71　录入 VIN 码

1.2.2　汽车总装输送系统

汽车的总装是车身（或车架）在流动的过程中将数千种总成部件按照规定的工艺流程和工艺要求安装到车身（或车架）上完成的，车身（或车架）的流动需要借用为汽车总装专门配置的输送系统。

一、汽车总装输送系统的分类

汽车总装输送系统主要由空中悬架输送设备、地面输送设备和升降设备等组成，其中：空中悬架输送设备主要有空中积放链式输送系统、空中摩擦输送系统、电动单轨输送小车系统（EMS）等；地面输送设备主要有自导向输送小车（AGV）系统、滑板输送系统、板链输送系统、滑橇输送系统、地面摩擦输送系统等。

1. 积放式输送系统

积放式输送系统是过去较常用的一种总装输送系统，如图1-2-72所示。现阶段在许多公司

仍在采用,其特点是技术成熟、设备投资较低,但由于积放式输送系统采用的是链传动,因此噪声大、润滑点多、维修保养不太方便。

2. 空中摩擦输送系统

摩擦输送系统是一种具有国际先进水平的新型输送方式,如图1-2-73所示。摩擦输送系统改变了传统链条传动的方式,利用动力装置(摩擦轮)与工件承载介质(吊具、台板)间的摩擦力完成工件的输送,其特点是噪声小、能耗低、节能环保、维护简单、柔性大、扩能方便,但技术难度和初期投资较大。

图1-2-72 空中积放式输送系统

图1-2-73 摩擦输送系统

3. 滑橇输送系统

滑橇输送系统是由多种标准单元模块组合成的组合式输送系统,如图1-2-74所示。滑橇输送系统输送物件的橇体依靠托辊或链条的摩擦力实现前进、后退、平移、举升、积放、旋转等功能。滑橇输送系具有机动灵活、运行平稳、结构紧凑、接近性好等特点。

a) 滑橇旋转台

b) 滑橇输送机

图1-2-74 滑橇输送系统

4. 滑板输送系统

滑板输送系统按承载能力可分为轻型、重型和特重3个系列,分别用于小、中、重型车的输送;按板宽窄的不同分为宽滑板输送系统和窄滑板输送系统(图1-2-75和图1-2-76)。滑板输送系统属直线输送设备,占地面积少、运行安全、使用可靠,是汽车部装和总装常用的输送设备。

5. 板链输送系统

按板宽窄的不同分为宽板链输送系统和窄板链输送系统,其中窄板链又有单板链输送系统和双板链输送系统之分,如图1-2-77和图1-2-78所示。板链输送系统同样属于直线输送设备,在各类汽车制造厂都得到了较广泛的应用。

图 1-2-75　宽滑板输送系统

图 1-2-76　窄滑板输送系统

6. 电动单轨输送小车系统（EMS）

电动单轨输送小车系统（Electric Monorail Transport Trolley System，EMS）是物料搬运设备革新的最新产品，在对速度和智能要求成为主要指标的特别环境下日益流行。EMS 从其运行的轨道上取电，可满足物料在水平、垂直方向的自由输送。在各种使用场合均已证明 EMS 具有维修简单、生产效率高等特点，在同步和非同步的制造和装配线上得到了较广泛的应用，如图 1-2-79 所示。

图 1-2-77　宽板链输送系统

a) 单板链输送系统

b) 双板链输送系统

图 1-2-78　窄板链输送系统

7. 自导向输送小车（AGV）

自导向输送小车（Automated Guided Vehicle，AGV），是指具有磁条、轨道或者激光等自动导引设备，沿规划好的路径行驶，以电池为动力，并且装备安全保护以及各种辅助机构（例如移载，装配机构）的无人驾驶的自动化车辆，如图 1-2-80 所示。通常由多台 AGV、控制计算机（控制台）、导航设备、充电设备及周边附属设备组成 AGV 输送系统。AGV 在计算机的监控及任务调度下，按照规定的路径行走，到

图 1-2-79　电动单轨输送小车系统（EMS）

达指定的作业位置后，完成一系列规定的任务，控制计算机可根据 AGV 自身电量决定是否到充电区进行自动充电。国内外许多汽车制造工厂部分总装工位已普遍采用 AGV 作为总装线的输送设备，AGV 的突出特点是输送线因局部故障或某工位因操作错误而停顿时，可以利用设置的离线维修岔道消除其对装配线整体的影响，对于瓶颈工序（如发动机变速器合装工位、驾驶室与底盘合装工位），AGV 可岔出主装配线，利用局部装配道岔，满足主线生产节拍的要求；其缺点是 AGV 输送系统的造价较高。

a) 自导向输送小车款式1

b) 自导向输送小车款式2

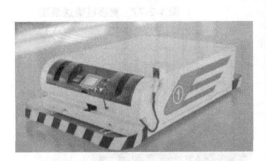

c) 自导向输送小车款式3

d) 自导向输送小车款式4

图 1-2-80　自导向输送小车（AGV）

8. 地面摩擦输送系统

地面摩擦输送系统是空中摩擦输送技术在应用上的拓展，其主体由 H 型轨道、驱动装置、道岔装置、定位装置等组成，如图 1-2-81 所示。

9. 升降设备

为了便于装配，汽车在总装过程有些工段需要采用空中悬架式输送设备，有些工段则需要采用地面输送设备。无论是由空中转为地面还是由地面转为空中，为了节省空间常采用升降设备实现空—地或地—空输送的转换，如图 1-2-82 所示。

10. 输送设备的选用

对于某具体的汽车总装厂（车间），其输送设备的选用往往需根据所生产的车型、生产纲领、投资规模、总装工艺的设计综合确定。此外，由于总装工艺中的每一个装配工段有其自身的工艺特点，作业内容和作业方式存在很大的不同，所以不同工段所采用的输送系统也会有所不同。由此可见，任何一个汽车总装厂（车间）均不可能采用单一的输送系统，往往是多种不

图 1-2-81 地面摩擦输送系统

图 1-2-82 升降设备

同输送系统的合理组合。如：涂装车间与总装车间间的中转输送系统常采用滑橇输送系统，装饰一线常采用板式输送系统（宽板链输送系统或地面摩擦输送系统），车身合装线常采用积放链式输送系统或空中摩擦输送系统与自导向输送小车（AGV）相结合的输送系统，装饰二线常采用板链输送系统（单板链或双板链输送系统）或地面摩擦输送系统。

二、总装输送系统的要求与功能

尽管由于汽车的种类和结构的不同，汽车总装工艺及总装输送所选用的设备存在较大的差异，但汽车总装输送系统的基本要求与功能却非常接近，下面以某汽车制造厂为例，简要介绍汽车总装输送系统的基本要求与功能。

微课视频
汽车总装输送系统二

1. 油漆到达输送系统

（1）油漆到达输送系统的功能与布局

油漆到达输送系统的功能主要是将涂装后的车身从涂装车间按照生产排序提供给总装车间。油漆到达输送系统犹如涂装车间与总装车间之间的中转仓库，主要由预排产储存区和同步配送延长线两个部分组成，如图 1-2-83 所示。

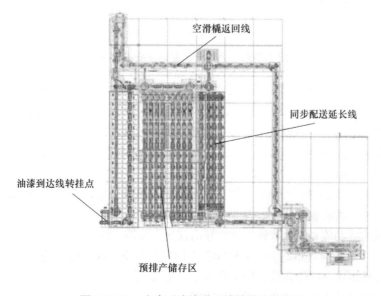

图 1-2-83 油漆到达输送系统的功能与布局

（2）油漆到达输送系统的工作过程

空滑橇经返回线进入油漆线与总装线的转挂点，然后将涂装后的车身从油漆滑橇转接到总装油漆到达系统空滑橇上。经转接后车身滑橇进入8条道的储存线入口，得到预排产信息后，车身进入预排产储存区。

在储存线出口，排产人员根据生产指令进行排产，将车身排入同步配送延长线。油漆到达线滑橇上的车身通过叉式移载升降机转接到装饰一线的宽板链输送线上。

若需要对已排产车身流向进行改动，可通过控制系统发出修正指令，在同步输送线第2道的出口，按照修正后的信息对车身流向自动进行纠错。

油漆到达输送系统通常还设有人工排产模式，当排产人员需要对某储存线内某条道上某处的车身进行排产时，可以先将前面的车身导出，导出的车身由预排产人员手动控制将车身导入到车身同步配送排产纠错线，车身滑橇经同步配送排产纠错线回到移行机入口，再次进入预排产区。

2. 装饰一线输送系统

装饰一线的作业内容主要是车门拆卸及线束、顶棚、天窗、仪表板、前后风窗玻璃等零部件的装配，依据内饰一线零部件装配的特点，其输送系统常采用宽板（宽板链或宽滑板）输送方案，其主要流程如下：

油漆滑橇上的车身通过转挂装置转挂至装饰一线HC1宽板输送系统的滑橇上，在完成车门拆卸、线束装配、顶棚装配等操作后进入装饰一线两条装配线之间的快速缓冲区，滑橇在快速缓冲区中通过高低齿横移链跨过物流通道进入装饰一线的HC2线，车身在宽板链上完成天窗的安装、仪表板的合装、前后风窗玻璃的安装等操作后进入转挂区，车身通过转挂从滑橇转挂至悬链吊具后即完成了整个内饰一线的工艺流程，因此从功能区域来划分，内饰一线输送系统主要包含工艺区、快速缓冲区、维修区，如图1-2-84所示。

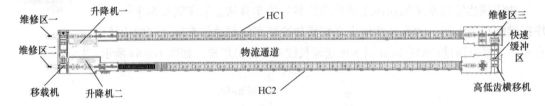

图1-2-84 装饰一线输送系统的布局

1）工艺区：内饰一线的全部装配作业均在工艺区内完成，包括HC1和HC2装配线。

2）快速缓冲区：快速缓冲区的作用是：①将两条工艺线HC1和HC2连接在一起。②减少其中一条线设备故障对另一条线装配作业的影响。当然，缓冲区中的车位数越多两条线的相互影响越小，但车位数太多会降低总装车间的空间利用率，所以缓冲区应设置合适的车位数。

3）维修区：在内饰一线常设置2~3个维修区：

维修区一，又称车辆排产调整区，当生产部门需要从线外导入车身而不是从油漆到达线排入车身时，可以将车辆从该区域导入内饰一线。

维修区二的主要功能是将生产线空滑橇导出或导入装饰一线。

维修区三的主要功能是将已进入内饰线但有问题的车身（缺零件或装配不当的车身）导出到该区域进行线外维修，维修完成后的车身再导回装饰一线。

维修区的设置可使内饰一线更具柔性化功能。

3. 车身合装线输送系统

车身合装的主要作业内容是动力总成、汽车底盘各系统（动力总成和底盘一起又称机械部分）与车身的合装，为了便于装配，车身合装常采用悬架输送系统，如图1-2-85所示。

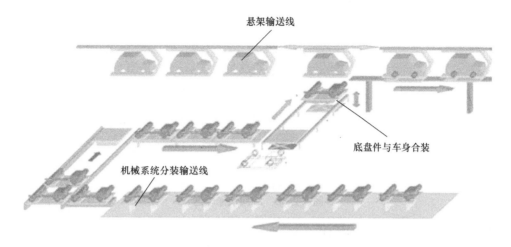

图 1-2-85　车身合装线输送系统

4. 装饰二线输送系统

车身合装完成后，余下的装配内容主要是车身底部管路连接、散热器风扇机组、灯光、信号装置、前/后保险杠、液加注等，对于输送系统应该是经过一定距离的空中悬架输送后再转入地面输送，如图1-2-86所示。

（1）空中连续输送

车身合装线和装饰二线的前半部分均采用空中悬架输送，尽管车身合装与装饰二线属于两个不同的装配工段，但对于空中输送设备却采用的是同一套系统，由于这两个装配工段的装配内容非常多，为了使装配工艺的布局趋于合理，空中输送线常需要多次折回，如图1-2-87所示。

（2）在两个操作区间的快速输送线

为了保证汽车总装线工艺操作的连续性，在两个操作区间常采用快速输送线，如图1-2-88所示。保证各装配线之间的动态变化及储存一定数量的车身以应对生产期间出现的突发事件（如停线等），为此，悬架车身的吊具应能够在快速输送线的末端的停止器处积放。

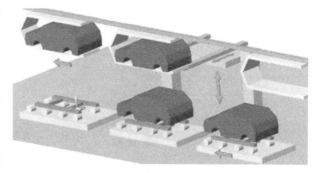

图 1-2-86　装饰二线输送系统

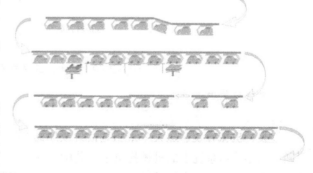

图 1-2-87　空中连续输送线

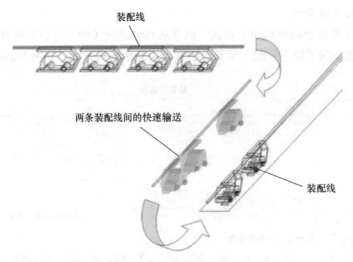

图 1-2-88 线间快速输送

（3）空中输送线向地面线的转挂

空中输送线向地面线转挂的目的在于将在装配线上移动的已完成车轮装配的车身从空中输送线的吊具上放到地面的双板链（或单板链）输送系统，以便完成后续的装配、检查等操作，如图 1-2-89 所示。

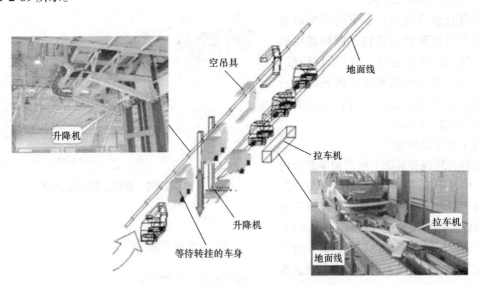

图 1-2-89 空中输送线向地面线的转挂

5. 机械分装输送系统

（1）传统机械分装输送系统

过去，机械分装输送大多采用宽板链或地面摩擦输送系统，运行过程中操作工将装配件装配到宽板链输送系统上的机械托盘上，装配完成后，连同机械托盘一起通过移行机输送到合装处的垂直举升机上，带机械托盘的汽车机械部分与悬架的车身同步向前移动的过程中完成与车身的合装。当机械部件与车身合装拧紧后，在固定工位把机械托盘从车辆/吊具总成上分开，再把空的机械托盘重新循环到机械分装线第一工位，如图 1-2-90 所示。

项目 1 汽车装配基础知识

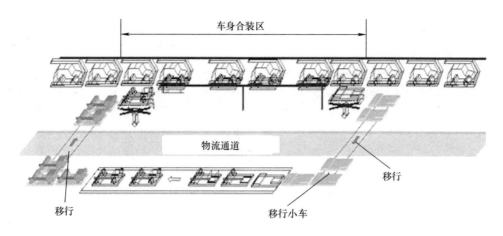

图 1-2-90 传统机械分装输送系统

（2）新的机械分装输送系统

近几年新建的汽车总装厂，机械分装输送越来越多地采用自导向输送小车（AGV）输送系统，将汽车机械部分直接装配到自导向输送小车（AGV）上的托盘上，自导向输送小车（AGV）完成机械部分的输送、举升，与吊挂的车身同步运行，合装完成后返回到机械分装线第一工位处，如图 1-2-91 所示。

图 1-2-91 新机械分装输送系统

6. 车门分装输送系统

为了确保车漆颜色的一致性，需将车门安装到车身上一起喷漆。在汽车总装工艺中，车门的存在不仅会影响仪表板、座椅等的安装，而且由于在总装车间生产的车型较多，线边用于存放零件的面积已越来越不能满足零件供应的要求，如不拆下车门，在整个总装生产线的装配过程中，由于不停地开关车门，平均每辆车至少要多消耗 30min 的工时。为了提高总装的生产效率，在进行总装前需拆下车门。为此，车门分装输送系统应包括卸下的车门与车身的同步输送、车门分装过程中的输送、将分装好的车门输送到与车身合装的安装点等内容。

近些年建设的汽车总装厂，车门的输送（车门与车身的同步输送、车门分装过程中的输送、将分装好的车门输送到与车身合装的安装点的输送）大多采用统一的空中悬架连续输送方式，如图 1-2-92～图 1-2-95 所示。

图 1-2-92　车门与车身的同步输送

图 1-2-93　车门分装输送

图 1-2-94　车门与车身合装输送

图 1-2-95　输送吊具的返回

1.2.3　整车性能测试与调整

为了确保汽车产品质量，汽车制造公司除对汽车制造过程每一道工序的作业内容、操作方法和工艺要求均做出了详细与严格的规定以及采用大量现代化高精度的生产设备以保证其产品质量外，汽车在出厂前还要进行全面的检测和调试，以避免存在质量问题的汽车产品流入市场。

微课视频
整车性能测试与调整

汽车出厂前的性能检测与调整包括室内台架检测和室外道路检测二部分，其中，室内台架检测常将具有各种不同检测功能的汽车检测设备组合在一起用于汽车整车的性能检测，以达到控制产品质量的目的，这种组合在一起的汽车检测设备统称为汽车整车出厂验系统，由于该检测系统采用的是流水式的检测方式，汽车制造公司常将其称为整车检测线；室外道路检测都在专门建设的试车场地上进行，因此将其称为场地测试或道路测试。

一、检测线

汽车出厂前需检测的内容主要有：四轮定位参数的检测与调整、汽车前照灯的检测与调整、汽车行驶性能检测、汽车制动性能检测、汽车外观检测、汽车排放检测、汽车防雨密封性检测等，如图 1-2-96～图 1-2-100 所示。

a) 四轮定位参数检测　　　　　　　　b) 前束角的调整

图 1-2-96　四轮定位参数的检测与调整

a) 前照灯的检测　　　　　　　　b) 灯光照射位置的调整

图 1-2-97　前照灯的检测与调整

a) 测试台架　　　　　　　　b) 显示仪表

图 1-2-98　汽车行驶与制动性能测试

图 1-2-99　排放测试　　　　　　　　图 1-2-100　防雨密封性测试

二、外观检查

汽车经过100多年的发展,已由早期单纯的交通运输工具发展为集现代美学、休闲娱乐、交通运输于一体的光机电一体化产品,用户对其外观(内饰、外饰、发动机舱的规整性)质量要求非常高,以至于越来越多的人将其称为流动的工艺品。为了满足人们对汽车外观质量日益苛刻的要求,汽车在出厂前还要将其置于专门的外观检测间对汽车的内饰、外饰、发动机舱进行全面检查,如图1-2-101和图1-2-102所示。外观检测间对洁净程度及光照强度有专门的要求。

图1-2-101 发动机舱检查

图1-2-102 整车外观检查

三、道路测试

道路测试的内容非常多,主要包括汽车各总成部件的运行状况、是否有异响、发动机的工作温度、机油压力、发电机的发电量与充电特性、汽车起动、加速、制动、操纵性能、汽车维持直行的能力与转向回正特性、悬架的缓冲与减振特性、车轮是否摆振等。

汽车下线的道路测试与其他目的道路测试的根本区别是必须在极短的时间内(5～10min)完成名目繁多的测试。正因为如此,不可能提供将车载式的汽车道路性能试验仪器设备安装到车上和从车上卸下的时间,所以到目前为止,汽车下线的道路测试除少数项目(如汽车行驶跑偏)开始采用固定式设备(固定安装在试车道上)进行测试外,绝大多数项目仍采用最原始的人工主观评价。如图1-2-103～图1-2-106所示。

图1-2-103 大、小石块波浪路

图1-2-104 高速直行路段

图 1-2-105　凸包路面　　　　　　图 1-2-106　ESP、ABS 测试路段

四、汽车的返修

返修是任何汽车制造公司都不可避免的一项重要工作，不仅是汽车总装与部件分装有返修，汽车的涂装与焊装也都有返修。不过在此需特别指出的是，汽车制造工艺过程中任何一个制造环节的返修都是针对微小问题的维修，凡是较大的质量问题，其处理方法是直接报废。

对于汽车总装的返修主要是装配调整的问题，如：位置误差、小件漏装、覆盖件间隙不均匀、紧固件拧紧力矩偏差、内外饰件表面破损等。当然，尽管都是一些小问题，但任何一家有影响的汽车公司都视其为零容忍，只有这样，才能有效保证汽车产品质量。正因为如此，在汽车总装厂均专门设置有足够面积的返修区，如图 1-2-107 所示。汽车出厂前的下线检验发现任何质量问题，均将其开到返修区由专门的返修工对其进行维修，返修后的车辆需重新上线检测合格后方可出厂。

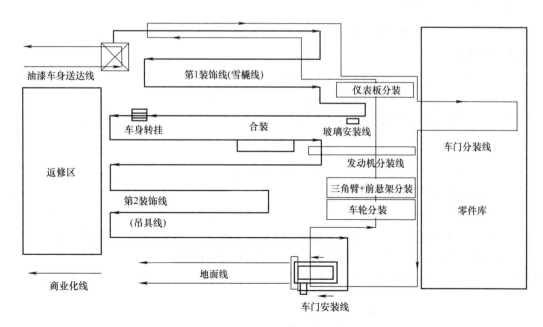

图 1-2-107　返修区的设置

☞ 任务计划

独立查阅信息	**教师活动**：教师提供汽车总装生产线的生产工艺流程作业指导书。 **学生活动**：学生独立查阅教师提供的作业指导书，提炼整理关键信息。
小组制定工作计划并展示	**教师活动**：教师要求学生小组合作制定"汽车总装线"的生产计划，把每一个分系统的装调细节和注意事项写出来，包括为什么干、怎么干、安全、环保、工具、时间、质量检查标准等。

☞ 任务决策

装调员工与小组长沟通工作计划	**教师活动**：教师选出一个学生代表（这个学生是以往决策出现问题较大的）和自己进行任务决策，教师暂时担任小组长（质检员）的角色。 **学生活动**：被选出的学生与教师进行决策对话，让其他学生观察，并进行口头评价、补充、改进。
提交任务决策	**学生活动**：每个学生制定自己的任务决策，在任务工单上表述出来。 **教师活动**：教师对每个学生的任务决策进行确认。

☞ 任务实施

示范操作	**教师活动**：教师亲自示范操作，或者播放相关微课视频。 **学生活动**：学生观察教师的示范操作，或者观察微课视频中的示范操作。
操作实施	**教师活动**：教师将学生分组，并要求学生分工明确，严格强调安全和事故预防要求等。实施过程中教师进行巡视指导。 **学生活动**：学生查阅相关资料，了解汽车总装工艺流程。

☞ 任务检查

5S 与检查工作结果：

教师活动：教师提供任务检查单。要求学生分组，小组合作完成任务检查及 5S，在表单上进行标注。教师要求学生小组成员对工作过程和工作计划进行监督和评估，记录优缺点及改进建议，并口头表述。教师要重点引导学生对队友的支持性意见的表达，并训练学生接纳他人建议。

学生活动：学生分组，小组合作完成任务检查及 5S，并在任务检查单上标注。学生按照教师的规定对小组其他成员的工作过程友善地提出改进建议。

☞ 任务评价

总结知识点、技能点和素养点：

教师活动：教师归纳整理理论体系，以一页 PPT 展示知识点、技能点和素养点。
学生活动：学生认真反思、倾听，构建适合自己学习的知识体系。学生对照学习目标进行自我评价。

课程育人

课程育人之一

我国社会经济的不断发展，给汽车制造企业带来机遇的同时也使其面临了巨大的挑战，尤其是在企业安全生产管理方面对其提出了更高的要求。汽车制造企业稳固持续发展的根本要求是进行安全生产，并且在实践中树立安全意识和践行安全生产观。

项目 2
内饰件装配工位

任务描述

掌握车辆内饰件的装配工艺和装配流程。了解汽车线束的连接形式,掌握汽车线束的装配方法。掌握汽车天窗系统的结构和总成装配。了解汽车安全气囊和安全带的结构与工作原理,掌握汽车安全气囊与安全带的装配过程。了解汽车制动系统操纵机构的工作原理及装配过程。

学习目标

1. 了解汽车线束的连接形式及装配方法。
2. 掌握汽车天窗总成的结构及装配方法。
3. 能正确认识安全气囊和安全带的结构与工作原理。
4. 掌握驾驶人、前排乘员及侧安全气囊的装配方法。
5. 掌握汽车侧碰撞传感器、安全带和安全锁扣的装配方法。
6. 掌握制动系统操纵机构的装配方法。

知识与技能点清单

序号	学习目标	知识点	技能点
1	了解汽车线束的连接形式及装配方法	1. 汽车线束的组成 2. 汽车线速的连接形式 3. 汽车线束的装配注意事项	汽车线速的连接方式，汽车线束的装配及调整的方法
2	掌握汽车天窗总成的结构及装配方法	1. 汽车天窗的分类和功用 2. 汽车全景天窗的组成和功能 3. 汽车全景天窗本体总成及附件的装配	能正确认识汽车天窗的分类及功用，能正确认识汽车全景天窗的组成及功能，能正确装配汽车全景天窗本体总成及附件
3	能正确认识安全气囊和安全带的结构与工作原理	1. 汽车安全气囊的结构与工作原理 2. 汽车安全带的结构与工作原理	能正确认识汽车安全气囊和安全带的结构和工作原理
4	掌握驾驶人、前排乘员及侧安全气囊的装配方法	1. 汽车驾驶人安全气囊安装 2. 汽车前排乘员安全气囊安装 3. 座椅侧气囊安装	能正确装配驾驶人、前排乘员及侧安全气囊
5	掌握汽车侧碰撞传感器、安全带和安全锁扣的装配方法	1. 侧碰撞传感器的安装 2. 汽车安全带的装配 3. 汽车安全带锁扣的装配	能正确装配汽车侧碰撞传感器
6	掌握制动系统操纵机构的装配方法	1. 制动总泵和制动液储液罐的装配 2. 液压控制机构总成的装配 3. 制动踏板总成的装配 4. 真空助力器的装配	能正确装配制动系统操纵机构

项目 2 内饰件装配工位

学习任务

2.1 电气线束装配

☞ 教学准备

教学情境准备	**教师活动**：在老师的指导下对整个班级进行分组，并由各小组讨论，选举出组长。教师安排组长负责班组管理，如负责分配分解任务，负责班组团队建设、班内的协调工作等。 **学生活动**：组长根据查阅的作业指导书、互联网及相关资料的学习，通过班组讨论进行分解、分配任务，并由组长担任装配质量检查员。按照制定的任务分解单和标准操作工序在班组内进行装配训练，查找存在的问题与不足，提出改进的措施或意见并记录。
教学目标准备	**素养点**： ① 在小组中能够良好地自我表达，并懂得倾听他人的意见。 ② 能够阅读相关的教学资料，通过查阅资料能够使用工具。 ③ 能够保持周围环境干净整洁。 ④ 能够独立工作。 ⑤ 能够小组合作。 ⑥ 能够与他人进行有效的沟通和交流。 **知识点**： 电气线束的基本知识。 **技能点**： 电气线束的装配。
资料设备清单	① 长安逸动车辆一台。 ② 汽车总装模拟生产线。 ③ 世达 128 件工具套装、工具车等。

☞ 任务描述

角色扮演	**学生活动**：学生分组，四人一组。分布于汽车电气线束的装配工位之上，扮演装配工人、小组长（质检员），在模拟生产线上重现装配流程。 **教师活动**：教师观察学生的装配过程，观察同学的表现。
全员换位评价	学生在班组内进行轮岗（包括组长，即质量检查岗）训练。通过轮岗训练，要求学生能够熟练掌握本班组内的不同岗位上多个任务的操作能力以及本班组装配质量的检查能力。
全员分组练习	**教师活动**：教师通过观察找出表现优异的同学，作为借鉴和示范，要求各小组接受任务并练习。 **学生活动**：学生按照示范，遵循教师的提示与强调，分组在汽车模拟生产线上进行任务接受并练习，进行轮岗训练。
提交检查评估表	**教师活动**：教师要求学生根据自己对任务的完成情况进行评估并提出改进意见。 **学生活动**：学生在任务工单上进行自评和互评。

☞ 任务分析

教师活动：教师提供任务工单、长安逸动车辆装配作业指导书，指导学生独立完成装配步骤的分析。
学生活动：根据教师提供的资料进行查阅，确定分工位的装配步骤和注意事项并明确分工与协作。
装配流程有4个：
1. 发动机舱电气线束的装配。
2. A柱、B柱、C柱部分集成式馈线总成的装配。
3. 高位制动灯、行李舱集成式馈线总成的装配。
4. 车身集成式馈线总成的装配。

☞ 理论学习

2.1.1 汽车线束概述

一、汽车线束的组成要求及连接形式

微课视频
电气线束装配

将各种类型的导线包扎成束，称之为线束，如图 2-1-1 所示。将导线统一包扎可以对其绝缘层进行有效的保护，同时也能更好地进行零部件接线，并且节约了导线占用的空间。

在进行制作汽车线束时，其材料主要是由插接器、传感器以及线材等部件组成，汽车线束装配之前，需要熟悉电路图原理、各部位接线和加工，方便后续加工。汽车线束生产加工可以分为两个部分，第一部分为压接端子，包括全自动压接和半自动压接两种形式。第二部分为装配工序，装配工序又可分为预装工艺和总装工艺。

图 2-1-1 汽车线束示意图

在选择汽车线束的护套以及插接器时，底盘线束一般直接采用阻燃和机械性能比较好的波纹护套，而驾驶室线束都是采用耐寒、耐热绝缘塑料胶带包扎，并根据汽车线束的工作环境来装配生产。

为了后续装配和维修的便利，在制作线束的过程中可以通过插接器将多段的线束连接在一起，在汽车应用中，线束的分段越少越好，可以避免因插接器过多而产生压降，造成接触不良。同时分段生产能及时发现接触不良、绝缘不良及装配错误等不良品。

二、电气线束的整车分布

整车线束分布如图 2-1-2 所示。

三、汽车线束的装配及调整的注意事项

汽车线束在进行组装的过程中千万不要将线束拉得太紧，这样就可以在一定程度上避免车辆颠簸时线束固定点位置松动，从而导致两个固定点之间的距离突然加大，造成线束内部接点接触不良、导线参数变化甚至拉断导线。发动机舱内线束安装如图 2-1-3 所示。

1）汽车线束在进行组装的过程中千万不要将线束拉得太紧，这样就可以在一定程度上有效地避免车辆在颠簸时线束固定点位置松动，从而导致两个固定点之间的距离突然加大，造成线束内部接点接触不良、导线参数变化甚至拉断导线。

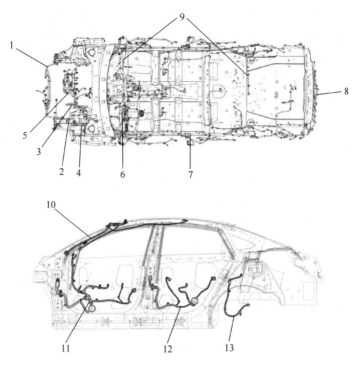

图 2-1-2 整车线束分布示意图

1—发动机舱电线束总成 2—变速器搭铁线总成 3—蓄电池电源线总成 4—蓄电池搭铁线总成 5—发动机线束总成 6—仪表板电线束总成 7—底盘电线束总成 8—后保险杠电线束总成 9—集成式馈线总成（仪表板端、车身段） 10—顶棚电线束总成 11—左/右前门电线束总成 12—左/右后门电线束总成 13—电子驻车制动器电动机电线束总成（左/右）

  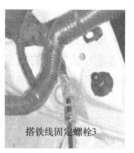

a) 搭铁线固定螺栓1安装　　b) 搭铁线固定螺栓2安装　　c) 搭铁线固定螺栓3安装

 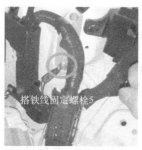 

d) 搭铁线固定螺栓4安装　　e) 搭铁线固定螺栓5安装　　f) 发动机舱内电线束总成车内线束固定卡扣安装

图 2-1-3 发动机舱内线束安装

2）汽车线束装配后，周围要有足够的间隙空间，保证线束不被其他部件压到、不被其他部件及其紧固件绊到。避免线束绝缘层被夹断、磨损或破裂引起搭铁等故障的发生。

3）不在临近位置布置型号和颜色均相同的插接器。避免装配过程中出现误插，损坏线束和用电器。

4）插接器布置在容易发现的位置，布置在手和工具容易操作的位置。为了便于检查、维修，需要按照实际装配情况考虑电器件所带导线的长度。如果电器件安装在表面易操作的位置，可以省去导线直接将插接器连接到部件上；若电器件安装位置比较隐蔽，且后期维修拆卸困难时，可以按照需要将电器件所带的导线长度适当增加，使插接器的布置在便于检查、维修的位置。

5）发动机装配后插接器应很方便地连接，在此主要是指发动机线束和发动机舱内线束、发动机 ECU 的连接。由于发动机在工作状态下处于振动状态，为了使发动机线束和发动机舱内线束、ECU 连接可靠，不但需要适当增加发动机线束的长度（一般增加长度不小于50mm），还需要在发动机线束端的插接器前 100mm 左右增加一个固定点，将其固定在车身上以避免发动机振动的传递，导致插接器松动、端子虚接。

6）线束如通过钣金孔从驾驶室内引向室外，外部线束必须低于过线孔，从而避免在线束上滴、洒液体后有进入室内的可能。

7）四门线束和座舱线束连接时，车门上过线孔应该低于车身侧围上过线孔。如门线束胶套上有液体，只有可能进入车门而不能进入驾驶室。

8）插接器和线束可以很容易地通过车身的过线孔，从而方便装配、节约安装时间。

9）在仪表板处安装的电器装置：组合仪表、开关面板、空调面板和音响系统及显示屏等与仪表板线束连接的插接器插头，应按实际需要预留足够的长度。根据电器装置的安装深度、插座的位置、插座开口方向和电器件装配后的后部空间，按照操作的方便性，适当增加线束上插头的预留长度。

10）四门开关线束的预留长度、室内顶棚上的顶灯及开关线束插头的预留长度，也参照仪表板处安装的电器装置的计算方法计算。

11）需要考虑在插接器的插接方向，必须留有大于两倍插头对插方向长度的空间。

12）音响天线线束的长度确定同样需要考虑装配时预留足够长度。

13）其他对插的线束插头，考虑线束拆卸方便的需要预留长度。对于电器件安装在表面位置、安装在座椅下部（翻开座椅可操作）、付仪表板下（拆下付仪表板可操作）或两线束总成对插等情况，可不预留长度，参照实际测量结果和插接器参数设计即可。

2.1.2 电气线束的装配

一、发动机舱内电气线束总成的装配

将发动机舱内电线束总成车内线束卡扣按顺序依次卡入相应钣金孔内，并连接插头，如图 2-1-3 所示。要求线束无打结、缠绕，安装线束固定卡扣要求配合面贴合良好，安装牢固。

二、集成式馈线的安装

集成式馈线在车身 A 柱、B 柱、C 柱部分，高位制动灯部分，行李舱部分等均有安装。在安装时，将线束固定卡扣卡入相应的钣金孔内，并连接插头，如图 2-1-4 所示。要求线束无打结、缠绕，线束固定卡扣要求配合面贴合良好，安装牢固。

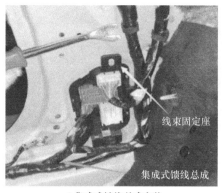
a) 集成式馈线总成安装

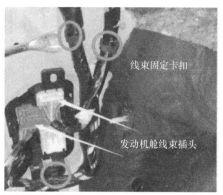
b) 线束固定卡扣安装

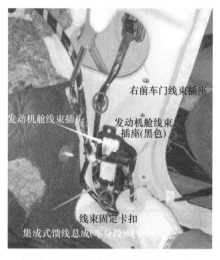
c) 集成式馈线总成车身段安装

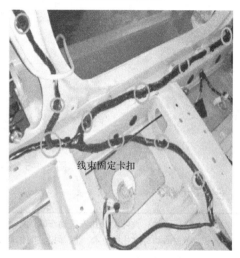
d) 线束固定卡扣安装

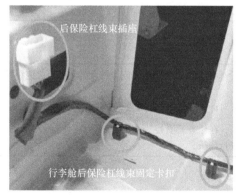
e) 行李舱后保险杠线束固定卡扣安装

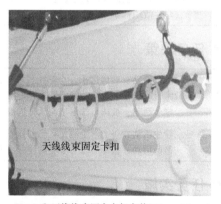
f) 天线线束固定卡扣安装

图 2-1-4　集成式馈线安装

三、搭铁线的安装

搭铁线的安装需用电动扳手将搭铁线固定螺栓紧固，紧固力矩 9N·m，如图 2-1-5 所示。要求搭铁线导向点必须完全卡入钣金孔内，固定螺栓要求配合面良好，安装牢固。

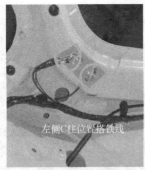
a) 左侧C柱位置搭铁线安装

b) 燃油箱防尘盖位置搭铁线安装

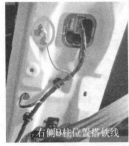

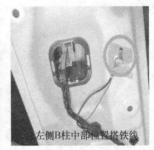

c) 右侧B柱位置搭铁线安装　d) 左侧A柱下侧位置搭铁线安装　e) 左侧B柱中部位置搭铁线安装　f) 安全气囊控制器位置搭铁线安装

图 2-1-5　搭铁线安装

☞ 任务计划

独立查阅信息	**教师活动**：教师提供长安逸动车辆的作业指导书。 **学生活动**：学生独立查阅教师提供的作业指导书，提炼整理关键信息。
小组制定工作计划并展示	**教师活动**：教师要求学生小组合作制定"电气线束装配"的工作计划，把每一个装调细节和注意事项写出来，包括为什么干、怎么干、安全、环保、工具、时间、质量检查标准等。 **学生活动**：学生分小组讨论，小组合作完成工作计划的制定。

☞ 任务决策

装调员工与小组长沟通工作计划	**教师活动**：教师选出一个学生代表（这个学生是以往决策出现问题较大的）和自己进行任务决策，教师暂时担任小组长（质检员）的角色。 **学生活动**：被选出的学生与教师进行决策对话，让其他学生观察，并进行口头评价、补充、改进。
提交任务决策	**学生活动**：每个学生制定自己的任务决策，在任务工单上表述出来。 **教师活动**：教师对每个学生的任务决策进行确认。

☞ 任务实施

示范操作	**教师活动**：教师亲自示范操作，或者播放相关微课视频。 **学生活动**：学生观察教师的示范操作，或者观察微课视频中的示范操作。
操作实施	**教师活动**：教师将学生分组，并要求学生分工明确，严格强调安全和事故预防要求等。实施过程中教师进行巡视指导。 **学生活动**：学生分为4组（4个操作工位），分工操作。每组4人，每组每次安排2名学生操作，所有学生轮流，每个学生都要完成一次操作。当2名学生进行操作时，同组的另外1名学生担任小组长的角色，分别对其进行评价和监督。同组的第4名学生负责查阅作业指导书等相关资料。

☞ 任务检查

5S 与检查工作结果：
教师活动：教师提供任务检查单。要求学生分组，小组合作完成任务检查及 5S，在表单上进行标注。教师要求学生小组成员对工作过程和工作计划进行监督和评估，记录优缺点及改进建议，并口头表述。教师要重点引导学生对队友的支持性意见的表达，并训练学生接纳他人建议。
学生活动：学生分组，小组合作完成任务检查及 5S，并在任务检查单上标注。学生按照教师的规定对小组其他成员的工作过程友善地提出改进建议。

☞ 任务评价

总结知识点、技能点和素养点：
教师活动：教师归纳整理理论体系，以一页 PPT 展示知识点、技能点和素养点。
学生活动：学生认真反思、倾听，构建适合自己学习的知识体系。学生对照学习目标进行自我评价。

2.2 汽车天窗系统总成装配

☞ 教学准备

教学情境准备	**教师活动**：在老师的指导下对整个班级进行分组，并由各小组讨论，选举出组长。教师安排组长负责班组管理，如负责分配分解任务，负责班组团队建设、班内的协调工作等。 **学生活动**：组长根据查阅的作业指导书、互联网及相关资料的学习，通过班组讨论进行分解、分配任务，并由组长担任装配质量检查员。按照制定的任务分解单和标准操作工序在班组内进行装配训练，查找存在的问题与不足，提出改进的措施或意见并记录。
教学目标准备	**素养点**： ① 在小组中能够良好地自我表达，并懂得倾听他人的意见。 ② 能够阅读相关的教学资料，通过查阅资料能够使用工具。 ③ 能够保持周围环境干净整洁。 ④ 能够独立工作。 ⑤ 能够小组合作。 ⑥ 能够与他人进行有效的沟通和交流。 **知识点**： 天窗的结构和工作原理。 **技能点**： 汽车天窗系统的装配与调试。
资料设备清单	① 长安逸动车辆一台。 ② 汽车总装模拟生产线。 ③ 世达 128 件工具套装、工具车等。 ④ 长安逸动车辆天窗系统装配作业指导书。

🖝 任务描述

角色扮演	**学生活动**：学生分组，四人一组。分布于汽车天窗系统的装配工位之上，扮演装配工人、小组长（质检员），在模拟生产线上重现装配流程。 **教师活动**：教师观察学生的装配过程，观察同学的表现。
全员换位评价	学生在班组内进行轮岗（包括组长，即质量检查岗）训练。通过轮岗训练，要求学生能够熟练掌握本班组内的不同岗位上多个任务的操作能力以及本班组装配质量的检查能力。
全员分组练习	**教师活动**：教师通过观察找出表现优异的同学，作为借鉴和示范，要求各小组接受任务并练习。 **学生活动**：学生按照示范，遵循教师的提示与强调，分组在汽车模拟生产线上进行任务接受并练习，进行轮岗训练。
提交检查评估表	**教师活动**：教师要求学生根据自己对任务的完成情况进行评估并提出改进意见。 **学生活动**：学生在任务工单上进行自评和互评。

🖝 任务分析

教师活动：教师提供任务工单、长安逸动车辆装配作业指导书，指导学生独立完成装配步骤的分析。
学生活动：根据教师提供的资料进行查阅，确定分工位的装配步骤和注意事项并明确分工与协作。
装配流程有3个：
1. 天窗总成的安装。
2. 天窗排水管附件的安装。
3. 天窗排水管的安装。

🖝 理论学习

2.2.1 汽车天窗总成概述

微课视频
汽车天窗总成概述

一、汽车天窗的分类

汽车天窗作为可以方便换气又能提高车内采光度的实用配置，已成为购车时的一个重要参考。很多品牌也为了迎合消费者，将天窗作为具体车型的划分标准。不过大家在购车时往往更关注于这款车是否有天窗，而容易忽略它的大小、功能以及使用是否方便。其实，同样是天窗，不同品牌不同车型也是有很大差别的。汽车天窗主要分为以下四种：内藏式天窗、外启式天窗、敞篷式天窗、全景天窗。

1）内藏式天窗。内藏式天窗指的是滑动总成置于内饰与车顶之间的天窗。其优点是天窗开口大，外形简洁美观。目前大部分轿车多采用内藏式天窗，如图2-2-1所示。

2）外启式天窗。外启式天窗具有体积小、结构简单的优点。可以倾斜升高，打开一定角度，但是开口大小有限，如图2-2-2所示。

3）敞篷式天窗。敞篷式天窗在开启后天窗完全打开，使用高品质的特殊材料组合而成，具有防紫外线隔热的效果。此款天窗非常前卫，迎合年轻人口味。相对于前两款天窗，敞篷式天窗的密闭防尘效果要略差一些，如图2-2-3所示。

图 2-2-1　内藏式天窗

图 2-2-2　外启式天窗

4）全景天窗。汽车全景天窗实际上是相对于普通天窗而言。一般而言，全景天窗首先面积较大，甚至是整块玻璃的车顶，坐在车中可以将上方的景象一览无余，如图 2-2-4 所示。全景天窗的优点是视野开阔，通风良好。不过全景天窗也有一些缺点：成本较高；落尘需要清理，否则影响视线；车身整体刚度下降，安全系数降低。但无论怎样，全景天窗超大视野的享受，还是受到众多消费者的青睐。

图 2-2-3　敞篷式天窗

图 2-2-4　全景天窗

二、汽车天窗的妙用

很多人都说汽车的天窗是用来耍帅耍酷用的，其实不然，总结起来天窗的用途还是很多的，天窗能为我们的驾乘带来不少方便。不仅能排出驾驶舱内浑浊的空气，改善车内环境，在高速行驶的时候，使用天窗换气所产生的噪声也远远低于侧窗。

功用一：打破传统的换气模式。

多一个"窗"，自然多了一个通风口，因此打开天窗，可以增加车内空气流通的速度。尤其是在车内人数较多的情况下，天窗这个位于上方的通风口可以改善车厢内通风换气的状况。

天窗是利用负压换气的原理，依靠汽车在行驶时气流在车顶快速流动形成车内的负压，将车内污浊的空气抽出。由于不是直接进风，而是将污浊的空气抽出、新鲜空气从进气口补充的方式进行通风换气，所以车内气流柔和，没有风直接刮在身上的不舒适感觉，也不会有尘土的卷入，而且风噪较低。

功用二：快捷消除雾气。

使用天窗除雾是一种快捷的除雾方法。特别是在夏秋两季，雨水多，湿度大。开车的人都知道，如果行车过程中将车的侧窗紧闭，就会增大车内外温差，前风窗玻璃容易形成雾气。虽然大多数车都配备了防雾装置，但有的效果并不那么明显。车主只需要打开天窗便可快捷消除前风窗玻璃的雾气，保证行车安全。

功用三：快速降温节约能耗。

炎热的夏天，车在太阳下曝晒一个小时，车内温度便会达到60℃左右。很多车主会选择马上打开车内的空调降低车内温度。如果你的车有天窗，那么只需打开天窗，利用车辆行驶过程中车顶形成的负压抽出燥热的空气便可降温。使用这种方法比使用空调降温的速度快2~3倍，而且还降低了能耗。

功用四：提高汽车档次。

因为一般进口高档汽车上基本都配有天窗，天窗除了作为一个很好的换气设备还可以使汽车变得更美观、更舒适。

现代人对于天窗车型的喜爱，除了考虑功能上的好处外，还缘于他们在买车前的浪漫憧憬：驾驶爱车，带上家人或爱人在林荫路上驰骋，斑驳的阳光透过天窗洒在车内，尽享与大自然的亲密接触。

全景天窗车型不仅有传统天窗的基本功能，还能给驾乘人员提供更多的采光和更大的视野。能够突破笼式的空间束缚，更多地接触阳光与空气，使全景天窗成为消费者享受汽车生活、提升格调品位的不二追求。

三、全景天窗的组成

全景天窗有两块玻璃，前玻璃为滑动玻璃，可由玻璃电动机带动实现起翘、开启、关闭；后玻璃为固定玻璃，不可动。全景天窗带有电动遮阳帘，可由遮阳帘电动机带动实现打开、关闭。同时全景天窗还可以实现钥匙遥控功能。比之传统的小天窗，全景天窗更能够保持车内空气清新，提供更开阔的视野，整体结构如图2-2-5所示。

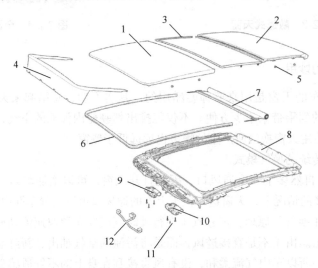

图2-2-5　长安逸动全景天窗结构示意图

1—天窗前玻璃总成　2—天窗后玻璃总成　3—天窗后玻璃密封条　4—天窗导流网总成　5—天窗固定螺栓
6—天窗内防水密封条　7—天窗卷帘总成　8—天窗框架总成　9—天窗卷帘电动机总成
10—天窗玻璃电动机总成　11—天窗电动机固定螺栓　12—线束

四、天窗的功能

1. 天窗打开和关闭功能

如图 2-2-6 所示，当天窗处于完全关闭状态时，按下天窗开关的箭头 A 端，天窗将向外翘起，如需关闭天窗翘起，只需按下天窗开关的箭头 B 端即可。若想天窗稍微打开，短按开关的箭头 B 端，天窗开始运动一小段距离后即停止运动。若想将天窗稍微关闭，短按开关的箭头 A 端，天窗开始运动一小段距离后即停止运动。按下天窗开关的箭头 B 端并保持 0.3s 以上，天窗自动运动到全开状态。如此时只需部分打开天窗，按下天窗开关的箭头 A 端即可。

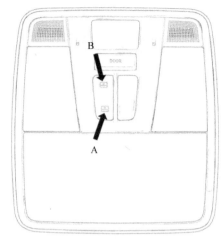

图 2-2-6　长安逸动天窗控制开关示意图

2. 天窗遮阳板功能

天窗遮阳板可随天窗一起打开，需要关闭时可用手将遮阳板拉回原位。

3. 天窗防夹功能

天窗在滑动关闭和由起翘状态向下关闭时都具有防夹功能。天窗在滑动区域时，如果防夹功能被触发，则天窗会向打开的方向运动，直至完全打开。天窗在起翘区域时，如果防夹功能被触发，则天窗会向外起翘方向运动直至最大起翘位置。天窗关闭时可防止夹住大的物品。关闭天窗时若天窗运动受阻，天窗停止关闭，并随之立即打开至最大位置。

4. 天窗手动初始化和自学习功能

在某些情况下（蓄电池突然断电或汽车长时间不使用后），有可能需要手动来对天窗进行初始化和自学习。具体操作如下：在天窗关闭状态时，按压天窗开关的箭头 A 端，天窗运行至全翘起位置，松开天窗开关。再按压天窗开关的箭头 B 端保持 7s 以上，此时天窗进行初始化，"咔嗒"两声后，天窗初始化完成。

2.2.2　汽车全景天窗系统的装配

一、全景天窗本体总成的装配

1. 安装天窗总成

1）按照先前后框架，再左右导轨的顺序将天窗与车顶的 15 颗连接螺栓卸下，如图 2-2-7 所示。

微课视频
汽车全景天窗的装配

2）将天窗总成放置在辅具上，举升辅具到安装位置，调整天窗位置，使安装孔与固定孔对齐。如图 2-2-8 所示。

3）依次预紧 15 颗固定螺栓，再用电动扳手（10cm 套筒）依次紧固 15 颗预紧的固定螺栓至（9±2）N·m。用记号笔标记紧固的螺栓。如图 2-2-8 所示。

2. 安装天窗排水管

1）安装排水管卡子，以便在安装排水管时起到固定作用。其卡槽的安装部位如图 2-2-9 所示。

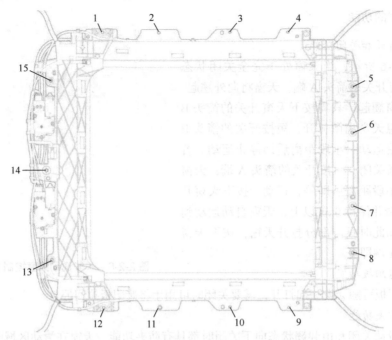

图 2-2-7　全景天窗 15 颗安装螺栓分布位置

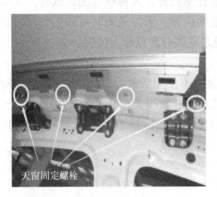

a) 天窗固定螺栓-1

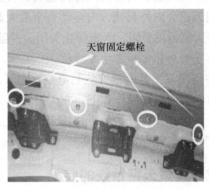

b) 天窗固定螺栓-2

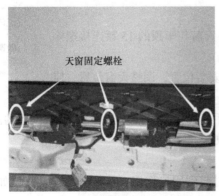

c) 天窗固定螺栓-3

d) 天窗固定螺栓-4

图 2-2-8　依次紧固天窗 15 颗螺栓

项目 2 内饰件装配工位

a) 左前天窗排水管固定卡子

b) 右前天窗排水管卡子

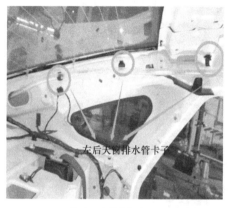
c) 左后天窗排水管卡子

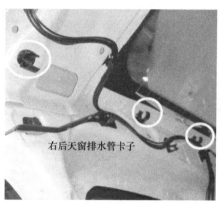
d) 右后天窗排水管卡子

图 2-2-9　安装天窗排水管卡子

2）穿插天窗排水管和堵头。天窗排水管圆接口一端向上，斜口一端从车身钣金孔穿过。而堵头均在穿出位置，需卡入钣金孔内，排水管从堵头中间圆孔穿出，保证其外露的长度约 5cm。排水管穿入和穿出的具体部位如图 2-2-10 所示。

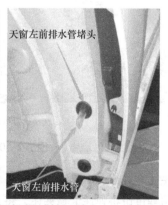

a) 天窗左前排水管从左A柱下侧钣金孔穿入，从左前翼子板下侧内钣金孔穿出

图 2-2-10　穿插天窗排水管和堵头

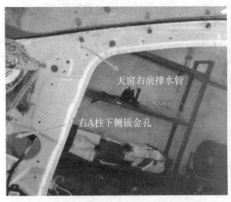
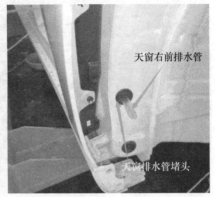

b) 天窗右前排水管从右A柱下侧钣金孔穿入,从右前翼子板下侧内钣金孔穿出

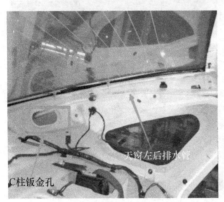
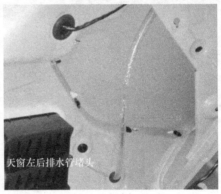

c) 天窗左后排水管从左C柱下侧钣金孔穿入至行李舱

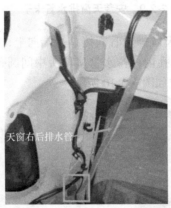
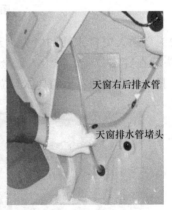

d) 天窗右后排水管从右C柱下侧钣金孔穿入至行李舱

图 2-2-10　穿插天窗排水管和堵头(续)

3. 安装天窗排水管卡箍

先用鲤鱼钳将弹性卡箍夹住,将天窗排水管穿入,然后将右前天窗排水管与天窗排水接口连接,再将弹性卡箍卡入天窗排水接口中间位置,最后松开鲤鱼钳。按照此方法依次安装左前、右前、右后、左后的天窗排水管。如图 2-2-11 所示。

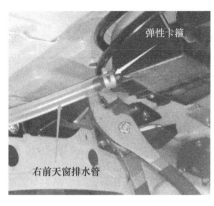

图 2-2-11 按压卡箍两卡脚夹紧水管

二、全景天窗外密封条安装

1）找到天窗密封条胶带的插头位置,在顶盖天窗开口的后端 Y0（正中间）,如图 2-2-12 所示。将天窗密封条插头部位装配到车顶后边缘中点（如图 2-2-13 所示 A 点）,位置可偏差 ±5mm,对齐后黏结到车顶翻边上,然后一直装配天窗密封条到右后角（如图 2-2-13 所示 A→E 段）。

2）从车顶后边缘中点位置（如图 2-2-13 所示 A 点）依照 A→B→C→D 的顺序将天窗密封条卡在翻边上,直到车顶右前角位置（如图 2-2-13 所示 D 点）。

3）D 到 E 段的装配采用从两端向中间卡接的方式,尽量保证在直线段完成车身密封条的装配。

4）撕掉天窗密封条整圈的背胶纸。

5）使用滚压工装滚压车身密封条 2 次,滚压力需大于 50N。

6）装配后检查天窗密封条的外观,特别是顶盖开口四个角上是否起皱。如果起皱,用滚子反复滚压修正起皱外观。

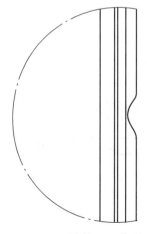
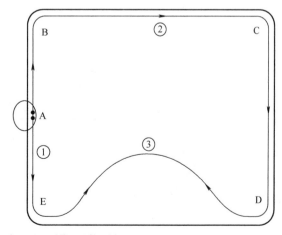

图 2-2-12 顶盖后端 Y0 位置　　图 2-2-13 车身密封条装配示意图

三、天窗内防水密封条安装

观察天窗内防水密封条中间位置，找到标记点。在天窗前框架 Y0 位置（正中间）找到标记点，将天窗内防水密封条的标记点和前框架的标记点对齐，并将天窗内防水密封条压入卡槽，之后顺序压入，直到整圈天窗内防水密封条全部装好，安装部位如图 2-2-14 所示。在安装的过程中需要注意的是：一定要将天窗内防水密封条的正中间和前框架的正中间对齐，否则会出现装好之后，左右长度不一致，转角位置不贴合。装配天窗内防水密封条时，天窗内防水密封条卡入时会发出声音，可用作检验是否装配到位的依据。

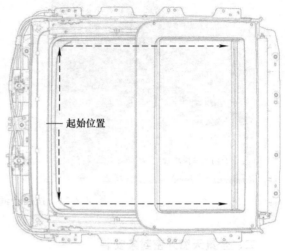

图 2-2-14　天窗内防水密封条装配示意图

四、天窗导流网总成安装

1）将全景天窗完全打开。将天窗导流网总成左右支撑臂卡入导轨轴承座，如图 2-2-15 步骤一所示。

2）将左右弹簧放入导轨上设计的导向槽，顺时针转动支撑臂，压住弹簧，如图 2-2-15 步骤二所示。

3）将天窗导流网总成下端导向杆卡入前横梁上四个卡接点，如图 2-2-15 步骤三所示。

4）将导向杆两侧固定在导轨上的孔，装配完成，如图 2-2-15 步骤四所示。

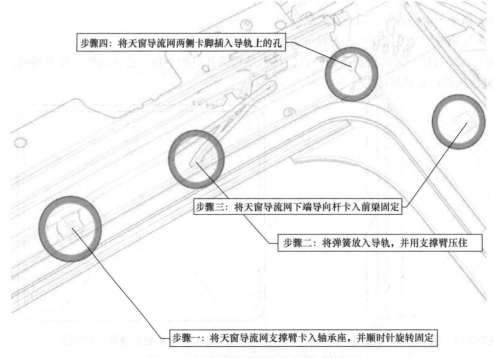

图 2-2-15　天窗导流网总成安装示意图

在装配过程中需要注意的是：天窗导流网总成弹簧必须装配到对应的滑槽内，否则可能会损坏左右两侧的机械结构和造成天窗关闭异响；在将天窗导流网总成下端从天窗框架总成拔出的过程中，注意不要撕破网布。

五、天窗玻璃总成安装

1）先安装天窗后玻璃总成，将天窗后玻璃总成以正确的状态放置在全景天窗框架上（玻璃支耳卡在导轨内），预紧两侧导轨安装螺栓，如图 2-2-16 所示。

2）以同样的方式安装天窗前玻璃总成。

3）调整天窗前后玻璃，保证天窗前玻璃总成后部高于天窗后玻璃总成，并且两块玻璃之间的间隙在 1.5mm 左右，拧紧螺钉。

4）将更换天窗玻璃的全景天窗安装到整车上，详情见全景天窗本体总成的安装。之后，需要根据实际情况调整玻璃面与车顶的高度差以及配合情况。

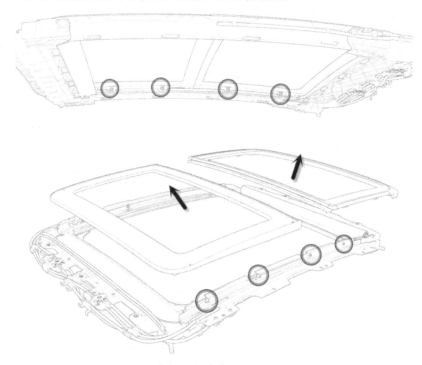

图 2-2-16　全景天窗玻璃总成安装位置示意图

具体操作如下：

① 放松天窗玻璃两侧安装螺钉，用手推或压玻璃面调整其与车顶的高差。

② 调整天窗前玻璃总成前部，确保天窗前玻璃总成前部比车顶低 0～1.7mm，到位之后拧紧滑动玻璃前部 4 颗螺钉。

③ 调整天窗后玻璃总成后部，确保天窗后玻璃总成后部比车顶高 0～1.5mm，到位之后拧紧固定玻璃后部 4 颗螺钉。

④ 调整天窗前玻璃总成后端与天窗前玻璃总成的高度差和间隙，确保天窗前玻璃总成比天窗后玻璃总成高 0～1.5mm，间隙保持在（1.5±0.5）mm，到位之后拧紧所有螺钉。

5)安装完成之后,对全景天窗进行一次初始化操作,详情见说明书。

在安装过程中需要注意的是:

1)安装天窗玻璃到天窗框架总成上时,一定要保证天窗玻璃的支耳在导轨或机械组的内侧。

2)注意天窗玻璃的安装需严格按照先安装天窗后玻璃总成,再安装天窗前玻璃总成的顺序进行。

3)完成安装和调整之后,必须对天窗进行初始化操作。

六、天窗后玻璃密封条安装

1)从天窗后玻璃密封条和PU相接的地方(图中标记位置,左右一致)开始装配,如图2-2-17所示。

2)天窗后玻璃密封条后端卡槽对准玻璃PU台阶位置,用手按压完成玻璃左右两端密封条的安装。

3)两端完成装配后装配后玻璃前端区域,用手按住安装玻璃中间区域密封条,密封条卡槽完全装配到玻璃PU槽内。

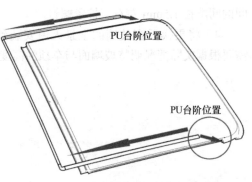

图 2-2-17 天窗后玻璃密封条安装示意图

七、天窗线束总成装配

1)将天窗线束总成卡子卡到天窗框架总成上(天窗线束总成卡子在天窗角上直接卡接在框架上),天窗线束总成卡子安装点如图2-2-18所示。

2)将天窗电动机总成接插件插好。

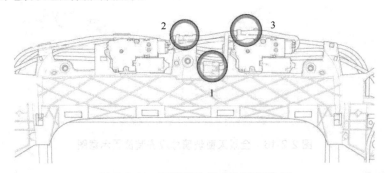

图 2-2-18 天窗线束总成卡子安装点

八、电动机装配

1)将天窗电动机齿轮对准前梁上的孔,装配到全景天窗上(以天窗玻璃电动机总成为例),如图2-2-19所示。

2)拧紧螺钉,并将接插件插好。

3)对全景天窗进行初始化操作。

在操作过程中需要注意的是:

1）安装天窗电动机总成时，注意区分天窗玻璃电动机和天窗遮阳帘电动机，不要装错。

2）因天窗前玻璃总成和天窗卷帘总成的运动靠电动机带动驱动链条，在装配过程中，一定要注意电动机是否安装到位（可从天窗框架总成另一面的孔观察电动机轴是否居中），否则电动机轴和驱动链条没有完全啮合，导致天窗运行故障。

3）完成天窗电动机总成更换之后，必须对全景天窗进行一次初始化操作。

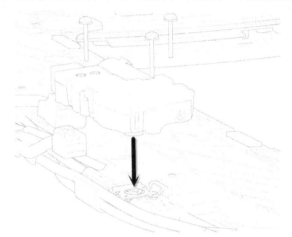

图 2-2-19　全景天窗电动机安装位置示意图

九、天窗卷帘总成安装

1）将天窗卷帘总成往左侧压缩，安装右端的卡接点，从而安装天窗卷帘总成，如图 2-2-20 所示。

2）安装天窗卷帘总成限位块到天窗卷帘总成卷轴上。

3）安装天窗卷帘总成撑杆到遮阳帘滑块上。

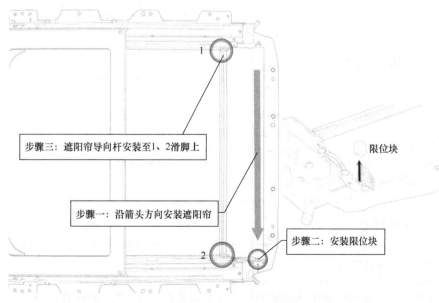

图 2-2-20　天窗卷帘总成安装步骤示意图

☞ 任务计划

独立查阅信息	**教师活动**：教师提供长安逸动车辆的作业指导书。 **学生活动**：学生独立查阅教师提供的作业指导书，提炼整理关键信息。
小组制定工作计划并展示	**教师活动**：教师要求学生小组合作制定"天窗系统总成装配"的工作计划，把每一个分系统的装调细节和注意事项写出来，包括为什么干、怎么干、安全、环保、工具、时间、质量检查标准等。 **学生活动**：学生分小组讨论，小组合作完成工作计划的制定。

☞ 任务决策

装调员工与小组长沟通工作计划	**教师活动**：教师选出一个学生代表（这个学生是以往决策出现问题较大的）和自己进行任务决策，教师暂时担任小组长（质检员）的角色。 **学生活动**：被选出的学生与教师进行决策对话，让其他学生观察，并进行口头评价、补充、改进。
提交任务决策	**学生活动**：每个学生制定自己的任务决策，在任务工单上表述出来。 **教师活动**：教师对每个学生的任务决策进行确认。

☞ 任务实施

示范操作	**教师活动**：教师亲自示范操作，或者播放相关微课视频。 **学生活动**：学生观察教师的示范操作，或者观察微课视频中的示范操作。
操作实施	**教师活动**：教师将学生分组，并要求学生分工明确，严格强调安全和事故预防要求等。实施过程中教师进行巡视指导。 **学生活动**：学生分为3组（3个装配工位），分工操作。每组4人，每组每次安排2名学生操作，所有学生轮流，每个学生都要完成一次操作。当2名学生进行操作时，同组的另外1名学生担任小组长的角色，分别对其进行评价和监督。同组的第4名学生负责查阅作业指导书等相关资料。

☞ 任务检查

5S 与检查工作结果：

教师活动：教师提供任务检查单。要求学生分组，小组合作完成任务检查及 5S，在表单上进行标注。教师要求学生小组成员对工作过程和工作计划进行监督和评估，记录优缺点及改进建议，并口头表述。教师要重点引导学生对队友的支持性意见的表达，并训练学生接纳他人建议。

学生活动：学生分组，小组合作完成任务检查及 5S，并在任务检查单上标注。学生按照教师的规定对小组其他成员的工作过程友善地提出改进建议。

☞ 任务评价

总结知识点、技能点和素养点：

教师活动：教师归纳整理理论体系，以一页 PPT 展示知识点、技能点和素养点。

学生活动：学生认真反思、倾听，构建适合自己学习的知识体系。学生对照学习目标进行自我评价。

2.3 安全气囊系统和安全带装配

☞ 教学准备

教学情境准备	**教师活动**：在老师的指导下对整个班级进行分组，并由各小组讨论，选举出组长。教师安排组长负责班组管理，如负责分配分解任务，负责班组团队建设、班内的协调工作等。 **学生活动**：组长根据查阅的作业指导书、互联网及相关资料的学习，通过班组讨论进行分解、分配任务，并由组长担任装配质量检查员。按照制定的任务分解单和标准操作工序在班组内进行装配训练，查找存在的问题与不足，提出改进的措施或意见并记录。
教学目标准备	**素养点**： ① 在小组中能够良好地自我表达，并懂得倾听他人的意见。 ② 能够阅读相关的教学资料，通过查阅资料能够使用工具。 ③ 能够保持周围环境干净整洁。 ④ 能够独立工作。 ⑤ 能够小组合作。 ⑥ 能够与他人进行有效的沟通和交流。 **知识点**： 安全气囊和安全带的结构和工作原理。 **技能点**： 安全气囊和安全带的装配与调试。
资料设备清单	① 长安逸动车辆一台。 ② 汽车总装模拟生产线。 ③ 世达 128 件工具套装、工具车等。 ④ 长安逸动车辆安全气囊和安全带装配作业指导书。

☞ 任务描述

角色扮演	**学生活动**：学生分组，四人一组。分布于汽车安全气囊和安全带的装配工位之上，扮演装配工人、小组长（质检员），在模拟生产线上重现装配流程。 **教师活动**：教师观察学生的装配过程，观察同学的表现。
全员换位评价	学生在班组内进行轮岗（包括组长，即质量检查岗）训练。通过轮岗训练，要求学生能够熟练掌握本班组内的不同岗位上多个任务的操作能力以及本班组装配质量的检查能力。
全员分组练习	**教师活动**：教师通过观察找出表现优异的同学，作为借鉴和示范，要求各小组接受任务并练习。 **学生活动**：学生按照示范，遵循教师的提示与强调，分组在汽车模拟生产线上进行任务接受并练习，进行轮岗训练。
提交检查评估表	**教师活动**：教师要求学生根据自己对任务的完成情况进行评估并提出改进意见。 **学生活动**：学生在任务工单上进行自评和互评。

☞ 任务分析

教师活动：教师提供任务工单、长安逸动车辆装配作业指导书，指导学生独立完成装配步骤的分析。
学生活动：根据教师提供的资料进行查阅，确定分工位的装配步骤和注意事项并明确分工与协作。
装配流程有 7 个：
1. 驾驶人安全气囊安装。
2. 前排乘员安全气囊安装。
3. 座椅侧气囊安装。
4. 侧气帘与安全气囊控制器安装。
5. 碰撞传感器安装。
6. 安全带安装。
7. 安全带锁扣安装。

☞ 理论学习

2.3.1 安全气囊系统和安全带概述

一、安全气囊系统概述

汽车安全气囊英文名是 Airbag，汽车安全气囊是辅助安全系统（Supplemental Restraint System），简称 SRS。安全气囊系统包括碰撞传感器、气囊控制器和各种安全气囊（包括驾驶人安全气囊、前排乘员安全气囊、前排座椅侧气囊、左右侧气帘），其具体的结构如图 2-3-1 所示。

微课视频
安全气囊与安全带概述

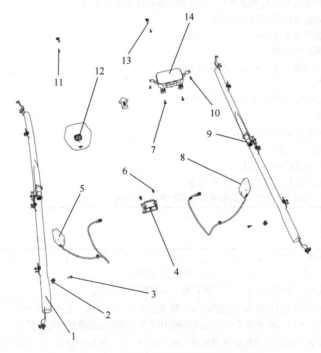

图 2-3-1 汽车安全气囊系统结构示意图

1—侧面安全气帘总成（左） 2—侧碰撞传感器总成 3、11—六角法兰面螺栓 4—安全气囊控制器总成
5—驾驶人侧面安全气囊总成 6—搭铁螺栓 7—六角法兰面螺栓与平垫圈组合件 8—前排乘员侧面安全气囊总成
9—侧面安全气帘总成（右） 10—十字槽六角头螺钉 12—驾驶人正面安全气囊总成 13—前碰撞传感器总成
14—前排乘员正面安全气囊总成

在发生碰撞时，传感器将碰撞信号发送给气囊控制器，气囊控制器能够根据碰撞的程度判断是否达到安全气囊起爆的最低要求，然后发出点火指令，引爆安全气囊，迅速在乘员和车内结构件（如方向盘、仪表板、内饰板等）之间形成一个充满气体的柔软气袋，通过气袋的排气阻尼作用缓和冲击并吸收碰撞能量，达到减轻乘员伤害程度的目的，安全气囊的工作原理如图 2-3-2 所示。

气囊控制过程为：汽车在行驶中发生一定强度碰撞后，传感器开关启动，控制线路即开始处于工作状态，并通过侦测回路来判断是否真有碰撞发生。只有信号是同时来自两个传感器才会使安全气囊开始作用。

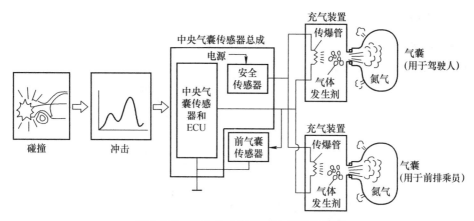

图 2-3-2 汽车安全气囊工作原理示意图

由于汽车的发电机及蓄电池通常都处于车头易受损的部位，安全气囊的控制系统皆具有自备的电源以确保作用的发挥。在判定释放安全气囊的条件正确之后，气囊控制器便会控制电流送至点火器，接着瞬时快速加热，将内含的氮化钠推进剂点燃。氮气流使安全气囊张开至织物绷紧。这时，乘员接触和压迫安全气囊，实现安全保护；通过气体的黏性阻尼作用，乘员前移能量被吸收和耗散，安全气囊中过压气体经过安全气囊通气孔排出而不致伤害乘员。

据计算，正规的安全气囊必须在发生汽车碰撞后的 0.01s 内微处理器开始工作，0.03s 内点火装置启动，0.05s 内高压气体进入气囊，0.08s 内气囊向外膨胀，0.11s 内气囊完全胀大，此刻之后，驾乘者才会撞上气囊。气囊控制过程如图 2-3-3 所示。

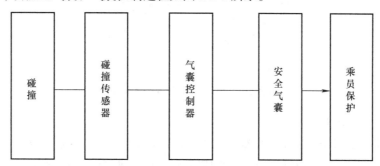

图 2-3-3 汽车安全气囊控制过程示意图

但是，只有在使用安全带的条件下，安全气囊系统才能充分发挥保护乘员的作用。且在每次碰撞之后都应检查安全气囊系统。在碰撞之后的安全气囊和气囊控制器不能再使用，必须更换。

当车速低于 30km/h 发生碰撞时，碰撞产生的减速度和惯性力较小，安全传感器和中央传感器将此信号送到安全气囊 ECU，安全气囊 ECU 判断结果为不引爆安全气囊，只引爆安全带收紧器的点火器。与此同时，向左、右安全带点火器发出点火指令使安全带收紧，防止驾驶人和乘客受伤。

当车速高于 30km/h 发生碰撞时，碰撞产生的减速度和惯性力较大，安全传感器和中央传感器将此信号送到安全气囊 ECU，安全气囊 ECU 判断结果为需要引爆安全气囊和安全带收紧器共同保护驾驶人和乘客。与此同时，向左、右安全带点火器和安全气囊点火器发出点火指令，在安全带收紧的同时，驾驶人侧气囊和乘客侧气囊同时打开，达到保护驾驶人和乘客目的。

二、安全带概述

1. 汽车座椅安全带的分类

汽车座椅安全带的分类如图 2-3-4 所示。

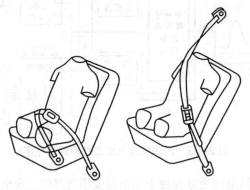
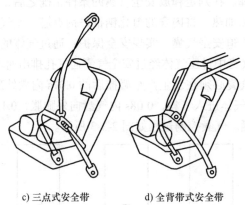

a) 两点式安全带，也称为安全腰带　　b) 斜挂式安全带，也称安全肩带

c) 三点式安全带　　d) 全背带式安全带

图 2-3-4　汽车座椅安全带的分类

2. 轿车安全带的组成

轿车的安全带由织带、锁扣、收卷器、调节器等部件组成。织带是构成安全带的主体，多用尼龙、聚酯、维尼纶等合成纤维原丝编织成宽约 50mm，厚约 1.5mm 的带子，具有足够的强度、延伸性能和吸收能量的性能。车辆前排座椅和后排座椅都有安全带。前排和后排座椅都采用三点对角线包围式安全带。前排安全带锁扣装在各自座椅的座椅滑轨上。后排座椅安全带锁扣则固定在地板上。前后排安全带都具备紧急锁止功能。锁紧功能在安全带从卷收器中快速拉出时被激活。锁紧功能可防止安全带拉出的幅度超过允许的卷收位置。

驾驶人及前排乘员座位的安全带设有预拉紧装置——预紧器，一旦车辆前方发生足够强度的正面碰撞时，该装置将起作用，将安全带织带回收，把前排乘员的身体紧紧地约束在座椅上，以最大限度地保护前排的乘员。即使前排座位没有坐人，该安全带预紧器仍将会工作。当前排座位安全带预紧器工作时，可以听到工作响声，并放出少量的烟气，这种烟气是无害的，也不表示火灾。安全带预紧器如图 2-3-5 所示。

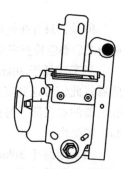

图 2-3-5　安全带预紧器示意图

前排安全带卷收器还具备限力功能，在发生正面碰撞的时候，当胸部织带上的拉力超过设定的值，卷收器将会放出一小段织带，以减少织带对乘员胸部的压缩伤害。

前排安全带具有未系提醒功能，通过视觉和听觉信息提醒用户时刻佩戴安全带。后排安全带有未系提醒功能，通过视觉信息提醒用户佩戴安全带。

3. 安全带系统的结构

安全带的具体结构如图 2-3-6 所示。

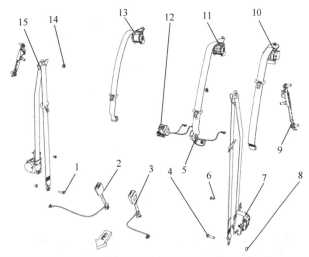

序号	零部件名称	数量	序号	零部件名称	数量
1	安全带螺栓（7/16）	1	9	高度调节器总成	2
2	前排安全带锁扣总成（右）	1	10	后排安全带卷收器总成（左）	1
3	前排安全带锁扣总成（左）	1	11	后排安全带卷收器总成（中）	1
4	安全带螺栓（7/16）	1	12	后排安全带锁扣总成（右）	1
5	后排安全带锁扣总成（左）	1	13	后排安全带卷收器总成（右）	1
6	六角法兰面螺栓与平垫圈组合件	2	14	安全带螺母	2
7	前排安全带卷收器总成（左）	1	15	前排安全带卷收器总成（右）	1
8	安全带螺栓垫圈	2			

图 2-3-6 安全带结构

2.3.2 安全气囊系统的装配

微课视频
安全气囊系统的装配

一、驾驶人安全气囊安装

驾驶人安全气囊通过三个钢卡脚卡接在方向盘内，如图 2-3-7 所示，并接上安全气囊插接器，如图 2-3-8 所示。驾驶人安全气囊在汽车发生正面碰撞时打开，在驾驶人和方向盘之间形成柔软气袋保护驾驶人，简称 DAB。

二、前排乘员安全气囊安装

前排乘员安全气囊上侧通过六个螺栓螺母连接结构与仪表板连接，如图 2-3-9 所示，下侧通过两个螺栓与转向支撑固定，如图 2-3-10 所示，然后接上接插器。汽车发生正面碰撞时打开，在前排乘员和仪表板之间形成柔软气袋保护乘员。简称 PAB。

图 2-3-7 驾驶人安全气囊安装示意图

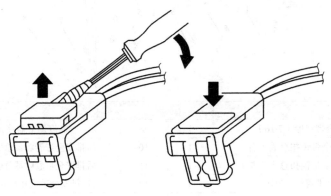

图 2-3-8 插接器安装

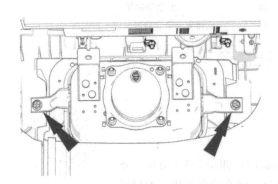

图 2-3-9 前排乘员安全气囊与仪表板连接

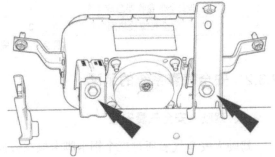

图 2-3-10 前排乘员安全气囊与转向支撑固定

三、座椅侧气囊安装

座椅侧气囊安装在座椅靠背内，安装力矩（5±1）N·m，如图 2-3-11 所示，接上线束卡子（图 2-3-12）和接上插接器（图 2-3-13）。汽车发生侧面碰撞时打开，在乘员和座椅之间形成柔软气袋保护乘员。简称 SAB。

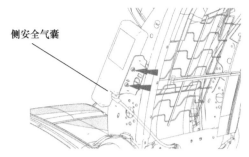

图 2-3-11 座椅侧气囊安装在座椅靠背内

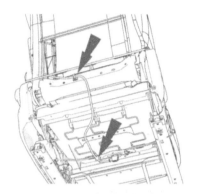

图 2-3-12 接上线束卡子

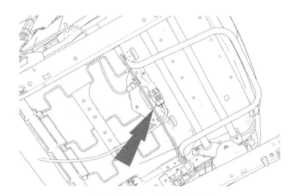

图 2-3-13 接上插接器

四、侧气帘与安全气囊控制器安装

侧气帘安装在车身侧围内饰板和顶衬内,汽车发生侧面碰撞时打开,在乘员和车身侧围之间形成柔软气袋保护乘员。简称 CAB。

气囊控制器安装在中控箱下面的中央通道地板上,驻车制动器和变速杆之间。气囊控制器含有正面碰撞传感器,能够感知正面碰撞信号。气囊控制器实时监控整个气囊系统。简称 ECU。

安装顺序为:

1)安装气囊控制器(图2-3-14),安装力矩(9±1)N·m,接上气囊控制器插接器(图2-3-15)。
2)安装侧气帘拉带固定卡扣,如图 2-3-16 所示。
3)安装侧气帘气袋和气体发生器固定螺栓,紧固力矩(9±1)N·m,如图 2-3-17 所示。
4)接上侧气帘插接器,如图 2-3-18 所示。

五、碰撞传感器安装

侧碰撞传感器在 B 柱下部,安装力矩(9±1)N·m,如图 2-3-19 所示。碰撞传感器是一个加速度传感器,在发生侧面碰撞的时候,能够感知碰撞信号,并将信号发给气囊控制器。简称 PAS。

前碰撞传感器安装在前端模块上,安装力矩(9±1)N·m。在发生正面碰撞的时候,能够感知碰撞信号,并将信号发给气囊控制器。简称 UFS。如图 2-3-20 所示。

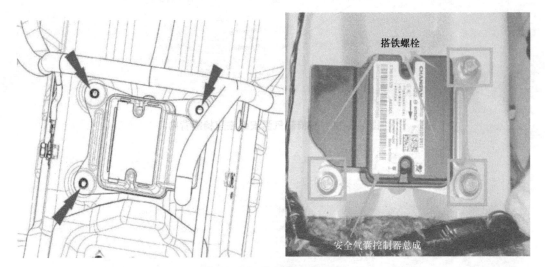

图 2-3-14　安装气囊控制器

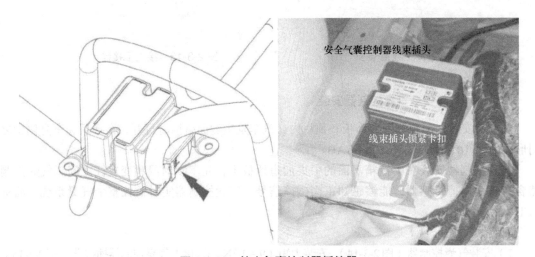

图 2-3-15　接上气囊控制器插接器

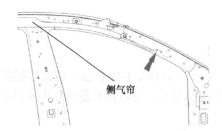

图 2-3-16　安装侧气帘拉带固定卡扣

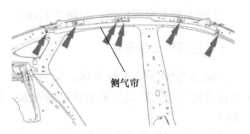

图 2-3-17　安装侧气帘气袋和气体发生器

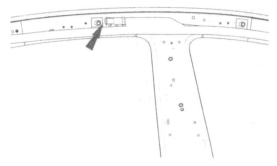

图 2-3-18　接上侧气帘插接器

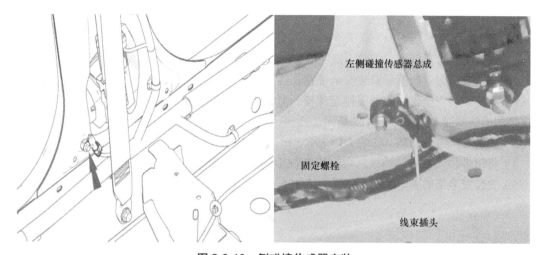

图 2-3-19　侧碰撞传感器安装

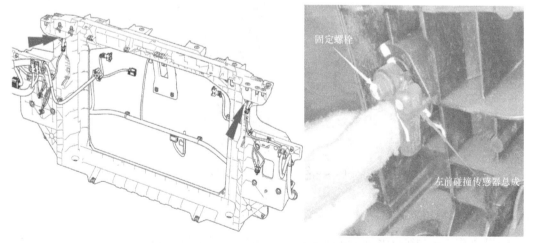

图 2-3-20　前碰撞传感器安装

六、安全气囊警告灯安装

　　安全气囊系统安装完成后，转动点火开关至"ON"或将一键起动开关置于"START"位置，接通安全气囊系统电源，仪表上的安全气囊系统警告灯常亮 3～6s 后熄灭。

七、安全气囊装配的注意事项

1）安全气囊在装配时，若出现损坏，只能更换，不能维修。
2）不能测量点火器电阻。
3）不能使用万用表测量任何与安全气囊系统有关的电路。
4）若充气组件从 90mm 以上高度落地则不能使用。
5）充气组件不能承受 65℃以上的环境温度。
6）未展开的充气组件，应装在特殊的容器内，并注明危险品标识。

2.3.3 安全带装配

一、前安全带装配

微课视频
安全带的装配

1）安装安全带高调器，安装力矩 39N·m，如图 2-3-21 所示。
2）安装安全带卷收器。安装安全带卷收器上连接板固定螺栓，紧固力矩为 9N·m；安装安全带卷收器下固定螺栓，紧固力矩为 39N·m。将与卷收器连接的插接器接上。如图 2-3-22 所示。
3）安装安全带导向环，安装力矩 39N·m，如图 2-3-23 所示。
4）将织带装入 B 柱装饰板，再安装 B 柱上内饰板，如图 2-3-24 所示。
5）安装安全带的固定螺栓，紧固力矩 39N·m，如图 2-3-25 所示。

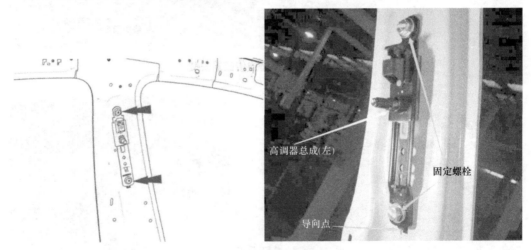

图 2-3-21　安装安全带高调器

二、安全带锁扣装配

1）用扎带将锁扣线束固定在座椅骨架上，安装安全带锁扣，如图 2-3-26 所示。
2）连接插接器，如图 2-3-27 所示。

三、后安全带安装

1）安装卷收器，安装力矩 39N·m，安装点如图 2-3-28 所示。

项目 2 内饰件装配工位

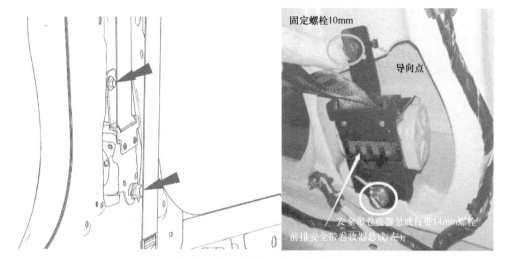

图 2-3-22 安装安全带卷收器

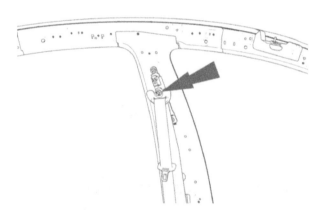

图 2-3-23 安装安全带导向环

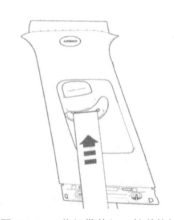

图 2-3-24 将织带装入 B 柱装饰板

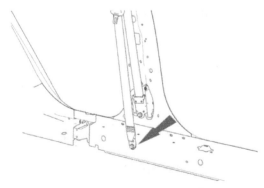

图 2-3-25 安装安全带固定螺栓

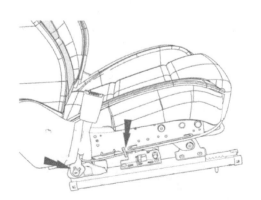

图 2-3-26 线束安装

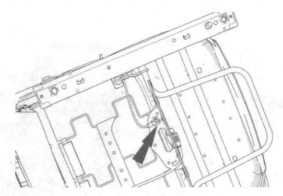

图 2-3-27 连接插接器

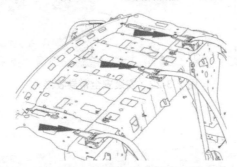

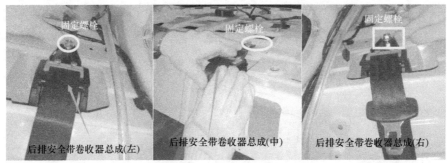

图 2-3-28 卷收器安装点

2）安装左、右锁扣固定点螺栓，紧固力矩 69N·m，安装点如图 2-3-29 所示。

3）安装左、右安全带，安装力矩 39N·m，固定点如图 2-3-30 所示。

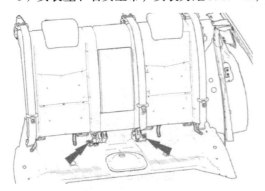 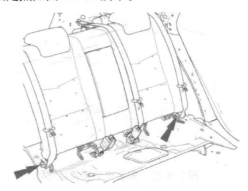

图 2-3-29 锁扣固定螺栓安装点　　　　　　图 2-3-30 安全带安装点

☞ 任务计划

独立查阅信息	**教师活动**：教师提供长安逸动车辆的作业指导书。 **学生活动**：学生独立查阅教师提供的作业指导书，提炼整理关键信息。
小组制定工作计划并展示	**教师活动**：教师要求学生小组合作制定"安全气囊和安全带装配"的工作计划，把每一个分系统的装调细节和注意事项写出来，包括为什么干、怎么干、安全、环保、工具、时间、质量检查标准等。 **学生活动**：学生分小组讨论，小组合作完成工作计划的制定。

☞ 任务决策

装调员工与小组长沟通工作计划	**教师活动**：教师选出一个学生代表（这个学生是以往决策出现问题较大的）和自己进行任务决策，教师暂时担任小组长（质检员）的角色。 **学生活动**：被选出的学生与教师进行决策对话，让其他学生观察，并进行口头评价、补充、改进。
提交任务决策	**学生活动**：每个学生制定自己的任务决策，在任务工单上表述出来。 **教师活动**：教师对每个学生的任务决策进行确认。

☞ 任务实施

示范操作	**教师活动**：教师亲自示范操作，或者播放相关微课视频。 **学生活动**：学生观察教师的示范操作，或者观察微课视频中的示范操作。
操作实施	**教师活动**：教师将学生分组，并要求学生分工明确，严格强调安全和事故预防要求等。实施过程中教师进行巡视指导。 **学生活动**：学生分为 7 组（7 个装配工位），分工操作。每组 4 人，每组每次安排 2 名学生操作，所有学生轮流，每个学生都要完成一次操作。当 2 名学生进行操作时，同组的另外 1 名学生担任小组长的角色，分别对其进行评价和监督。同组的第 4 名学生负责查阅作业指导书等相关资料。

☞ 任务检查

5S 与检查工作结果：

  教师活动：教师提供任务检查单。要求学生分组，小组合作完成任务检查及 5S，在表单上进行标注。教师要求学生小组成员对工作过程和工作计划进行监督和评估，记录优缺点及改进建议，并口头表述。教师要重点引导学生对队友的支持性意见的表达，并训练学生接纳他人建议。

  学生活动：学生分组，小组合作完成任务检查及 5S，并在任务检查单上标注。学生按照教师的规定对小组其他成员的工作过程友善地提出改进建议。

☞ 任务评价

总结知识点、技能点和素养点：

  教师活动：教师归纳整理理论体系，以一页 PPT 展示知识点、技能点和素养点。

  学生活动：学生认真反思、倾听，构建适合自己学习的知识体系。学生对照学习目标进行自我评价。

2.4 制动系统操纵机构装配

☞ 教学准备

教学情境准备	**教师活动**：在老师的指导下对整个班级进行分组，并由各小组讨论，选举出组长。教师安排组长负责班组管理，如负责分配分解任务，负责班组团队建设、班内的协调工作等。 **学生活动**：组长根据查阅的作业指导书、互联网及相关资料的学习，通过班组讨论进行分解、分配任务，并由组长担任装配质量检查员。按照制定的任务分解单和标准操作工序在班组内进行装配训练，查找存在的问题与不足，提出改进的措施或意见并记录。
教学目标准备	**素养点**： ① 在小组中能够良好地自我表达，并懂得倾听他人的意见。 ② 能够阅读相关的教学资料，通过查阅资料能够使用工具。 ③ 能够保持周围环境干净整洁。 ④ 能够独立工作。 ⑤ 能够小组合作，能够与他人进行有效的沟通和交流。 **知识点**： 制动系统的结构与工作原理。 **技能点**： 制动系统操纵机构的装配。
资料设备清单	① 长安逸动车辆一台。 ② 汽车总装模拟生产线。 ③ 世达128件工具套装、工具车等。 ④ 长安逸动制动系统装配作业指导书。

☞ 任务描述

角色扮演	**学生活动**：学生分组，四人一组。分布于制动操纵系统的装配工位之上，扮演装配工人、小组长（质检员），在模拟生产线上重现装配流程。 **教师活动**：教师观察学生的装配过程，观察同学的表现。
全员换位评价	学生在班组内进行轮岗（包括组长，即质量检查岗）训练。通过轮岗训练，要求学生能够熟练掌握本班组内的不同岗位上多个任务的操作能力以及本班组装配质量的检查能力。
全员分组练习	**教师活动**：教师通过观察找出表现优异的同学，作为借鉴和示范，要求各小组接受任务并练习。 **学生活动**：学生按照示范，遵循教师的提示与强调，分组在汽车模拟生产线上进行任务接受并练习，进行轮岗训练。
提交检查评估表	**教师活动**：教师要求学生根据自己对任务的完成情况进行评估并提出改进意见。 **学生活动**：学生在任务工单上进行自评和互评。

☞ 任务分析

教师活动：教师提供任务工单、长安逸动车辆装配作业指导书，指导学生独立完成装配步骤的分析。
学生活动：根据教师提供的资料进行查阅，确定分工位的装配步骤和注意事项并明确分工与协作。
装配流程有4个：
1. 制动总泵和制动液储液罐装配。
2. 液压控制机构总成装配。
3. 制动踏板总成装配。
4. 真空助力器装配。

☞ 理论学习

2.4.1 制动系统的结构和工作原理

一、制动系统的功用

汽车制动系统的主要作用是根据需要使汽车减速或停车,以保证行车的安全。

微课视频
制动系统的结构和工作原理

二、制动系统的类型

1. 按制动系统的作用分类

可分为行车制动系统、驻车制动系统、应急制动系统和辅助制动系统。

1)用以使行驶中的汽车降低速度甚至停车的制动系统称为行车制动系统,用以使已停驶的汽车驻留原地不动的制动系统则称为驻车制动系统。

2)在行车制动系统失效的情况下,保证汽车仍能实现减速或停车的制动系统称为应急制动系统。

3)在行车过程中,辅助行车制动系统降低车速或保持车速稳定,但不能将车辆紧急制停的制动系统称为辅助制动系统。

2. 按制动系统的动力来源分类

可分为人力制动系统、动力制动系统和伺服制动系统。

1)以驾驶人的肌体作为唯一制动能源的制动系统称为人力制动系统。

2)完全靠由发动机的动力转化而成的气压或液压形式的势能进行制动的系统称为动力制动系统。

3)兼用人力和发动机动力进行制动的制动系统称为伺服制动系统或助力制动系统。

3. 按传能介质不同分类

可分为机械式、液压式、气压式、电磁式、组合式。

4. 按传动机构分类

可分为单回路、双回路、多回路。

三、制动滑移率

制动滑移率描述制动过程中的滑移程度,滑移率值越大,表明滑移越严重。制动滑移率的计算公式为:$S = (v - v_R)/v$。S 是制动滑移率;v 是车辆行驶速度;v_R 是车轮圆周速度。显然,车轮作纯滚动时,车轮实际行驶速度与车轮滚动的圆周速度相等,即 $v = v_R$,制动滑移率为 0;车轮作纯滑动,即车轮抱死时,车轮的圆周速度为 0,即 $v_R = 0$,制动滑移率为 1;车轮既滚动又滑动时,制动滑移率在 0~1 之间。可见制动滑移率描述了制动过程中车轮滑移的程度,滑移率值越大,表明滑移越严重。

制动滑移率与车轮运动状态的关系为:当 $S = 0$ 时车轮纯滚动;当 $0 < S < 1$ 时,车轮边滚动边滑动;当 $S = 1$ 时,车轮纯滑动。

四、液压制动系统的结构

液压制动是以人力为能源,以液体作为传动介质的一种制动形式。主要由制动踏板、制动主缸、制动轮缸和油管等组成，如图 2-4-1 所示。

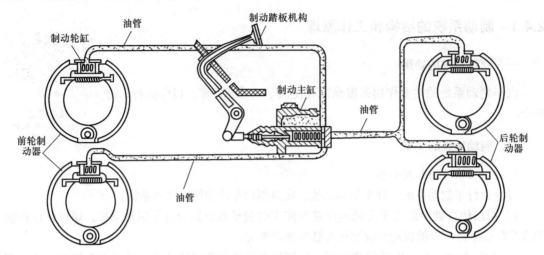

图 2-4-1　人力液压制动系统的基本组成和回路

五、液压制动系统的工作原理

液压制动装置利用液压油，将驾驶人肌体的力通过制动踏板转换为液压力，再通过管路传至车轮制动器，车轮制动器再将液压力转变为制动蹄张开的机械推力，使制动蹄摩擦片与制动鼓产生摩擦（将机械能转换成热能而消耗），从而产生阻止车轮转动的力矩。

当驾驶人踏下制动踏板时，推杆推动制动主缸活塞使制动液升压，通过管道将液压力传至制动轮缸，轮缸活塞在制动液挤压的作用下将制动蹄片摩擦片压紧制动鼓形成制动，根据驾驶人施加于踏板力矩的大小，使车轮减速或停车。

当驾驶人放开踏板，制动蹄和分泵活塞在回位弹簧作用下回位，制动液压回到总泵，制动解除。

六、液压制动系的布置形式

1. 单回路液压制动

单管路是利用一个制动主缸，通过一套相互连通的管路，控制全车制动器。若传动装置中一处漏油，会使整个制动系统失效。目前，一般汽车上已很少采用。

2. 液压式双管路传动装置

优点：当其中一套管路损坏时，另一套仍可以正常工作，保证汽车制动系的工作可靠性，其示意图如图 2-4-2 所示。

前后分开式制动管路若其中一套管路失效时，另一套管路仍有一定的制动效能。但前后桥制动力分配的比值被破坏，造成附着力利用率降低，使制动效能低于 50%。

对角线分开式制动管路若一套管路失效时，另一套管路对角地使前后桥制动器保持一定的制动效能。由于前后桥制动力分配的比值未变，附着力利用率高，制动效能为 50%。

同一制动器两个轮缸独立制动。当一套管路失效时，另一套管路仍能使前、后制动器保持一定的制动效能。制动效能为正常时的 50%。

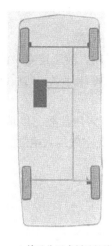
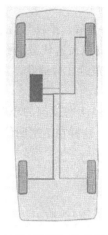
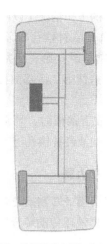

a) 前后分开式制动管路　　b) 对角线分开式制动管路　　c) 同一制动器两个轮缸独立制动

图 2-4-2　液压式双管路传动装置示意图

七、双腔式制动主缸的结构及工作原理

制动主缸作用是将制动踏板机械能转换成液压能。主缸内有两个活塞。后活塞右端连接推杆；前活塞位于缸筒中间把主缸内腔分成两个腔，两腔分别与前后两条液压管路相通，储液罐分别向各自管路供给制动液，如图 2-4-3 所示。

图 2-4-3　制动主缸

主缸的壳体内装有前活塞、后活塞及前后活塞弹簧，前后活塞分别用皮碗、皮圈密封，前活塞用挡片保证其正确位置。两个储液罐分别与主缸的前、后腔相通，前出油口、后出油口分别与前后制动轮缸相通，前活塞靠后活塞的液力推动，后活塞直接由推杆推动，如图 2-4-4 所示。

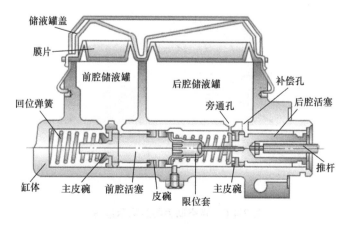

图 2-4-4　制动主缸的结构

制动主缸的工作情况（以图2-4-4为例）：

1）不工作时：补偿孔与旁通孔均保持开放，推杆与活塞之间有一间隙。

2）踏下踏板时：第一活塞前移→主皮碗盖遮住旁通孔，后腔封闭，液压建立→油液被压入前制动轮缸迫使第二活塞前移→主皮碗盖遮住旁通孔，前腔封闭，液压建立，向后制动轮缸输液。

3）迅速放下踏板时：环形腔室油液经活塞顶部的小轴向孔，流入压油腔，以填补真空，同时，储油罐油液经补偿孔进入环形腔室，这样在活塞回位过程中避免空气侵入主缸。

八、真空助力器

1. 真空助力器液压制动传动装置的组成

真空助力器液压传动装置的示意图如图2-4-5所示。

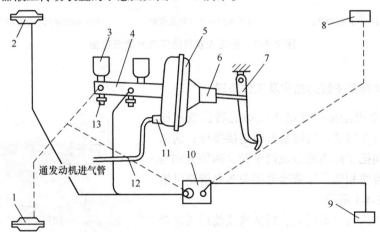

图2-4-5 真空助力器液压传动装置示意图

1—左前轮缸 2—右前轮缸 3—储液罐 4—制动主缸 5—加力气室 6—控制阀 7—制动踏板机构 8—右后轮缸 9—左后轮缸 10—感载比例阀 11—真空单向阀 12—真空供能管路 13—制动信号灯液压开关

2. 真空助力器的结构

真空助力器主要由伺服气室、主缸推杆、控制阀、控制阀推杆等组成，如图2-4-6所示。

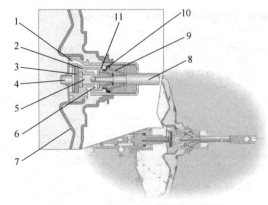

图2-4-6 真空助力器结构示意图

1—A腔 2—膜片座 3—橡胶反作用盘 4—制动主缸推杆 5—控制阀柱塞 6—B腔 7—膜片 8—控制阀推杆 9—阀门弹簧 10—空气阀 11—真空阀

3. 真空助力器工作原理

真空助力器是利用发动机工作时吸入空气这一原理，造成助力器的一侧真空，相对于另一侧正常空气压力的压力差，利用这压力差来加强制动推力。如果膜片两边有即使很小的压力差，由于膜片的面积很大，仍可以产生很大的推力推动膜片向压力小的一端运动。

制动时，如图 2-4-6 所示，踩下制动踏板，踏板力推动控制阀推杆 8 和控制阀柱塞 5 向前移动，在消除柱塞与橡胶反作用盘 3 之间的间隙后，再继续推动制动主缸推杆 4，主缸内的制动液压油以一定压力流入制动轮缸。与此同时，在阀门弹簧 9 的作用下，控制阀也随之向前移动，直到压靠在膜片座 2 的阀座上，从而使通道 A 与 B 隔绝。进而空气阀 10 离开真空阀 11 而开启，空气过滤后，经过空气阀 10 的开口和通道 B 充入伺服气室后腔，使伺服气室前、后腔出现压差而产生推力，此推力通过膜片座 2、橡胶反作用盘 3 推动制动主缸推杆 4 向前移动，此时制动主缸推杆上的作用力（即踏板力）和伺服气室反作用盘推力的综合，使制动主缸输出压力成倍增高。

解除制动时，阀门弹簧 9 使控制阀推杆 8 和空气阀 10 向后移动，真空阀 11 离开膜片座开启。伺服气室前、后腔相同，均为真空状态。膜片座和膜片在回位弹簧作用下回位，制动主缸解除制动。

九、制动器

在汽车制动系统中，制动器是汽车制动系中用以产生阻止车辆运动或运动趋势的力的部件，按形式可分为盘式制动器和鼓式制动器，如图 2-4-7a 和 b 所示。

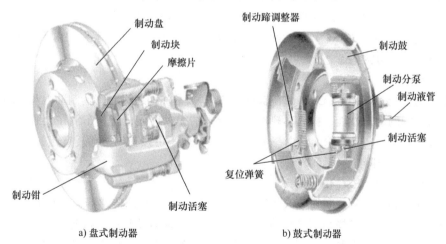

a) 盘式制动器　　　　　　b) 鼓式制动器

图 2-4-7　制动器形式

盘式制动器工作原理：制动时，油路系统向钳体输入油压，以制动盘工作面为参照物，油压推动活塞向内侧制动块加压，顶压在制动盘内侧面，由反作用力将制动钳体向相反方向推，拉动外制动块压向制动盘外侧面，内外制动块形成对制动盘的夹紧力，从而实现车辆的制动。

鼓式制动器工作原理：当踩下制动踏板时，制动液的压力通过制动总泵被放大并推动制动分泵后，制动分泵两端活塞会同时以作用力相等的推力推向左右制动蹄片，两制动蹄片另外一端由支撑杆支撑，此时，两制动蹄片向外扩张，并与制动鼓内表面贴合形成摩擦力，从而达到制动目的。

2.4.2 典型车型的制动系统

一、基础制动系统

长安逸动车辆的基础制动系统采用双回路，对角线布置（左前、右后；右前、左后），前后均为盘式液压制动。前、后轮盘式制动钳安装在转向节上，均为浮钳式制动钳。前、后行车制动器能够进行制动间隙的自动调节，后电子驻车制动系统可以通过间隙自调功能调节制动盘与摩擦片的间隙。

微课视频
典型车型的制动系统

二、制动总泵

制动总泵采用纵向串联设计，直接和助力器连接，助力器可以增加制动力，减少驾驶人施加在制动踏板上的力。纵向串联设计可以保证在一条制动回路失效时，另一条制动回路仍保持完好的工作状态。

三、防抱死制动系统

防抱死制动系统（ABS）是一种电子制动控制系统，可以防止车轮抱死，可缩短制动距离，并提高制动时的稳定性。该系统在基本制动的基础上增加了电子液压控制单元和轮速传感器，每个车轮配有独立回路的液压系统；电子控制单元采集四个车轮的转速信号，通过液压控制单元调节制动过程的制动压力，达到防止车轮抱死的目的。在 ABS 不起作用时，电子制动力分配系统（EBD）仍可调节后轮制动力，保证后轮不会先于前轮抱死，以保证车辆的安全。当 ABS 或 EBD 出现故障时，电子液压控制单元会通知仪表点亮相应的指示灯。

电子稳定控制系统（ESC）是一种主动安全控制系统，除完全具备 ABS 和 EBD 的功能以外。同时还有以下功能：

1. 牵引力控制（TCS）

牵引控制系统（Traction Control System，TCS），是一种通过对车辆制动力及发动机系统的干预，控制车辆的动态性能，提高车辆行驶工况下的操纵性能，防止车辆在大的驱动转矩（当达到附着力极限）时，驱动轮（至少一个驱动轮）产生不可接受的滑移（空转），以避免汽车牵引力和行驶稳定性下降的控制系统。

2. 车身稳定控制（ESC）

通过方向盘转角信号判断驾驶人的驾驶意图，通过四个轮速传感器，以及集成在 ESC 内部的侧向加速度传感器、横摆角速度传感器得知目前的车辆运动状态，将两种状态进行对比，如果实际运动状态不符合驾驶人的驾驶意图，则通过对某一个（或两个）特定的车轮进行单独制动，给整车施加一个纠正转矩，使车辆回到驾驶人需要的驾驶状态。

3. 电子拖滞力控制（EDC）

在某些工况下，当发动机转矩输出大于车辆需要的力时，过大的转矩会给车辆运动状态控制带来不便，此时 ESC 通过 CAN 通信系统，通知发动机减低转矩。

4. 液压制动辅助（HBA）

紧急制动辅助功能（Hydraulic Brake Assist，HBA），是在紧急制动的情况下，驾驶人快速踩下制动踏板，但往往由于踩制动踏板的力度不足或行程不够而未达到车辆最大可能的减速度。HBA 的功能就是在这种情况下通过 ESC/EPBI 电磁阀／电机的主动建压，为驾驶人提供额外的制动力和减速度，从而达到缩短制动距离减少事故损失的目的。

5. 液压助力制动（HBB）

检测真空度水平和主缸压力，补偿临时的真空不足。

6. 坡起辅助功能（HHC）

当汽车上坡起步时，驾驶人松开制动踏板，保持制动压力 1.5s 左右后再释放，防止后溜。

7. 自动驻车（AUTOHOLD）

踩制动踏板停车后，可以松开制动踏板，自动驻车，有工作时间限制，需要与电子驻车制动系统（EPB）配合使用。

8. 陡坡缓降（HDC）

通过踩制动踏板，自动控制汽车下坡速度为设定值。

9. 起步辅助功能（VGH）

EPBI 的附加功能，车辆下电熄火后，可以由 EPBI 系统自行拉起驻车制动器驻车，无需驾驶人去拉起 EPBI 开关。

四、驻车制动系统

驻车制动系统是一个通过驻车制动操纵杆（俗称手刹）来操作后轮盘式制动器的机械系统，驻车制动手柄位于两个前座椅之间，拉起驻车制动手柄即可启用该系统。

五、电子驻车制动系统（EPB）

电子驻车制动系统是一个通过电子驻车制动按钮来操作后轮盘式电子驻车执行机构的机械电子系统，驻车制动按钮位于两个前座椅之间，拉起电子驻车制动按钮即可实现驻车；踩下制动踏板并同时按下电子驻车制动按钮即可实现驻车解除。

长安逸动制动系统在车辆上的部件位置分别如图 2-4-8 和图 2-4-9 所示。

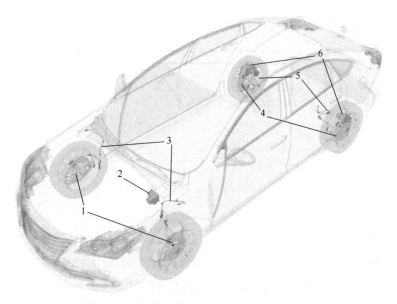

图 2-4-8　长安逸动制动系统部件位置示意图

1—前制动器　2—EPBI 执行机构　3—前轮速传感器　4—后制动器　5—后轮速传感器　6—电子驻车执行机构

六、长安逸动液压制动操纵系统结构及工作过程

长安逸动液压制动操纵系统主要包含以下部件：制动踏板、制动踏板推杆、制动总泵储液罐、制动总泵、制动硬管和制动软管、制动分泵、制动液位低警告灯。制动踏板从驾驶人处接收、放大和传输制动系统输入力。制动踏板推杆将经过放大的制动踏板输入力传递到真空助力器。制动总泵储液罐内部装有供液压制动系统使用的制动液。制动总泵将机械输入力转换为液压输出压力。输出压力从总泵分配到两个液压油路，为对角式车轮制动油路供油。制动硬管和制动软管传递制动液流经液压制动系统各部件。制动分泵将液压输入压力转换为机械输出力。制动液位低警告灯是指示灯，当组合仪表检测到制动液液面过低情况（信号线路为低电位），组合仪表将点亮制动液位低指示灯。液压制动操纵系统的工作示意图如图 2-4-10 所示。

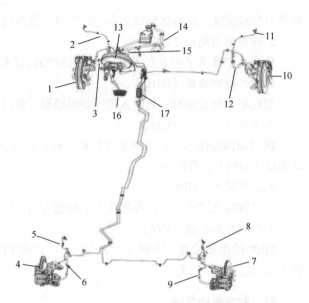

图 2-4-9　长安逸动部件位置图（电子驻车制动器）

1、4、7、10—制动器总成　2、5、8、11—轮速传感器总成　3、6、9、12—制动软管总成　13—制动主缸带真空助力器总成　14—制动真空管总成　15—EPBI 执行机构总成　16—制动踏板总成　17—加速踏板总成

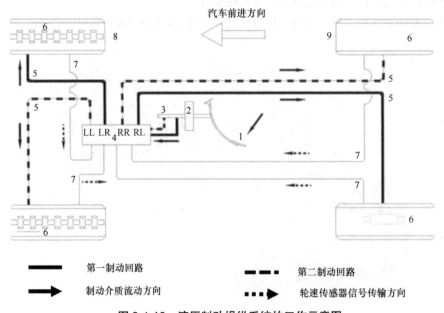

图 2-4-10　液压制动操纵系统的工作示意图

1—制动踏板　2—真空助力器　3—制动总泵　4—ESP 执行机构　5—制动油管　6—制动分泵　7—轮速传感器　8—前制动器　9—后制动器

2.4.3 制动系统操纵机构的装配

一、制动总泵和制动液储液罐装配

1）安装制动总泵和制动液储液罐总成，拧紧固定螺母，紧固力矩：20N·m。

2）将制动油管安装到制动总泵上，如图 2-4-11a 所示。

3）将离合器总泵油管安装到制动液储液罐上，如图 2-4-11b 所示，制动油管安装的实物图如图 2-4-11c 所示。

4）安装制动油位低指示灯开关插头。

微课视频
制动系统操纵机构的装配

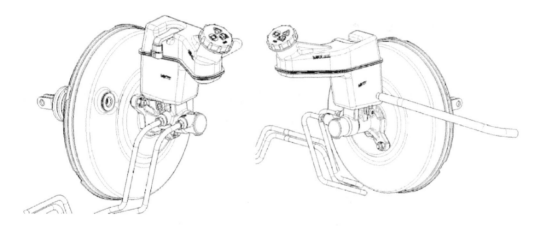

a) 制动油管安装到制动总泵上　　　b) 离合器总泵油管安装到制动液储液罐上

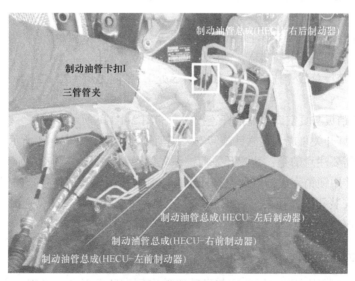

c) 制动油管安装实物图

图 2-4-11　安装制动油管

二、液压控制机构总成（HCU）装配

1）安装液压控制模块总成与支架处的连接螺栓，如图 2-4-12a 所示，紧固力矩 8N·m。

2）安装液压控制模块支架 2 处固定螺栓及 1 处螺母，如图 2-4-12b 所示，紧固力矩 23N·m。

3）安装液压控制模块上 6 根制动油管，如图 2-4-12c 所示，安装力矩 16N·m。

4）安装 ABS/ESP 控制模块线束插头，如图 2-4-12c 箭头所示。

5）安装支架处的连接螺栓、6 根制动油管及线束插头。

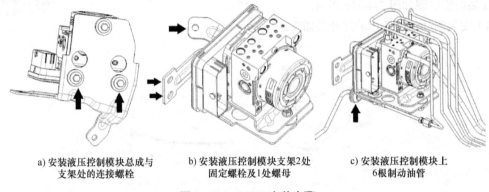

a）安装液压控制模块总成与支架处的连接螺栓　　b）安装液压控制模块支架2处固定螺栓及1处螺母　　c）安装液压控制模块上6根制动油管

图 2-4-12　HCU 安装步骤

三、制动踏板总成装配

1）安装加速踏板，安装力矩（9±2）N·m。

2）安装加速踏板线束端插接器，安装加速踏板插接器自锁卡扣，如图 2-4-13a 所示。

3）安装离合器踏板总成，拧紧螺母、螺栓（3 处），紧固力矩（22±2）N·m，如图 2-4-13b 所示。

4）安装离合器踏板与离合器主缸推杆连接卡，如图 2-4-13b 所示。

5）安装离合器开关线束插接器，如图 2-4-13c 所示。

6）安装制动踏板总成，拧紧螺母、螺栓（5 处），紧固力矩（22±2）N·m，如图 2-4-13d 所示。

7）安装制动踏板与真空助力器推杆连接销，如图 2-4-13e 所示。

8）安装制动灯开关总成，逆时针旋转安装制动灯开关，如图 2-4-14 所示。

安装过程中需要注意的是：装配开关前，请先确保制动踏板、制动主缸带真空助力器总成安装至车身上，并用锁销完成真空助力推杆拨叉与制动踏板臂孔的连接，确保踏板面在初始位置。将开关装入安装孔中，开关安装面与踏板支架表面贴合后，将开关逆时针旋转 45°，听到"咔嚓"一声，即安装到位。

四、真空助力器装配

1）使制动主缸带真空助力器总成与发动机舱右侧安装孔对齐，将制动主缸带真空助力器总成保持平行放入安装孔内。安装实物图如图 2-4-15 所示。

2）安装真空助力器 4 处安装螺栓，紧固力矩 20N·m，如图 2-4-16 所示。

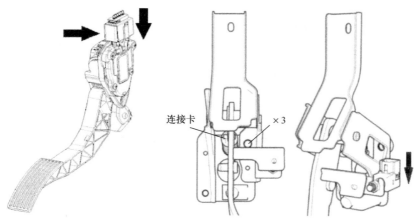

a) 安装加速踏板插接器自锁卡扣　　b) 安装离合器踏板总成　　c) 安装离合器开关线束插接器

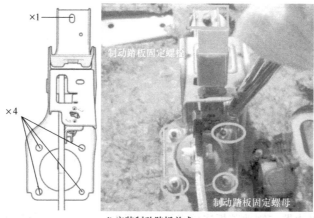

d) 安装制动踏板总成

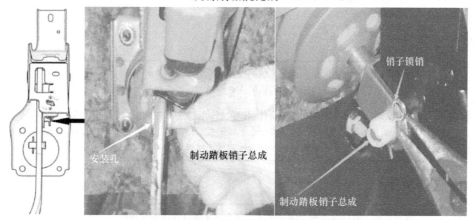

e) 安装制动踏板与真空助力器推杆连接销

图 2-4-13　制动踏板总成装配过程

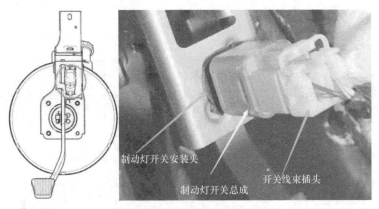

图 2-4-14 安装制动灯开关总成

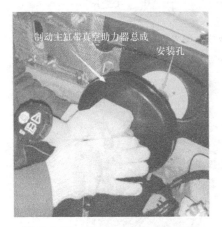

图 2-4-15 真空助力器安装实物图

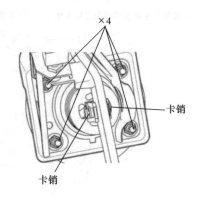

图 2-4-16 安装真空助力器

3）安装真空助力器与制动踏板连接卡销，如图 2-4-16 所示，其装配过程如图 2-4-13e 所示，不再赘述。

☞ 任务计划

独立查阅信息	**教师活动**：教师提供长安逸动车辆的作业指导书。 **学生活动**：学生独立查阅教师提供的作业指导书，提炼整理关键信息。
小组制定工作计划并展示	**教师活动**：教师要求学生小组合作制定"制动操纵分系统装配"的工作计划，把每一个分系统的装调细节和注意事项写出来，包括为什么干、怎么干、安全、环保、工具、时间、质量检查标准等。 **学生活动**：学生分小组讨论，小组合作完成工作计划的制定。

☞ 任务决策

装调员工与小组长沟通工作计划	**教师活动**：教师选出一个学生代表（这个学生是以往决策出现问题较大的）和自己进行任务决策，教师暂时担任小组长（质检员）的角色。 **学生活动**：被选出的学生与教师进行决策对话，让其他学生观察，并进行口头评价、补充、改进。
提交任务决策	**学生活动**：每个学生制定自己的任务决策，在任务工单上表述出来。 **教师活动**：教师对每个学生的任务决策进行确认。

项目 2
内饰件装配工位

☞ 任务实施

示范操作	**教师活动**：教师亲自示范操作，或者播放相关微课视频。 **学生活动**：学生观察教师的示范操作，或者观察微课视频中的示范操作。
操作实施	**教师活动**：教师将学生分组，并要求学生分工明确，严格强调安全和事故预防要求等。实施过程中教师进行巡视指导。 **学生活动**：学生分为4组（4个装配工位），分工操作。每组4人，每组每次安排2名学生操作，所有学生轮流，每个学生都要完成一次操作。当2名学生进行操作时，同组的另外1名学生担任小组长的角色，分别对其进行评价和监督。同组的第4名学生负责查阅作业指导书等相关资料。

☞ 任务检查

5S 与检查工作结果：
教师活动：教师提供任务检查单。要求学生分组，小组合作完成任务检查及5S，在表单上进行标注。教师要求学生小组成员对工作过程和工作计划进行监督和评估，记录优缺点及改进建议，并口头表述。教师要重点引导学生对队友的支持性意见的表达，并训练学生接纳他人建议。
学生活动：学生分组，小组合作完成任务检查及5S，并在任务检查单上标注。学生按照教师的规定对小组其他成员的工作过程友善地提出改进建议。

☞ 任务评价

总结知识点、技能点和素养点：
教师活动：教师归纳整理理论体系，以一页PPT展示知识点、技能点和素养点。
学生活动：学生认真反思、倾听，构建适合自己学习的知识体系。学生对照学习目标进行自我评价。

 课程育人

课程育人之二

　　汽车内饰件的装配是整个汽车装配的第一个步骤，是质量控制的第一道屏障。任务烦琐，需要细致、耐心和锐意进取的工匠精神，才能够达到准确、美观、快速地安装汽车内饰的目的。而当前，我国正处在实现跨越式发展的关键时期，我们务必始终保持用心进取、奋发有为的精神状态，把根扎在本职岗位上，才能永葆用心向上的本色，不断开创工作的新局面！

项目 3
仪表总成装配工位

任务描述

掌握车辆仪表总成的装配工艺和装配流程。了解自动换档操纵系统的结构和工作原理,掌握自动换档系统的装配;了解泊车辅助系统的主要部件及工作原理,掌握泊车辅助系统主要部件的安装;了解仪表板及副仪表板的结构,掌握汽车仪表板及副仪表板的安装过程;了解空调系统的结构和工作原理,掌握汽车空调系统的装配过程。

学习目标

1. 了解自动换档操纵系统的结构和工作原理。
2. 掌握自动换档系统的装配方法。
3. 了解泊车辅助系统的结构与工作原理。
4. 掌握泊车辅助系统的装配方法。
5. 了解仪表板及副仪表板的结构。
6. 掌握仪表板及副仪表板的安装方法。
7. 了解空调系统的结构和工作原理。
8. 掌握空调系统的装配方法。

项目 3
仪表总成装配工位

 知识与技能点清单

序号	学习目标	知识点	技能点
1	了解自动换档操纵系统的结构和工作原理	1. 自动变速器控制机构的类型 2. 电子控制式自动变速器的组成 3. 自动变速器换档操纵机构的档位及工作原理 4. 自动变速器换档操纵机构的结构	能正确认识自动变速器换档操纵机构的结构和工作原理
2	掌握自动换档系统的装配方法	1. 换档操纵机构总成的装配 2. 换档操纵拉索总成的装配	能正确装配换档操纵机构总成和拉索总成
3	了解泊车辅助系统的结构和工作原理	1. 泊车辅助系统主要部件的结构 2. 泊车辅助系统的工作原理	能正确认识泊车辅助系统的结构和工作原理
4	掌握泊车辅助系统的装配方法	1. 360°全景系统的装配 2. 倒车雷达的装配	能正确装配泊车辅助系统的主要部件
5	了解仪表板及副仪表板的结构	1. 仪表板主要部件的结构 2. 副仪表板主要部件的结构	能正确认识仪表板及副仪表板的结构
6	掌握仪表板及副仪表板的安装方法	1. 仪表板装配 2. 副仪表板装配	能正确装配仪表板及副仪表板各总成部件
7	了解空调系统的结构和工作原理	1. 空调系统的结构 2. 空调系统的工作原理	了解空调系统的结构和工作原理
8	掌握汽车空调系统部件的安装方法	1. 空调压缩机的安装 2. 冷凝器的安装 3. 膨胀阀的安装 4. 空调管路的安装 5. 暖通空调的安装 6. 空调面板的安装 7. 传感器的安装	能正确安装汽车空调系统的部件

汽车整车装配与调试

学习任务

3.1 变速器操纵系统装配

☞ 教学准备

教学情境准备	**教师活动**：在老师的指导下对整个班级进行分组，并由各小组讨论，选举出组长。教师安排组长负责班组管理，如负责分配分解任务，负责班组团队建设、班内的协调工作等。 **学生活动**：组长根据查阅的作业指导书、互联网及相关资料的学习，通过班组讨论进行分解、分配任务，并由组长担任装配质量检查员。按照制定的任务分解单和标准操作工序在班组内进行装配训练，查找存在的问题与不足，提出改进的措施或意见并记录。
教学目标准备	**素养点：** ① 在小组中能够良好地自我表达，并懂得倾听他人的意见。 ② 能够阅读相关的教学资料，通过查阅资料能够使用工具。 ③ 能够保持周围环境干净整洁。 ④ 能够独立工作。 ⑤ 能够小组合作。 ⑥ 能够与他人进行有效的沟通和交流。 **知识点：** ① 自动变速器控制机构的类型。 ② 电子控制式自动变速器的组成。 ③ 自动变速器换档操纵机构的档位及工作原理。 ④ 自动变速器换档操纵机构的结构。 **技能点：** ① 换档操纵机构总成的装配。 ② 换档操纵拉索总成的装配。
资料设备清单	① 长安逸动车辆一台。 ② 汽车总装模拟生产线。 ③ 世达128件工具套装、工具车等。 ④ 长安逸动变速器操纵系统装配作业指导书。

☞ 任务描述

角色扮演	**学生活动**：学生分组，四人一组。分布于自动换档操纵系统装配工位之上，扮演装配工人、小组长（质检员），在模拟生产线上重现装配流程。 **教师活动**：教师观察学生的装配过程，观察同学的表现。
全员换位评价	学生在班组内进行轮岗（包括组长，即质量检查岗）训练。通过轮岗训练，要求学生能够熟练掌握本班组内的不同岗位上多个任务的操作能力以及本班组装配质量的检查能力。
全员分组练习	**教师活动**：教师通过观察找出表现优异的同学，作为借鉴和示范，要求各小组接受任务并练习。 **学生活动**：学生按照示范，遵循教师的提示与强调，分组在汽车模拟生产线上进行任务接受并练习，进行轮岗训练。
提交检查评估表	**教师活动**：教师要求学生根据自己对任务的完成情况进行评估并提出改进意见。 **学生活动**：学生在任务工单上进行自评和互评。

☞ 任务分析

教师活动：教师提供任务工单、长安逸动车辆装配作业指导书，指导学生独立完成装配步骤的分析。
学生活动：根据教师提供的资料进行查阅，确定分工位的装配步骤和注意事项并明确分工与协作。
装配流程有 2 个：
1. 换档操纵机构总成的装配。
2. 换档操纵拉索总成的装配。

☞ 理论学习

3.1.1 自动换档操纵系统的结构和工作原理

一、概述

1. 自动变速器控制机构的类型

自动变速器的控制机构有两种类型，一种是液压控制式自动变速器，另外一种是电子控制式自动变速器。两者的不同之处在于：液力控制式自动变速器通过节气门阀和调速器将自动变速器信号——节气门开度和车速转变为相应的控制油压来控制换档阀的动作，实现自动变速，如图 3-1-1 所示。而电子控制式自动变速器则是通过节气门传感器和车速传感器将节气门开度和车速转变为电信号，输入到 ECU，ECU 根据这两个信号和其他有关的信号确定换档时机，输出换档电信号，控制换档电磁阀动作，再通过换档阀和换档执行机构实现自动换档，如图 3-1-2 所示。

微课视频
变速器操纵系统装配

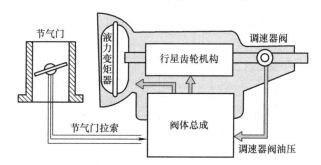

图 3-1-1 液力控制式自动变速器控制原理示意图

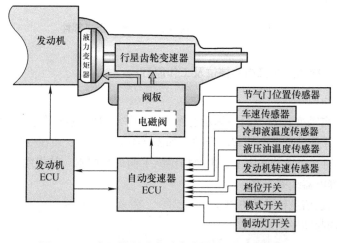

图 3-1-2 电子控制式自动变速器控制原理示意图

2. 电子控制式自动变速器的优点

电子控制式自动变速器的优点为：

1）增进驾驶性能。

2）降低油耗。

3）改善维护性能。

3. 电子控制式自动变速器的组成部件

总体来说，电子控制式自动变速器由输入装置、控制装置和执行装置组成。输入装置包括换档操纵机构、各种开关、传感器，感知车辆速度、节气门开度和其他情况，并将这些信号送至 ECU 判读。控制装置即自动变速器的电子控制单元。ECU 接收传感器的信号，决定换档时机及液力变矩器锁定时间，并控制液压控制组件电磁阀的动作。执行装置主要是电磁阀，电磁阀根据电子控制单元所发出的指令开启或闭合，相应接通或切断回油通道，从而控制换档和锁止时间。电子控制式自动变速器机构组成的示意图如图 3-1-3 所示。

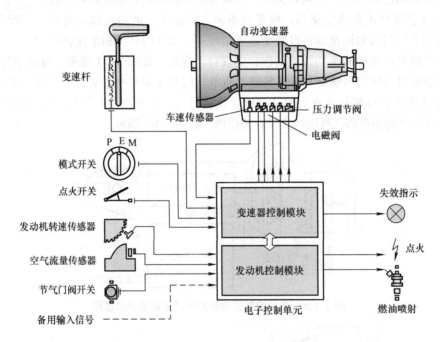

图 3-1-3　电子控制式自动变速器组成部件

二、自动变速器换档操纵机构的档位及工作原理

1. 档位开关

在电子控制式自动变速器控制原理示意图 3-1-2 中，我们注意到有一个档位开关和一个模式开关。这个档位开关是一个空档起动开关，如图 3-1-4 所示。安装在变速器上，如图 3-1-5 所示。并由换档拉索连接至换档底座上，由换档操纵手柄进行控制。其作用为：

1）控制起动继电器线圈电路。

2）将变速器档位信息传送给 ECU。

3）防止非空档起动发动机。

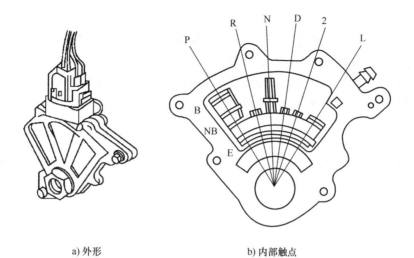

a) 外形　　　　　　　　b) 内部触点

图 3-1-4　档位开关示意图

在图 3-1-4 中，P、R、N、D、2、L 表示自动变速器的档位。其中 P 和 N 为空档。下面我们将对各个档位进行说明。

（1）P 位

P（Parking）为驻车档。它是利用机械装置去锁紧汽车的转动部分，使汽车不能移动。当汽车需要在一个固定位置上停留一段较长时间，或在停靠之后离开车辆前，应拉好驻车制动并将拨杆推进"P"的位置上。要注意的是：车辆一定要在完全停止时才可使用 P 位，要不然自动变速器的机械部分会受到损坏。另外，自动变速轿车上装置空档起动开关，使得汽车只能在 P 位或 N 位才能起动发动机，以避免在其他档位上误起动时使汽车突然前窜。

图 3-1-5　空档起动开关在自动变速器上的安装位置

（2）R 位

R（Reverse）为倒档，车辆倒后之用。通常要按下拨杆上的变速按钮（图 3-1-6），才可将拨杆移至"R"位。要注意的是：当车辆尚未完全停定时，绝对不可以强行转至 R 位，否则变速器会受到严重损坏。

（3）N 位

N（Neutral）为空档，将拨杆置于 N 位上，发动机与变速器之间的动力已经切断分离。如短暂停留可将拨杆置于此档位。

图 3-1-6　变速按钮

（4）D 位

D（Drive）为前进档，用在一般道路行驶。由于各国车型有不同的设计，所以 D 位可以包括从 1 档至高档，或者 2 档至高档的档位，并会因车速及负荷的变化而自动换档。将拨杆放置在 D 位上，驾驶人控制车速快慢只需控制好加速踏板即可。

97

（5）2档

2（Second Gear）档为前进档，但变速器只能在1档、2档之间变换，不会跳到3档和4档。将拨杆放置在2档位置，汽车会由1档起步，当速度增加时会自动转2档。2档可以用于上、下斜坡，此档位的好处是当车辆上斜坡或下斜坡时，车辆会稳定地保持在1档或2档位置，不会因上斜坡的负荷或车速的变化令变速器不停地转档。在下斜坡时，利用发动机低转速的阻力作制动，也不会令车子越行越快。

（6）L档

L档即1档（First Gear），也是前进档，但变速器只能在1档内工作，不能变换到其他档位。它用在严重交通堵塞的情况和斜度较大的斜坡上最能发挥功用。上斜坡或下斜坡时，可充分利用汽车发动机的转矩。

2. 模式开关

模式开关的作用是供驾驶人根据情况选择不同的换档规律，一般安装在换档操纵手柄的面板上。如图3-1-7所示。常见的控制模式有：经济模式、动力模式、普通模式、手动模式、雪地模式。

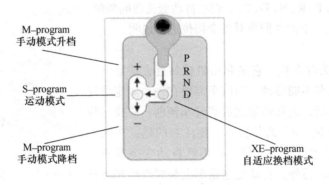

图3-1-7 模式开关示意图

XE-program 自适应换档模式：该模式储存有多种行驶程序，可根据不同的行驶工况确定换档，如：牵引工况、上下坡工况、自由滑行（恒速）、城市工况和扭曲路工况等。

S-program 运动模式：运动模式是一性能导向型换档模式，换档点处于发动机较高转速下，因此可充分利用发动机高转矩和高功率的区域，动力性好。

M-program 手动模式：在该模式下，驾驶人可手动换档。通常为降低油耗，将部分低档锁住，即切换到手动模式后，变速器仅能在几个高速档位之间换档。通过手柄每次升降1档。

3. 换档时刻控制

自动变速器的换档时刻与车速、节气门开度及换档模式和档位的选择相关，如图3-1-8所示。

三、自动变速器换档操纵机构的结构

自动变速器换档操纵系统（图3-1-9）由换档操纵机构总成（图3-1-10）、档位灯箱总成和换档操纵拉索总成组成。换档操纵机构总成通过换档操纵拉索总成与变速器相连，换档操纵拉索总成将换档操纵机构总成的换档运动传递至变速器换档机构，进而实现P、R、N、D档位的切换与操纵。档位灯箱总成安装在换档面板上，指示车辆档位排布情况。自动变速器换档拉索总成的部件分解图如图3-1-11所示。

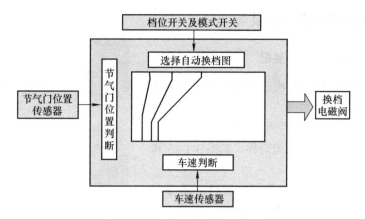

图 3-1-8 自动换档控制原理图

图 3-1-9 换档操纵系统　　　　　　　图 3-1-10 换档操纵机构总成

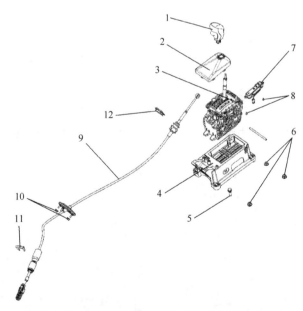

图 3-1-11 自动变速器换档拉索总成的部件分解图

1—手柄球总成　2—换档防尘罩总成　3—换档底座总成　4—换档底座支架总成
5—六角头螺栓和弹簧垫圈平垫圈组合键　6—六角法兰面承面带齿螺母（M8）×3　7—档位灯箱总成
8—十字槽盘头自攻螺钉 ×2　9—换档操纵拉索总成　10—六角法兰面承面带齿螺母（M6）×2
11—E 型弹性卡　12—拉索安装卡

3.1.2 自动换档操纵系统的装配

一、换档操纵机构总成的装配

1）拿取换档操纵机构总成放置于车内中部安装位置。如图 3-1-12 所示。

2）依次预紧 3 颗六角法兰面承面带齿螺母、1 颗六角头螺栓弹簧垫圈和平垫圈组合件。如图 3-1-13 和图 3-1-14 所示。

3）用电动扳手依次拧紧预紧的螺栓、螺母至（23±3）N·m，用记号笔标记拧紧的螺栓、螺母。

4）连接换档操纵机构总成后端线束插头，将下端线束固定卡扣卡入换档操纵机构总成上的安装孔内。如图 3-1-15 所示。

图 3-1-12 放置换档操纵机构

5）安装 2 个换档操纵机构总成左侧线束固定卡扣，将线束固定卡扣卡入换档操纵机构总成相应安装孔内，如图 3-1-16 所示。

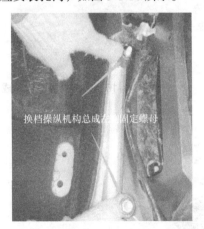

图 3-1-13 换档操纵机构总成支架左侧安装

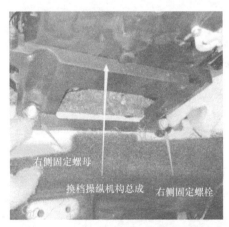

图 3-1-14 换档操纵机构总成支架右侧安装

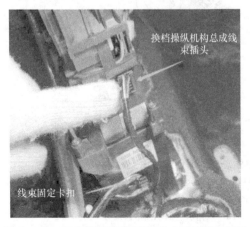

图 3-1-15 连接换档操纵机构总成后端线束插头

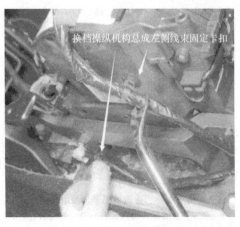

图 3-1-16 换档操纵机构总成左侧线束固定卡扣安装

二、换档操纵拉索总成的装配

1）将换档操纵拉索总成安装座有胶垫的一端从发动机舱中部钣金孔穿入，将安装座上的安装孔与螺柱对齐。将安装座放入螺柱内，预紧2颗固定螺母，用电动扳手拧紧至（9±3）N·m，如图 3-1-17 所示。

2）将换档操纵拉索连接端放入换档操纵机构固定点上，用力向内推入，直到换档操纵拉索连接端完全卡入换档操纵机构固定点内。如图 3-1-18 所示。

3）将换档拉索插头推入变速器上的摇臂销中，安装变速器支架上的 E 型弹性卡，如图 3-1-19 所示。

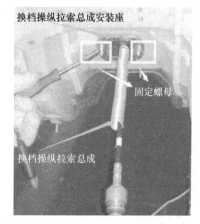

图 3-1-17　换档拉索与发动机舱钣金固定

图 3-1-18　换档拉索连接端安装

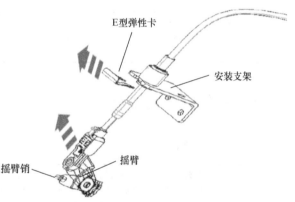

图 3-1-19　换档拉索插头推入变速器上的摇臂销

任务计划

独立查阅信息	**教师活动**：教师提供长安逸动车辆的作业指导书。 **学生活动**：学生独立查阅教师提供的作业指导书，提炼整理关键信息。
小组制定工作计划并展示	**教师活动**：教师要求学生小组合作制定"自动换档操纵系统装配"的工作计划，把每一个分系统的装调细节和注意事项写出来，包括为什么干、怎么干、安全、环保、工具、时间、质量检查标准等。 **学生活动**：学生分小组讨论，小组合作完成工作计划的制定。

任务决策

装调员工与小组长沟通工作计划	**教师活动**：教师选出一个学生代表（这个学生是以往决策出现问题较大的）和自己进行任务决策，教师暂时担任小组长（质检员）的角色。 **学生活动**：被选出的学生与教师进行决策对话，让其他学生观察，并进行口头评价、补充、改进。
提交任务决策	**学生活动**：每个学生制定自己的任务决策，在任务工单上表述出来。 **教师活动**：教师对每个学生的任务决策进行确认。

☞ 任务实施

示范操作	**教师活动**：教师亲自示范操作，或者播放相关微课视频。 **学生活动**：学生观察教师的示范操作，或者观察微课视频中的示范操作。
操作实施	**教师活动**：教师将学生分组，并要求学生分工明确，严格强调安全和事故预防要求等。实施过程中教师进行巡视指导。 **学生活动**：学生分为 2 组（2 个装配工位），分工操作。每组 4 人，每组每次安排 2 名学生操作，所有学生轮流，每个学生都要完成一次操作。当 2 名学生进行操作时，同组的另外 1 名学生担任小组长的角色，分别对其进行评价和监督。同组的第 4 名学生负责查阅作业指导书等相关资料。

☞ 任务检查

5S 与检查工作结果：
教师活动：教师提供任务检查单。要求学生分组，小组合作完成任务检查及 5S，在表单上进行标注。教师要求学生小组成员对工作过程和工作计划进行监督和评估，记录优缺点及改进建议，并口头表述。教师要重点引导学生对队友的支持性意见的表达，并训练学生接纳他人建议。
学生活动：学生分组，小组合作完成任务检查及 5S，并在任务检查单上标注。学生按照教师的规定对小组其他成员的工作过程友善地提出改进建议。

☞ 任务评价

总结知识点、技能点和素养点：
教师活动：教师归纳整理理论体系，以一页 PPT 展示知识点、技能点和素养点。
学生活动：学生认真反思、倾听，构建适合自己学习的知识体系。学生对照学习目标进行自我评价。

3.2 泊车辅助系统装配

☞ 教学准备

教学情境准备	**教师活动**：在老师的指导下对整个班级进行分组，并由各小组讨论，选举出组长。教师安排组长负责班组管理，如负责分配分解任务，负责班组团队建设、班内的协调工作等。 **学生活动**：组长根据查阅的作业指导书、互联网及相关资料的学习，通过班组讨论进行分解、分配任务，并由组长担任装配质量检查员。按照制定的任务分解单和标准操作工序在班组内进行装配训练，查找存在的问题与不足，提出改进的措施或意见并记录。
教学目标准备	**素养点：** ① 在小组中能够良好地自我表达，并懂得倾听他人的意见。 ② 能够阅读相关的教学资料，通过查阅资料能够使用工具。 ③ 能够保持周围环境干净整洁。 ④ 能够独立工作。 ⑤ 能够小组合作，能够与他人进行有效的沟通和交流。 **知识点：** 泊车辅助系统的结构与工作原理。 **技能点：** ① 360°全景系统的安装方法 ② 倒车雷达的安装方法
资料设备清单	① 长安逸动车辆一台。 ② 汽车总装模拟生产线。 ③ 世达 128 件工具套装、工具车等。 ④ 长安逸动车辆泊车辅助系统装配作业指导书。

项目 3
仪表总成装配工位

☞ **任务描述**

角色扮演	**学生活动**：学生分组，四人一组。分布于泊车辅助系统的装配工位之上，扮演装配工人、小组长（质检员），在模拟生产线上重现装配流程。 **教师活动**：教师观察学生的装配过程，观察同学的表现。
全员换位评价	学生在班组内进行轮岗（包括组长，即质量检查岗）训练。通过轮岗训练，要求学生能够熟练掌握本班组内的不同岗位上多个任务的操作能力以及本班组装配质量的检查能力。
全员分组练习	**教师活动**：教师通过观察找出表现优异的同学，作为借鉴和示范，要求各小组接受任务并练习。 **学生活动**：学生按照示范，遵循教师的提示与强调，分组在汽车模拟生产线上进行任务接受并练习，进行轮岗训练。
提交检查评估表	**教师活动**：教师要求学生根据自己对任务的完成情况进行评估并提出改进意见。 **学生活动**：学生在任务工单上进行自评和互评。

☞ **任务分析**

教师活动：教师提供任务工单、长安逸动车辆装配作业指导书，指导学生独立完成装配步骤的分析。
学生活动：根据教师提供的资料进行查阅，确定分工位的装配步骤和注意事项并明确分工与协作。
装配流程有 2 个：
1. 全景泊车影像系统的装配。
2. 倒车雷达的装配。

☞ **理论学习**

3.2.1 泊车辅助系统的结构和工作原理

一、概述

由于大城市停车空间有限，将汽车驶入狭小的空间已经成为一项必备的技能。特别是顺列式停车，对于许多驾驶人来说都是一种比较痛苦的经历。针对这一情况，许多车辆针对泊车这一难题增加了电子辅助技术，以此减少在停车过程中遇到的麻烦。在这里主要介绍泊车辅助系统的三种形式，分别是 360° 全景泊车影像系统、倒车雷达系统和倒车影像。

微课视频
泊车辅助系统装配

二、360° 全景泊车影像系统

1. 360° 全景泊车影像系统的主要功能

传统的倒车可视系统是由一个摄像头和一个显示器构成。当系统工作的时候，屏幕上会显示 2 条标尺线，倒车的时候驾驶人员不能判断方向盘打多少度才不会碰到车后的障碍物。而智能轨迹倒车系统由专车专用摄像头、显示屏（DVD 主机显示屏）、图像处理器组成。当驾驶人操作汽车倒车的时候，显示屏上会动态显示 2 条倒车引导线，代表车轮的运行轨迹，以方便驾驶人判断是否会撞到车后的障碍物。360° 全景可视泊车系统，加上精准的倒车轨迹，可大大方便驾驶人泊车。主要功能如下：

1) 可观测车身周围的情况，方便通过越野、狭窄路段。
2) 360° 全车监视，消除视觉上的盲区，增加泊车安全性。

2. 全景泊车影像系统工作原理

全景泊车影像系统通过安装在车身前后左右的 4 个超广角摄像头，同时采集车辆四周的影

103

像，经过图像处理单元矫正和拼接后，形成一幅车辆四周的全景俯视图，实时传送到中控台的显示设备上。驾驶人即可直观地看到车辆所处位置以及车辆周围的障碍物，从容驾驶车辆通过复杂路面，有效减少剐蹭、碰撞、陷落等事故的发生。

在车辆点火开关为 ON 状态下，当车辆挂入 R 位时或车速小于某一值（27km/h）并按压视频切换开关或 360°智能全景信号有效（不为 0）时，全景摄像控制器（简写为 AVM）通过安装在车辆前、后、左、右方向的四个摄像头采集视频信息，并经过 AVM（全景系统）控制器处理后发送到 HU（车载娱乐基础终端）显示屏上显示，如图 3-2-1 所示。

图 3-2-1　全景泊车影像示意图

三、倒车雷达

1. 倒车雷达的发展

第一代："倒车请注意"。

第二代："蜂鸣器"。倒车时，如果车后 1.5～1.8m 处有障碍物，蜂鸣器开始工作。蜂鸣器越急，表示车辆离障碍物越近。

第三代：数码波段显示具体距离或者距离范围。这一代产品有两种显示方式，数码显示产品显示距离数字，而波段显示产品由三种颜色来区别：绿色代表安全距离；黄色代表警告距离；红色代表危险距离，必须停止倒车。

第四代：液晶屏动态显示。这一代是一个质的飞跃。显示器显示与车辆周围障碍物的距离。

第五代：仿生超声雷达技术。可准确探知 2m 以内的障碍物，并以不同等级的声音提示和直观的显示提醒驾驶人。

第六代：整合影音系统。整合了第五代产品的功能以及影音系统，直接在显示器上观看 DVD 影像。

2. 倒车雷达的主要组成

倒车雷达主要由超声波传感器、主机、显示器、蜂鸣器构成，如图 3-2-2 所示。

1）超声波传感器：用于发射以及接收超声波信号，通过超声波传感器可以测量距离。

2）主机：发射正弦波脉冲给超声波传感器，并处理其接收到的信号，换算出距离值后，将数据与显示器通信。

3）显示器或蜂鸣器：接收主机距离数据，并根据距离远近显示距离值和提供不同级别的距离报警音。

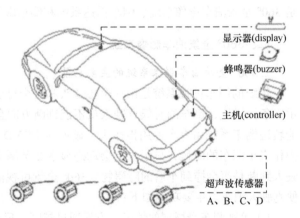

图 3-2-2　倒车雷达的组成

长安逸动车辆的倒车雷达布置位于后保险杠上，共 3 个，通过倒车雷达控制器线接入整车 CAN（Controller Area Network 的缩写，全称是控制器局域网络总线，即控制设备相互连接，进行数据交换）网络系统，如图 3-2-3 所示。

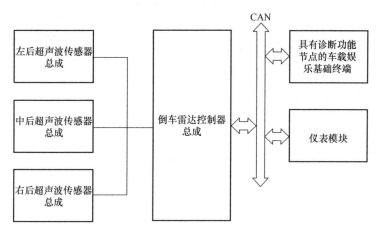

图 3-2-3　长安逸动倒车雷达布置图

3. 倒车雷达的探测原理

超声波工作原理如图 3-2-4 所示。利用超声波传感器产生的超声波对车后发射，如在一定范围内碰到物体，就有一反射波返回发射源（超声波传感器的表面），主机利用发射波和反射波之间的延迟时间和声波速度就能测得距离。

当汽车处于倒车状态时，倒车雷达开始启动，控制器控制超声波传感器发射超声波信号后，再检测超声波的回波信号。超声波的发射是由控制器发射一串脉冲信号，经放大电路放大后，通过超声波传感器发射出去。

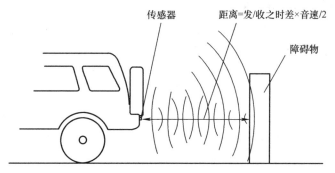

图 3-2-4　超声波测距原理

4. 倒车雷达的种类

现在市面上的倒车雷达分别有 2 探头、3 探头、4 探头、6 探头及 8 探头。2～4 探头的倒车雷达一般安装在汽车的后保险杠上面，6～8 探头的倒车雷达安装方式是前 2 后 4 和前 4 后 4，也有新兴越野专用前置 6 探头。6 个探头以上的普通倒车雷达，除可探测车尾情况外，还可探测前左、右角情况。

四、倒车影像

倒车影像是通过车辆尾部的摄像头拍摄车辆后方区域图像，再叠加由 DVD 处理的泊车辅助线，在中控屏上显示车辆后方交通状况的泊车辅助工具，如图 3-2-5 所示，其端子视图如图 3-2-6 所示，端子定义见表 3-2-1。

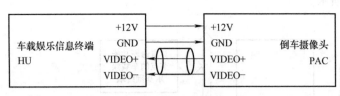
图 3-2-5 倒车影像接口定义

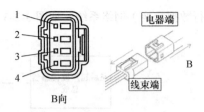
图 3-2-6 倒车影像端子视图

表 3-2-1 倒车影像端子定义

引脚号	引脚定义	接口类型
1	NC	常闭触点
2	NC	常闭触点
3	GND	电源地
4	POWER	电源端子（+）
5	VIDEO+	视频端子（+）
6	VIDEO−	视频屏蔽地
7	NC	常闭触点
8	NC	常闭触点

3.2.2 全景泊车影像系统的装配

1）全景控制器总成采用两颗六角法兰面螺母 M8×1.25×16 和一颗六角法兰面螺母安装于前壁板的全景控制器支架总成上，如图 3-2-7 所示。

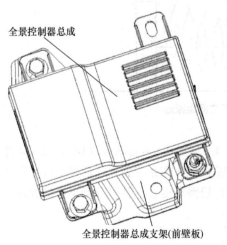
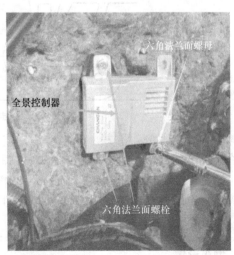

图 3-2-7 全景控制器总成安装

2）全景前摄像头总成采用十字槽盘头自攻螺钉 ST4.2×13 安装于前保险杠总成上，如图 3-2-8 所示。

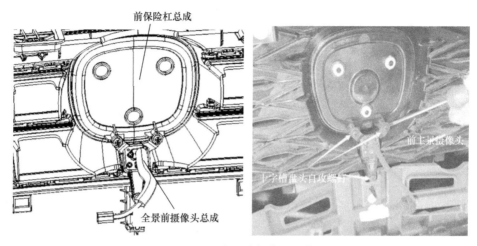

图 3-2-8　全景前摄像头安装

3）全景左右摄像头总成安装在左右后视镜上，如图 3-2-9 所示。

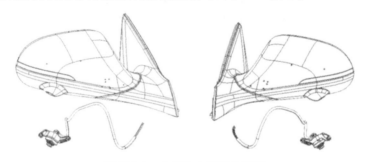

图 3-2-9　全景左右摄像头安装

4）全景后摄像头总成采用卡扣卡接方式安装于后保险杠上，如图 3-2-10 所示。

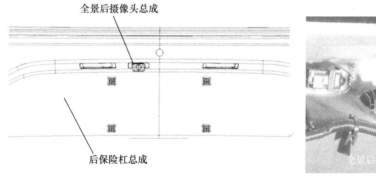

图 3-2-10　全景后摄像头安装

3.2.3　倒车雷达的装配

倒车雷达控制器通过两颗六角法兰面螺母安装在转向支撑上，如图 3-2-11 所示。倒车雷达传感器安装在后保险杠上，有 3 个传感器，对应拆装，如图 3-2-12 所示。

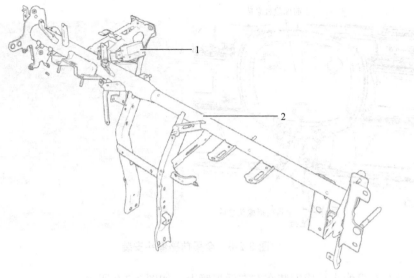

图 3-2-11 倒车雷达控制器安装

1—倒车雷达控制器总成　2—转向支撑总成

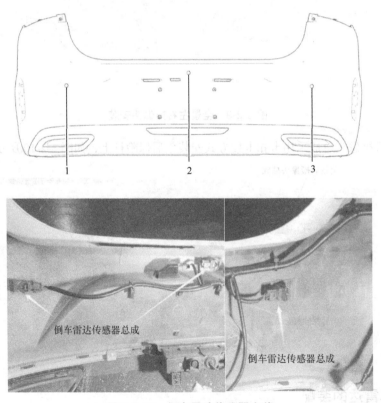

图 3-2-12 倒车雷达传感器安装

1—左后倒车雷达传感器总成　2—后中倒车雷达传感器总成　3—右后倒车雷达传感器总成

☞ 任务计划

独立查阅信息	**教师活动**：教师提供长安逸动车辆的作业指导书。 **学生活动**：学生独立查阅教师提供的作业指导书，提炼整理关键信息。
小组制定工作 计划并展示	**教师活动**：教师要求学生小组合作制定"泊车辅助系统装配"的工作计划，把每一个分系统的装调细节和注意事项写出来，包括为什么干、怎么干、安全、环保、工具、时间、质量检查标准等。 **学生活动**：学生分小组讨论，小组合作完成工作计划的制定。

☞ 任务决策

装调员工与小 组长沟通工作 计划	**教师活动**：教师选出一个学生代表（这个学生是以往决策出现问题较大的）和自己进行任务决策，教师暂时担任小组长（质检员）的角色。 **学生活动**：被选出的学生与教师进行决策对话，让其他学生观察，并进行口头评价、补充、改进。
提交任务决策	**学生活动**：每个学生制定自己的任务决策，在任务工单上表述出来。 **教师活动**：教师对每个学生的任务决策进行确认。

☞ 任务实施

示范操作	**教师活动**：教师亲自示范操作，或者播放相关微课视频。 **学生活动**：学生观察教师的示范操作，或者观察微课视频中的示范操作。
操作实施	**教师活动**：教师将学生分组，并要求学生分工明确，严格强调安全和事故预防要求等。实施过程中教师进行巡视指导。 **学生活动**：学生分为2组（2个装配工位），分工操作。每组4人，每组每次安排2名学生操作，所有学生轮流，每个学生都要完成一次操作。当2名学生进行操作时，同组的另外1名学生担任小组长的角色，分别对其进行评价和监督。同组的第4名学生负责查阅作业指导书等相关资料。

☞ 任务检查

5S 与检查工作结果：

教师活动：教师提供任务检查单。要求学生分组，小组合作完成任务检查及 5S，在表单上进行标注。教师要求学生小组成员对工作过程和工作计划进行监督和评估，记录优缺点及改进建议，并口头表述。教师要重点引导学生对队友的支持性意见的表达，并训练学生接纳他人建议。

学生活动：学生分组，小组合作完成任务检查及 5S，并在任务检查单上标注。学生按照教师的规定对小组其他成员的工作过程友善地提出改进建议。

☞ 任务评价

总结知识点、技能点和素养点：

教师活动：教师归纳整理理论体系，以一页 PPT 展示知识点、技能点和素养点。

学生活动：学生认真反思、倾听，构建适合自己学习的知识体系。学生对照学习目标进行自我评价。

3.3 仪表板与副仪表板装配

☞ 教学准备

教学情境准备	**教师活动**：在老师的指导下对整个班级进行分组，并由各小组讨论，选举出组长。教师安排组长负责班组管理，如负责分配分解任务，负责班组团队建设、班内的协调工作等。 **学生活动**：组长根据查阅的作业指导书、互联网及相关资料的学习，通过班组讨论进行分解、分配任务，并由组长担任装配质量检查员。按照制定的任务分解单和标准操作工序在班组内进行装配训练，查找存在的问题与不足，提出改进的措施或意见并记录。
教学目标准备	**素养点**： ① 在小组中能够良好地自我表达，并懂得倾听他人的意见。 ② 能够阅读相关的教学资料，通过查阅资料能够使用工具。 ③ 能够保持周围环境干净整洁。 ④ 能够独立工作。 ⑤ 能够小组合作，能与他人进行有效的沟通和交流。 **知识点**： 仪表板与副仪表板的结构。 **技能点**： ① 仪表板装配。 ② 副仪表板装配。
资料设备清单	① 长安逸动车辆一台。 ② 汽车总装模拟生产线。 ③ 世达 128 件工具套装、工具车等。 ④ 长安逸动车辆仪表板装配作业指导书。

☞ 任务描述

角色扮演	**学生活动**：学生分组，四人一组。分布于仪表板与副仪表板的装配工位之上，扮演装配工人、小组长（质检员），在模拟生产线上重现装配流程。 **教师活动**：教师观察学生的装配过程，观察同学的表现。
全员换位评价	学生在班组内进行轮岗（包括组长，即质量检查岗）训练。通过轮岗训练，要求学生能够熟练掌握本班组内的不同岗位上多个任务的操作能力以及本班组装配质量的检查能力。
全员分组练习	**教师活动**：教师通过观察找出表现优异的同学，作为借鉴和示范，要求各小组接受任务并练习。 **学生活动**：学生按照示范，遵循教师的提示与强调，分组在汽车模拟生产线上进行任务接受并练习，进行轮岗训练。
提交检查评估表	**教师活动**：教师要求学生根据自己对任务的完成情况进行评估并提出改进意见。 **学生活动**：学生在任务工单上进行自评和互评。

☞ 任务分析

教师活动：教师提供任务工单、长安逸动车辆装配作业指导书，指导学生独立完成装配步骤的分析。
学生活动：根据教师提供的资料进行查阅，确定分工位的装配步骤和注意事项并明确分工与协作。
装配流程有 2 个：
1. 仪表板的装配。
2. 副仪表板的装配。

项目 3
仪表总成装配工位

☞ 理论学习

3.3.1 仪表板与副仪表板的结构

一、仪表板分装台架概述

仪表板分装线属于内饰段重要的工作环节，独立于总装流水线。组装好的仪表板由电动抓手搬到总装流水线上。仪表板分装台架如图 3-3-1 所示。操纵仪表板安装台架的控制手柄可实现仪表板的翻转安装，如图 3-3-2 所示。

二、仪表板及副仪表板的结构

仪表板的结构如图 3-3-3 所示。副仪表板的结构如图 3-3-4 所示。

微课视频
仪表板与副仪表板的结构

图 3-3-1 仪表板分装台架

图 3-3-2 仪表板分装台架翻转控制手柄

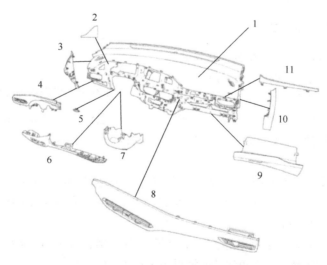

图 3-3-3 仪表板结构示意图

1—仪表板本体带附件总成 2—左侧装饰条Ⅱ总成 3—仪表板侧盖板总成（左） 4—左侧装饰条Ⅰ总成
5—发动机舱开启扣手总成 6—驾驶人下护板总成 7—转向锁壳下壳总成 8—右侧装饰条Ⅰ总成
9—杂物箱总成 10—仪表板侧盖板总成（右） 11—右侧装饰条Ⅱ总成

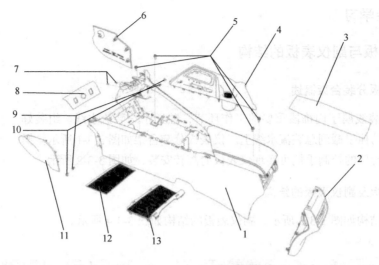

图 3-3-4 副仪表板结构示意图

1—副仪表板本体总成 2—副仪表板后部面板总成 3—副仪表板储物盒垫 4—换档面板总成
5—六角头螺栓平垫圈组合件 6—副仪表板右侧板总成 7—十字槽盘头自攻螺钉
8—副仪表板点烟器面板总成 9—螺母座 10—十字槽盘头自攻螺钉和大垫圈组合
11—副仪表板左侧板总成 12—副仪表板前端储物盒垫 13—副仪表板前端储物盒总成

3.3.2 仪表板与副仪表板的装配

一、汽车内外饰常用拆装工具

汽车内外饰在拆卸或装配时需要用到专门的工具，避免对零件表面造成损伤。主要用到的工具如图 3-3-5 所示。

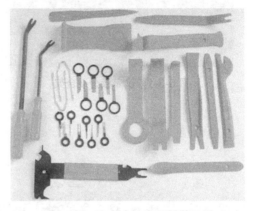

二、仪表板显示屏的装配

1）仪表板显示屏如图 3-3-6 所示。安装底部固定螺母（六角法兰面螺母 M6×1.0×6）（4N·m），如图 3-3-7 所示。

图 3-3-5 汽车内饰常用拆装工具

2）安装仪表板右侧 2 处固定螺栓（十字槽六角头螺钉 M6×1.0×16）（4N·m）和 1 处固定螺母（六角法兰面螺母 M6×1.0×6）（4.0N·m），如图 3-3-8 所示。

3）安装仪表板中部 5 处固定螺栓（十字槽六角头螺钉 M6×1.0×16）（4N·m）和 1 处固定螺钉（十字槽盘头自攻螺钉和平垫圈组合件 ST4.2×16，1.2N·m），如图 3-3-9 所示。

微课视频
仪表板与副仪表板
的装配一

4）安装仪表板左侧 2 处固定螺栓（十字槽六角头螺钉 M6×1.0×16）（4.0N·m）和 1 处固定螺母（六角法兰面螺母 M6×1.0×6）（4.0N·m），如图 3-3-10 所示。

三、安装左侧装饰条 Ⅱ 总成

安装左侧装饰条 Ⅱ 总成，如图 3-3-11 所示。

图 3-3-6 仪表板显示屏总成

图 3-3-7 安装仪表板显示屏

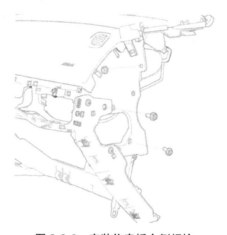

图 3-3-8 安装仪表板右侧螺栓

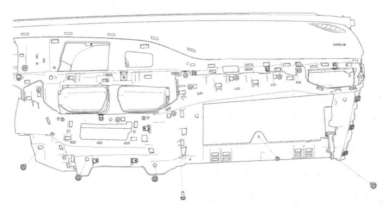

图 3-3-9 安装仪表板中部

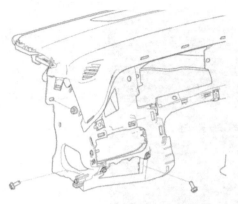 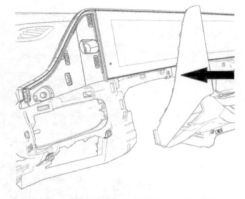

图 3-3-10　安装仪表板左侧　　　　　　图 3-3-11　安装左侧装饰条Ⅱ总成

四、安装左侧装饰条Ⅰ总成

1）安装左侧装饰条Ⅰ总成的 3 颗 V 形卡扣，如图 3-3-12a 所示。

2）安装左侧装饰条Ⅰ总成的 4 处固定螺钉（十字槽盘头自攻螺钉和平垫圈组合件 ST4.2×16，1.2N·m），如图 3-3-12b 所示。

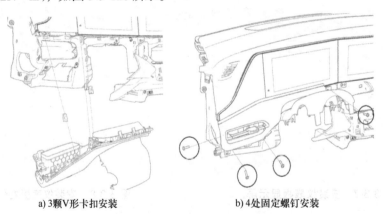

a）3 颗 V 形卡扣安装　　　　　　b）4 处固定螺钉安装

图 3-3-12　左侧装饰条Ⅰ总成安装

五、安装右侧装饰条Ⅱ总成

1）安装右侧装饰条Ⅱ总成的 5 颗 V 形卡扣，如图 3-3-13a 所示。

2）安装右侧装饰条Ⅱ总成的 3 处固定螺钉（十字槽盘头自攻螺钉和平垫圈组合件 ST4.2×16，1.2N·m），如图 3-3-13b 所示。

六、安装右侧装饰条Ⅰ总成

1）连接紧急报警开关插头，安装右侧装饰条Ⅰ总成的 12 颗 V 形卡扣，如图 3-3-14a 所示。

2）安装右侧装饰条Ⅰ总成的 4 处固定螺钉（十字槽盘头自攻螺钉和平垫圈组合件 ST4.2×16，1.2N·m），如图 3-3-14b 所示。

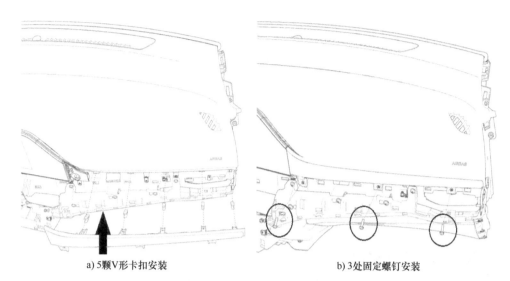

a) 5颗V形卡扣安装　　　　　　　　　b) 3处固定螺钉安装

图 3-3-13　安装右侧装饰条Ⅱ总成

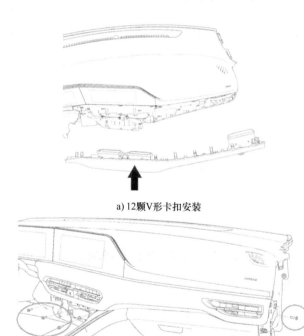

a) 12颗V形卡扣安装

b) 4处固定螺钉安装

图 3-3-14　右侧装饰条Ⅰ总成安装

七、安装转向锁壳

安装转向锁壳下壳，拧紧转向锁壳下壳固定螺钉（十字槽盘头自攻螺钉 ST4.8×16）（1.5N·m）3处，如图 3-3-15 所示。

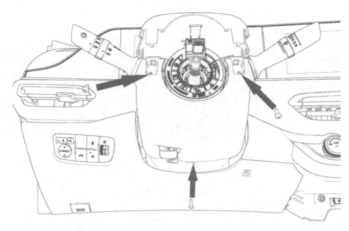

图 3-3-15 安装转向锁壳

八、安装驾驶人下护板总成

1）连接下护板线束插头，安装驾驶人下护板总成的 4 颗 V 形卡扣，如图 3-3-16a 所示。

2）安装驾驶人下护板 2 处固定螺钉（十字槽盘头自攻螺钉和平垫圈组合件 ST4.2×16，1.5N·m；十字槽六角头螺钉 M6×1.0×16，4N·m），如图 3-3-16b 所示。

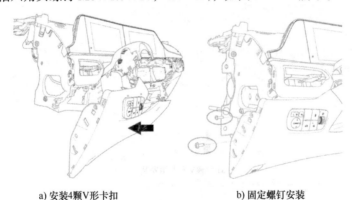

a) 安装 4 颗 V 形卡扣　　　　　　　b) 固定螺钉安装

图 3-3-16 驾驶人下护板总成安装

九、副仪表板扶手及侧板总成装配

1）掀开副仪表板储物盒垫，安装后部储物盒内和前端储物盒下共 4 处六角头螺栓平垫圈组合件，如图 3-3-17 所示。

2）安装副仪表板前端左、右侧各 1 处十字槽盘头自攻螺钉和大垫圈组合（左右一致），如图 3-3-18 所示。

3）安装副仪表板右侧板前端 2 处十字槽盘头自攻螺钉，如图 3-3-19 所示。

4）安装副仪表板左、右侧板总成（左右一致），如图 3-3-20 所示。

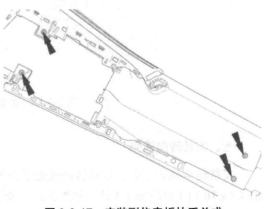

图 3-3-17 安装副仪表板扶手总成

项目 3
仪表总成装配工位

图 3-3-18 副仪表板前端安装

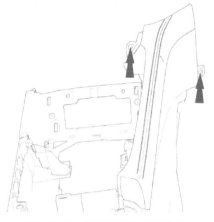

图 3-3-19 副仪表板右侧板安装

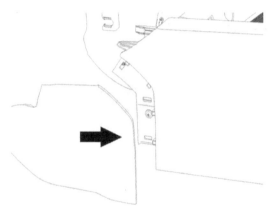

图 3-3-20 副仪表板左、右侧板总成安装

微课视频
仪表板与副仪表板
的装配三

十、副仪表板面板总成装配

1)前端储物盒总成安装,如图 3-3-21 所示。

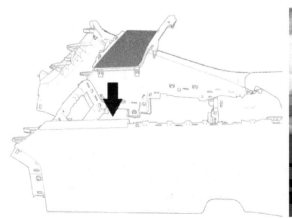

图 3-3-21 前端储物盒总成安装

2）连接面板下端线束插头，安装副仪表板点烟器面板总成，先安装右下角，再安装左下角，如图 3-3-22 所示。

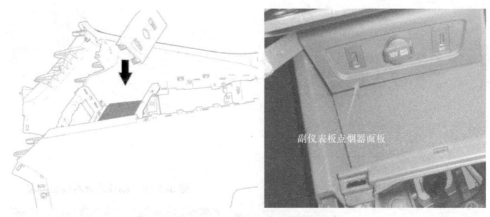

图 3-3-22　点烟器面板总成安装

3）安装换档面板，连接面板下端线束插头，如图 3-3-23 所示。

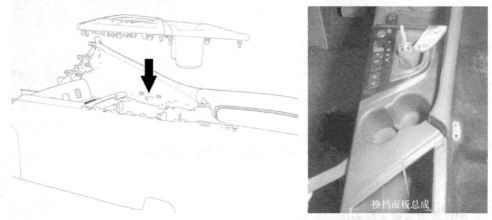

图 3-3-23　换档面板总成安装

4）安装副仪表板后部面板总成，如图 3-3-24 所示。

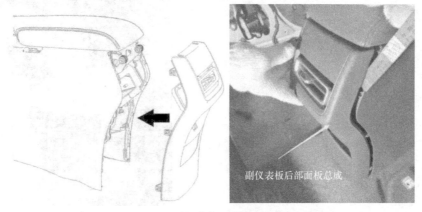

图 3-3-24　副仪表板后部面板总成安装

十一、杂物箱装配

旋转杂物箱限位块及阻尼,安装阻尼器,如图 3-3-25 所示。

十二、安装仪表板左右两侧装饰盖板

1)安装右侧盖板的 1 颗金属 V 形卡扣,如图 3-3-26 所示。

2)安装左侧盖板的 4 颗金属 V 形卡扣,如图 3-3-27 所示。

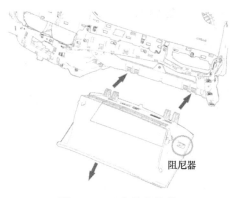

图 3-3-25 安装杂物箱

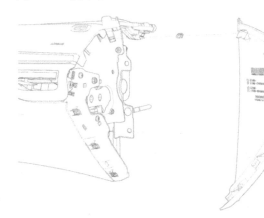

图 3-3-26 1 颗金属 V 形卡扣安装

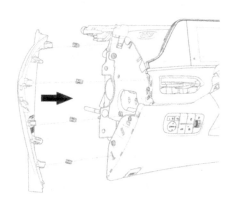

图 3-3-27 4 颗金属 V 形卡扣安装

☞ 任务计划

独立查阅信息	**教师活动**:教师提供长安逸动车辆的作业指导书。 **学生活动**:学生独立查阅教师提供的作业指导书,提炼整理关键信息。
小组制定工作计划并展示	**教师活动**:教师要求学生小组合作制定"仪表板与副仪表板装配"的工作计划,把每一个分系统的装调细节和注意事项写出来,包括为什么干、怎么干、安全、环保、工具、时间、质量检查标准等。 **学生活动**:学生分小组讨论,小组合作完成工作计划的制定。

☞ 任务决策

装调员工与小组长沟通工作计划	**教师活动**:教师选出一个学生代表(这个学生是以往决策出现问题较大的)和自己进行任务决策,教师暂时担任小组长(质检员)的角色。 **学生活动**:被选出的学生与教师进行决策对话,让其他学生观察,并进行口头评价、补充、改进。
提交任务决策	**学生活动**:每个学生制定自己的任务决策,在任务工单上表述出来。 **教师活动**:教师对每个学生的任务决策进行确认。

☞ 任务实施

示范操作	**教师活动**:教师亲自示范操作,或者播放相关微课视频。 **学生活动**:学生观察教师的示范操作,或者观察微课视频中的示范操作。
操作实施	**教师活动**:教师将学生分组,并要求学生分工明确,严格强调安全和事故预防要求等。实施过程中教师进行巡视指导。 **学生活动**:学生分为 2 组(2 个装配工位),分工操作。每组 4 人,每组每次安排 2 名学生操作,所有学生轮流,每个学生都要完成一次操作。当 2 名学生进行操作时,同组的另外 1 名学生担任小组长的角色,分别对其进行评价和监督。同组的第 4 名学生负责查阅作业指导书等相关资料。

☞ 任务检查

5S 与检查工作结果：

教师活动：教师提供任务检查单。要求学生分组，小组合作完成任务检查及 5S，在表单上进行标注。教师要求学生小组成员对工作过程和工作计划进行监督和评估，记录优缺点及改进建议，并口头表述。教师要重点引导学生对队友的支持性意见的表达，并训练学生接纳他人建议。

学生活动：学生分组，小组合作完成任务检查及 5S，并在任务检查单上标注。学生按照教师的规定对小组其他成员的工作过程友善地提出改进建议。

☞ 任务评价

总结知识点、技能点和素养点：

教师活动：教师归纳整理理论体系，以一页 PPT 展示知识点、技能点和素养点。

学生活动：学生认真反思、倾听，构建适合自己学习的知识体系。学生对照学习目标进行自我评价。

3.4 空调系统装配

☞ 教学准备

教学情境准备	**教师活动**：在老师的指导下对整个班级进行分组，并由各小组讨论，选举出组长。教师安排组长负责班组管理，如负责分配分解任务，负责班组团队建设、班内的协调工作等。 **学生活动**：组长根据查阅的作业指导书、互联网及相关资料的学习，通过班组讨论进行分解、分配任务，并由组长担任装配质量检查员。按照制定的任务分解单和标准操作工序在班组内进行装配训练，查找存在的问题与不足，提出改进的措施或意见并记录。
教学目标准备	**素养点：** ①能够小组合作，能够良好地自我表达，能够与他人进行有效的沟通和交流。 ②能够阅读相关的教学资料，通过查阅资料能够使用工具。 ③能够独立工作，并保持周围环境干净整洁。 **知识点：** 汽车空调系统的结构与工作原理。 **技能点：** 汽车空调系统的装配
资料设备清单	①长安逸动车辆一台。 ②汽车总装模拟生产线。 ③世达 128 件工具套装、工具车等。 ④长安逸动车辆空调系统装配作业指导书。

☞ 任务描述

角色扮演	**学生活动**：学生分组，四人一组。分布于汽车空调系统的装配工位之上，扮演装配工人、小组长（质检员），在模拟生产线上重现装配流程。 **教师活动**：教师观察学生的装配过程，观察同学的表现。
全员换位评价	学生在班组内进行轮岗（包括组长，即质量检查岗）训练。通过轮岗训练，要求学生能够熟练掌握本班组内的不同岗位上多个任务的操作能力以及本班组装配质量的检查能力。
全员分组练习	**教师活动**：教师通过观察找出表现优异的同学，作为借鉴和示范，要求各小组接受任务并练习。 **学生活动**：学生按照示范，遵循教师的提示与强调，分组在汽车模拟生产线上进行任务接受并练习，进行轮岗训练。
提交检查评估表	**教师活动**：教师要求学生对任务的完成情况进行评估并提出改进意见。 **学生活动**：学生在任务工单上进行自评和互评。

📖 任务分析

教师活动：教师提供任务工单、长安逸动车辆装配作业指导书，指导学生独立完成装配步骤的分析。
学生活动：根据教师提供的资料进行查阅，确定分工位的装配步骤和注意事项并明确分工与协作。
装配流程有7个：
1. 空调压缩机的安装。
2. 冷凝器的安装。
3. 膨胀阀的安装。
4. 空调管路的安装。
5. 暖通空调总成的装配。
6. 空调面板的安装。
7. 传感器安装。

📖 理论学习

3.4.1 汽车空调系统的结构和工作原理

一、概述

空调系统的设计使得不论车辆外部天气状况如何都可以给乘员提供舒适的乘坐环境，系统通过执行下列功能来控制进入乘员舱的空气：冷却、干燥、暖风、循环。

新鲜空气从空调进风罩开始，经空调滤清器、暖通空调总成、风管，然后到达各个出风口，进入车内空间。空调系统由下列主要部件组成：制冷系统、采暖系统、空气通风系统和空调控制系统。具体结构如图3-4-1所示。空调系统具有以下特性：调节温度、湿度、清洁度、前后风窗玻璃除霜。驾驶人可从空调控制面板选择下列任一功能：车内温度；暖通空调鼓风机转速；出风模式；内外循环。

微课视频
汽车空调系统的结构与工作原理

二、空调制冷系统

制冷系统用以降低车内的温度，并降低车内的湿度。气态制冷剂从压缩机入口处吸入，然后被压缩。制冷剂因而被加热到70～110℃之间。然后，压缩气体被泵入冷凝器中。冷凝器是由许多供空气穿流的散热片组成的，因而使压缩气体能被外界迎风和从冷凝器风扇吸入的空气充分冷却。被冷却以后的制冷剂储存在干燥器里，浓缩的液态制冷剂通过膨胀阀后，压力及温度迅速下降，同时有一部分制冷剂被蒸发。膨胀阀刚好在制冷管路中蒸发器前面部分，而制冷剂在蒸发器里被完全蒸发。因为蒸发器是冷的，所以通过此处的空气也会被冷却。空调制冷系统正常运行基本条件：

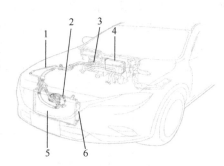

图3-4-1 汽车空调系统结构示意图
1—制冷管路 2—空调压缩机 3—膨胀阀
4—蒸发器 5—冷凝器 6—储液罐/干燥器

①室外温度大于0℃；②蒸发器温度大于结霜保护值；③空调系统压力正常；④空调鼓风机正常开启；⑤发动机控制单元正常运作；⑥控制线路无异常等。空调制冷系统的结构如图3-4-2所示。

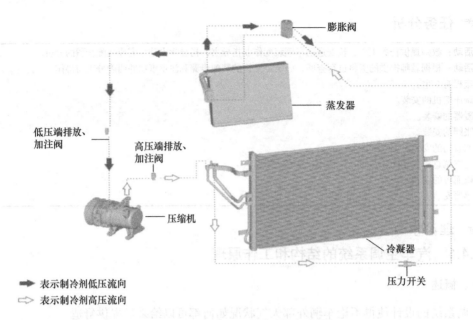

图 3-4-2 空调制冷系统结构示意图

三、空调采暖系统

空调采暖系统用以提高车内的温度；冬季或初春，内外温差大，汽车玻璃会结霜或起雾，可用暖风除霜或除雾。

根据热源的不同，空调暖风装置主要有：水暖式暖风装置、气暖式暖风装置、独立燃烧式暖风装置。

水暖式暖风系统一般由控制开关、鼓风机、暖风水箱、循环水控制开关及相应的管路组成，如图 3-4-3 所示。需要暖风时，接通控制开关，循环水控制开关也自动接通，这样发动机的冷却液开始在暖风水箱及管路中循环。通过冷却液泵运转，发动机冷却液流入暖风芯体，当加热的发动机冷却液在暖风芯体内循环时，暖风芯体会变热，流过变暖暖风芯体的气流被加热变成暖风通过出风口吹向车内，其工作原理示意图如图 3-4-4 所示。这种暖风装置结构简单、耗能少、成本低、操作维修方便，所以各种汽车一般都采用这种暖风装置。

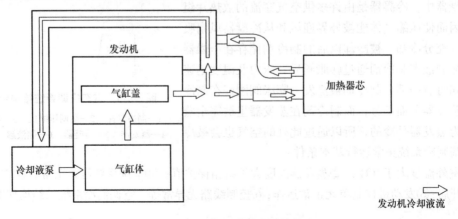

图 3-4-3 水暖式暖风系统的组成

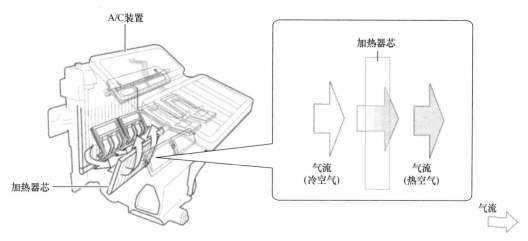

图 3-4-4 水暖式暖风系统的工作原理

四、空调通风系统

汽车空调通风系统的作用为：汽车运行中从车外引入一定量的新鲜空气，并将车内的污浊空气排出车外，同时还可以防止风窗玻璃结霜，其车内风循环如图 3-4-5 所示。一般来说，通风方式分为三种：

1）动压通风，也称自然通风，它是利用汽车行驶时对车身外部所产生的风压为动力，在适当的地方开设进风口和排风口，以实现车内的通风换气。

2）强制通风是利用鼓风机强制将车外空气送入车内进行通风换气。在备有冷暖气设备的汽车上大多采用通风、取暖和制冷的联合装置。这些汽车上一般设有停止、自然通风（指车内外空气通过风窗口自然流通）、吸气、排气和循环五种功能。

3）综合通风是指一辆汽车上同时采用动压通风和强制通风，根据需要可分别使用和同时使用。

汽车空调配气系统一般由三部分构成：

第一部分为空气进入段，主要由用来控制新鲜空气和室内循环空气的风门叶片和伺服器组成。

第二部分为空气混合段，主要由加热器和蒸发器组成，用来提供所需温度的空气。

第三部分为空气分配段，使空气吹向面部、脚部和风窗玻璃上，其出风口如图 3-4-6 所示。

图 3-4-5 车内风循环

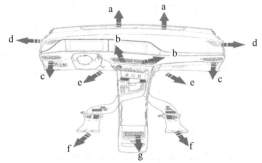

图 3-4-6 车内出风口

a—风窗玻璃除霜出风口　b—中央出风口　c—侧出风口
d—侧除霜出风口　e—前排足部出风口
f—后排足部出风口　g—后排中央出风口

五、空调系统部件的结构及工作原理

汽车空调系统的整体结构图如图 3-4-7 所示。

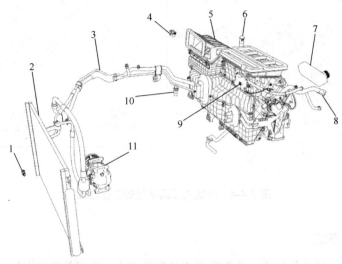

图 3-4-7　汽车空调系统的整体结构示意图

1—车外温度传感器　2—冷凝器总成　3—空调管路总成　4—空气质量传感器　5—暖通空调总成
6—日照强度传感器　7—空调控制器总成　8—车内温度传感器　9—PM2.5 传感器
10—空调压力开关　11—空调压缩机

1. 车外温度传感器

车外温度传感器用于检测车外环境温度，两个端子之间的电阻值随环境温度的升高而降低，随环境温度的降低而升高。常温状态（环境温度 10~25℃）电阻值范围：10Ω~5kΩ。其外形如图 3-4-8 所示。

2. 冷凝器总成

从空调压缩机出来的高压高温制冷剂蒸汽流入冷凝器，冷凝器由允许高压高温制冷剂蒸汽进行快速热传递的铝管和冷却翅片制成，冷却翅片通过散热把高压高温制冷剂蒸汽凝结成高压中温液体。储液干燥器位于冷凝器的左侧，储液干燥器内部结构设计可以保证高压高温的气液混合制冷剂进入，而从储液干燥器出来的只能是高压中温的液态制冷剂。储液干燥器内部有吸附制冷系统水分的干燥剂，干燥剂不能重复使用。冷凝器如图 3-4-9 所示。

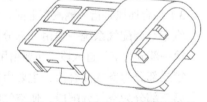

图 3-4-8　车外温度传感器示意图

3. 空调管路总成

空调管路主要是将空调系统的各个零部件连接起来，组成一套完整的汽车空调制冷系统。一般由铝管、橡胶管、管路插头、密封圈、固定管夹、加注阀等组成，要求空调管路既有很好的减振效果，又能承受较高的压力，确保空调系统密

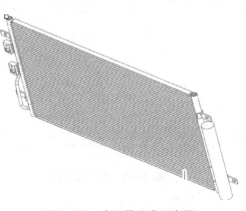

图 3-4-9　冷凝器总成示意图

封的可靠性，保证制冷剂不会泄漏。如图 3-4-10 所示。

4. 空气质量传感器

空气质量传感器安装在空调进气口附近，可以检测进入车内的空气质量，当自动内外循环功能开启时，若检测到进入车内的空气质量变差，则会把空调由外循环改为内循环，从而避免车内空气被污染。空气质量传感器如图 3-4-11 所示。

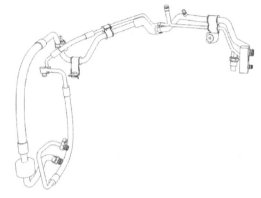

图 3-4-10　空调管路示意图

图 3-4-11　空气质量传感器示意图

5. 暖通空调总成

暖通空调总成位于仪表板内，由暖通空调鼓风机、暖通空调鼓风机电动机调速模块、粉尘过滤器、暖风芯体、蒸发器、膨胀阀、混合风门控制电动机以及各种空气偏转风门、通风风道构成，其结构如图 3-4-12 所示。

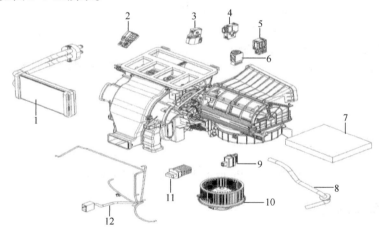

图 3-4-12　暖通空调总成示意图

1—暖风芯体总成　2—左冷暖风门执行器总成　3—冷暖风门执行器总成　4—模式风门执行器总成
5—内外循环执行器总成　6—膨胀阀总成　7—空调滤清器总成　8—空调排水管总成　9—等离子发生器总成
10—鼓风机总成　11—调速模块总成　12—暖风空调线束总成

6. 日照强度传感器

日照强度传感器是直接连接到自动空调控制器的，其输出电压根据日照强度变化而变化，当日照强度增加时，输出电压下降；当日照强度减少时，输出电压上升。其外形如图 3-4-13 所示。

7. 车内温度传感器

用于检测车内温度，一端连接到暖通空调总成，另一端连接到仪表台内饰板，当空调鼓风机运作时，利用暖通空调通过仪表台内饰板格栅吸风，以检测车内的气流温度，两个端子之间的电阻值随环境温度的升高而降低，随环境温度的降低而升高。常温状态下（环境温度10～25℃）电阻值范围：2.1～4.2kΩ。车内温度传感器如图3-4-14所示。

图3-4-13 日照强度传感器示意图　　图3-4-14 车内温度传感器示意图

8. 空调压力开关

空调压力开关属于三态压力开关，传送空调压力信号，其结构如图3-4-15所示。

9. 空调压缩机

空调压缩机是由发动机曲轴通过传动带带动压缩机离合器带轮进行驱动的，当电磁离合器线圈不通电时，压缩机带轮自由旋转，不驱动压缩机轴，当离合器线圈加上电压通电后，离合器片和毂被推向带轮，磁力将离合器片和带轮锁为一体以驱动压缩机轴。在下列情况下，压缩机被关闭：

图3-4-15 空调压力开关示意图

1）节气门全开。

2）低怠速。

3）环境温度低。

4）冷却液温度过高。

5）制冷剂压力高于（3.2±0.2）MPa或低于（0.2±0.02）MPa。

3.4.2 空调系统的装配

一、空调压缩机安装

1）将空调压缩机安装至车辆底部，紧固压缩机固定螺栓4，紧固力矩（23±2）N·m，如图3-4-16所示。

2）连接压缩机高、低压管。拧紧高压管连接螺栓1以及低压管连接螺栓2（图3-4-17），紧固力矩（10±1）N·m。在安装过程中，如果O形密封圈破裂需更换新件。

3）连接压缩机线束插头。

微课视频
空调系统的装配

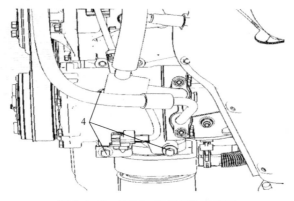

图 3-4-16 空调压缩机安装示意图

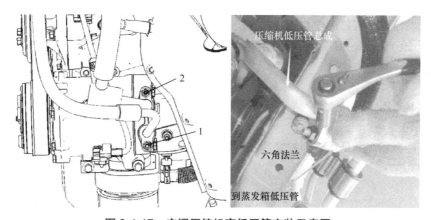

图 3-4-17 空调压缩机高低压管安装示意图

二、冷凝器安装

1）安装冷凝器的固定螺栓（2 处），如图 3-4-18 所示。

2）安装冷凝器在散热器上的固定螺栓（4 处），紧固力矩（6±1）N·m，如图 3-4-19 所示。

3）紧固冷凝器空调连接管路固定螺母，紧固力矩（10±1）N·m，如图 3-4-20 所示。

图 3-4-18 安装冷凝器

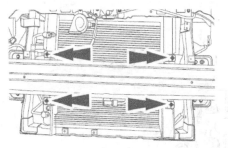

图 3-4-19　安装冷凝器与散热器的固定螺栓

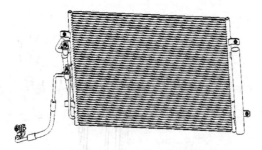

图 3-4-20　冷凝器空调连接管路固定螺母

三、膨胀阀安装

1）安装膨胀阀与蒸发器连接管的固定螺栓，紧固力矩（8±1）N·m，如图3-4-21箭头所示，安装膨胀阀1。

2）将蒸发器连接管总成1与膨胀阀连接，安装固定螺栓，紧固力矩（10±1）N·m，如图3-4-22箭头所示。

四、空调管路安装

1）连接压缩机高、低压管路，拧紧固定螺栓，如图3-4-17所示。

2）连接冷凝器高、低压管，拧紧冷凝器高、低压管固定螺母。

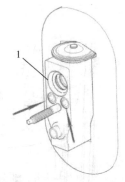

图 3-4-21　安装膨胀阀

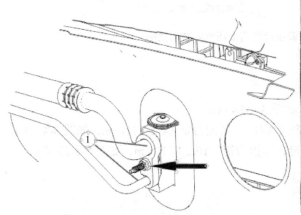

图 3-4-22　蒸发器连接管总成与膨胀阀连接

3）将高、低压管与膨胀阀连接，拧紧高、低压管与膨胀阀的连接螺母，紧固力矩（10±1）N·m，如图3-4-23右箭头处所示。

4）安装发动机右悬置处高、低压管固定螺栓，紧固力矩（10±1）N·m，如图3-4-24箭头所示。

5）安装右前支柱处高、低压管固定螺栓，紧固力矩（10±1）N·m，如图3-4-23左箭头处所示。

6）使用合适的工具安装空调压力传感器，如图 3-4-23 圈处所示，连接空调压力开关线束插头。

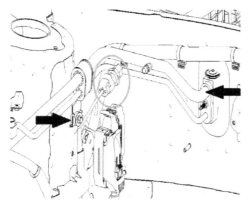 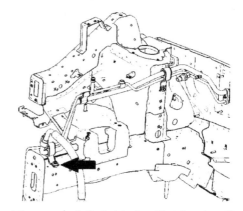

图 3-4-23　空调压力传感器安装示意图　　　图 3-4-24　安装发动机右悬置处高、低压管

五、暖通空调总成装配

1）连接空调排水管，安装暖通空调总成上部左右侧固定螺母，如图 3-4-25 箭头所示。

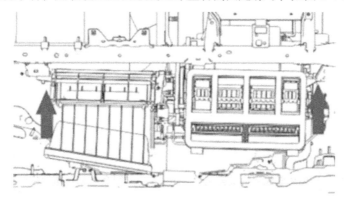

图 3-4-25　安装暖通空调总成上部左右侧固定螺母

2）拧紧暖通空调总成中部 2 处固定螺母，如图 3-4-26 箭头所示。

3）拧紧暖通空调总成鼓风机下部 2 处固定螺栓，如图 3-4-27 箭头所示。

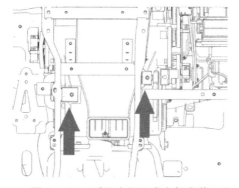 

图 3-4-26　暖通空调总成中部安装　　　　　图 3-4-27　鼓风机安装

4）连接前壁板总成前方暖风水管，如图3-4-28箭头所示。

5）将高、低压管与膨胀阀连接，拧紧高、低压管与膨胀阀的连接螺母，如图3-4-29箭头所示。

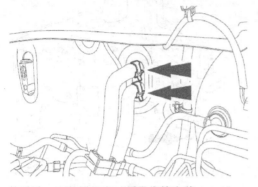

图3-4-28　暖风水管安装

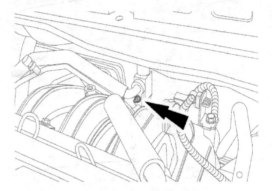

图3-4-29　高、低压管与膨胀阀安装

6）连接暖风空调（暖通空调）总成线束插头，如图3-4-30箭头所示。

7）安装鼓风机调速模块，安装调速模块的固定螺栓（2处），如图3-4-31所示。

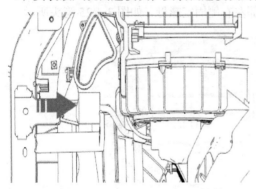

图3-4-30　暖风空调总成线束插头安装

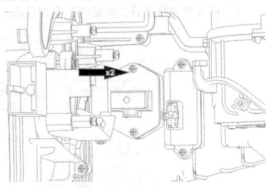

图3-4-31　暖风空调调速模块安装

六、空调面板安装

连接空调控制模块线束插头，安装空调控制面板总成，如图3-4-32箭头所示。

图3-4-32　空调控制面板安装

七、蒸发器温度传感器安装

如图 3-4-33 所示，连接蒸发器温度传感器接插件 A，拧紧右前吹脚风管的固定螺钉，安装右前吹脚风管总成 1。

八、车外温度传感器安装

连接车外温度传感器接插件，安装车外温度传感器 1，如图 3-4-34 所示。

九、车内温度传感器安装

安装车内温度传感器 1，并沿箭头 A 反方向旋转支架固定卡扣，如图 3-4-35 所示。

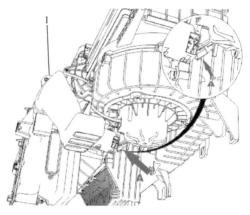

图 3-4-33　蒸发器温度传感器安装

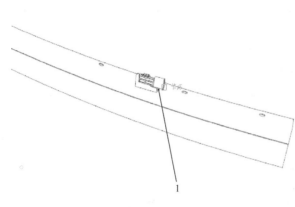

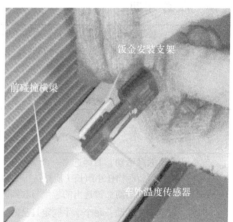

图 3-4-34　车外温度传感器安装

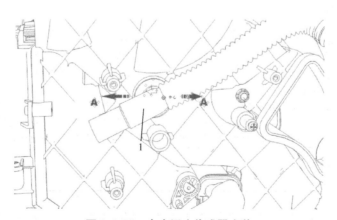

图 3-4-35　车内温度传感器安装

十、阳光传感器安装

安装阳光传感器及其壳体，并连接其插接器，如图 3-4-36 所示。

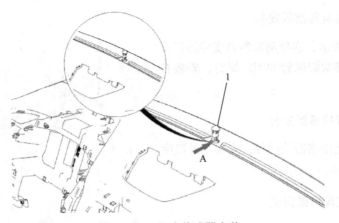

图 3-4-36　阳光传感器安装

☞ 任务计划

独立查阅信息	**教师活动**：教师提供长安逸动车辆的作业指导书。 **学生活动**：学生独立查阅教师提供的作业指导书，提炼整理关键信息。
小组制定工作计划并展示	**教师活动**：教师要求学生小组合作制定"空调系统装配"的工作计划，把每一个分系统的装调细节和注意事项写出来，包括为什么干、怎么干、安全、环保、工具、时间、质量检查标准等。 **学生活动**：学生分小组讨论，小组合作完成工作计划的制定。

☞ 任务决策

装调员工与小组长沟通工作计划	**教师活动**：教师选出一个学生代表（这个学生是以往决策出现问题较大的）和自己进行任务决策，教师暂时担任小组长（质检员）的角色。 **学生活动**：被选出的学生与教师进行决策对话，让其他学生观察，并进行口头评价、补充、改进。
提交任务决策	**学生活动**：每个学生制定自己的任务决策，在任务工单上表述出来。 **教师活动**：教师对每个学生的任务决策进行确认。

☞ 任务实施

示范操作	**教师活动**：教师亲自示范操作，或者播放相关微课视频。 **学生活动**：学生观察教师的示范操作，或者观察微课视频中的示范操作。
操作实施	**教师活动**：教师将学生分组，并要求学生分工明确，严格强调安全和事故预防要求等。实施过程中教师进行巡视指导。 **学生活动**：学生分为 7 组（7 个装配工位），分工操作。每组 4 人，每组每次安排 2 名学生操作，所有学生轮流，每个学生都要完成一次操作。当 2 名学生进行操作时，同组的另外 1 名学生担任小组长的角色，分别对其进行评价和监督。同组的第 4 名学生负责查阅作业指导书等相关资料。

☞ 任务检查

5S 与检查工作结果：

教师活动：教师提供任务检查单。要求学生分组，小组合作完成任务检查及 5S，在表单上进行标注。教师要求学生小组成员对工作过程和工作计划进行监督和评估，记录优缺点及改进建议，并口头表述。教师要重点引导学生对队友的支持性意见的表达，并训练学生接纳他人建议。

学生活动：学生分组，小组合作完成任务检查及 5S，并在任务检查单上标注。学生按照教师的规定对小组其他成员的工作过程友善地提出改进建议。

项目 3 仪表总成装配工位

☞ 任务评价

总结知识点、技能点和素养点：
教师活动： 教师归纳整理理论体系，以一页 PPT 展示知识点、技能点和素养点。
学生活动： 学生认真反思、倾听，构建适合自己学习的知识体系。学生对照学习目标进行自我评价。

 课程育人

课程育人之三

仪表板分装是汽车装配的第二道工序，也是决定汽车内饰装配质量的关键一环。仪表板的插接器和卡接件较多，安装时容易损坏，安装不到位极易影响美观，甚至影响行车安全。装配时需要有精益求精的工匠精神，细致、耐心地完成操作。

工匠以工艺专长造物，在专业的不断精进与突破中演绎着"能人所不能"的精湛技艺，凭借的是精益求精的追求。中铁二局二公司隧道爆破高级技师彭祥华，能在岩层间做到精准爆破，误差控制远小于规定的最小值；金川集团铜业有限公司贵金属冶炼分厂提纯班班长潘从明，数十年如一日专注于铂族贵金属高效提炼技术，通过特定试剂溶解含稀有贵金属的矿渣，能从其溶液的颜色中迅速判断铜、铁等杂质含量……

小到一枚螺丝钉、一根电缆的打磨，大到飞机、高铁等大国重器的锻造，都展现出工匠们笃实专注、严谨执着的匠心。正是一代代工匠们对工匠精神的继承与发扬，我国才能从一个基础薄弱、工业水平落后的国家，成长为世界制造大国。

项目 4
底盘装配工位

任务描述

了解汽车燃油系统的组成与功能,掌握汽车燃油系统及附件的装配方法。了解汽车排气系统的功能与组成,掌握汽车排气管消声器的装配方法。了解驻车制动系统的结构和工作原理,掌握驻车制动系统的装配方法。了解悬架与车桥的定义和结构,掌握汽车后悬架分系统的装配过程。

学习目标

1. 了解汽车燃油系统的功能和组成。
2. 掌握汽车燃油系统及其附件的装配方法。
3. 了解排气系统的功能和组成。
4. 掌握排气管消声器的装配方法。
5. 了解轮速传感器的结构和工作原理。
6. 了解电子驻车制动系统的结构和工作原理。
7. 掌握电子驻车制动系统的装配过程。
8. 了解悬架与车桥的结构和工作原理。
9. 掌握汽车后悬架分系统的装配过程。

项目 4
底盘装配工位

知识与技能点清单

序号	学习目标	知识点	技能点
1	了解汽车燃油系统的功能和组成	汽车燃油系统的作用与功能	了解汽车燃油系统的作用与功能
2	掌握汽车燃油系统及其附件的装配方法	1. 高压油泵的装配 2. 燃油总管总成的装配 3. 燃油箱总成的装配 4. 燃油泵及支架总成安装 5. 燃油管路及连接件装配 6. 燃油箱加油口盖总成装配	掌握汽车燃油系统及其附件的装配方法
3	了解排气管消声器的结构和工作原理	1. 涡轮增压器的结构和工作原理 2. 三元催化器的结构和工作原理 3. 消声器的结构和工作原理	了解排气管消声器的结构和工作原理
4	掌握排气管消声器的装配方法	1. 排气管及其附件的装配 2. 消声器及其附件的装配	掌握汽车燃油系统及附件装配方法
5	了解轮速传感器的结构和工作原理	1. 轮速传感器的作用 2. 轮速传感器的工作原理	了解轮速传感器的结构和工作原理
6	了解电子驻车制动系统的结构和工作原理	1. 电子驻车制动系统的结构 2. 电子驻车制动系统的工作原理	了解电子驻车制动系统的结构和工作原理
7	掌握电子驻车制动系统的装配过程	1. 电子驻车执行机构总成的装配 2. 后轮速传感器总成的装配 3. 驻车制动拉锁的装配 4. 驻车制动操纵杆的装配	掌握电子驻车制动系统各部件的装配过程
8	了解后悬架与车桥的结构和工作原理	1. 汽车车桥的结构 2. 汽车车桥的工作原理 3. 汽车悬架的定义和构成 4. 汽车悬架的种类和结构	了解前悬架和车桥的结构和工作原理
9	掌握汽车后悬架分系统的装配过程	1. 后轴总成的安装 2. 后减振器总成的装配	掌握汽车后悬架分系统的装配过程

4.1 燃油供给分系统装配

☞ 教学准备

教学情境准备	**教师活动**：在老师的指导下对整个班级进行分组，并由各小组讨论，选举出组长。教师安排组长负责班组管理，如负责分配分解任务，负责班组团队建设、班内的协调工作等。 **学生活动**：组长根据查阅的作业指导书、互联网及相关资料的学习，通过班组讨论进行分解、分配任务，并由组长担任装配质量检查员。按照制定的任务分解单和标准操作工序在班组内进行装配训练，查找存在的问题与不足，提出改进的措施或意见并记录。
教学目标准备	**素养点**： ① 能够小组合作，能够良好地自我表达，能够与他人进行有效的沟通和交流。 ② 能够阅读相关的教学资料，通过查阅资料能够使用工具。 ③ 能够独立工作，并保持周围环境干净整洁。 **知识点**： 汽车燃油系统的功能和组成。 **技能点**： 汽车燃油系统及其附件的装配方法。
资料设备清单	① 长安逸动车辆一台。 ② 汽车总装模拟生产线。 ③ 世达128件工具套装、工具车等。 ④ 长安逸动车辆燃油供给系统装配作业指导书。

☞ 任务描述

角色扮演	**学生活动**：学生分组，四人一组。分布于汽车燃油供给系统的装配工位之上，扮演装配工人、小组长（质检员），在模拟生产线上重现装配流程。 **教师活动**：教师观察学生的装配过程，观察同学的表现。
全员换位评价	学生在班组内进行轮岗（包括组长，即质量检查岗）训练。通过轮岗训练，要求学生能够熟练掌握本班组内的不同岗位上多个任务的操作能力以及本班组装配质量的检查能力。
全员分组练习	**教师活动**：教师通过观察找出表现优异的同学，作为借鉴和示范，要求各小组接受任务并练习。 **学生活动**：学生按照示范，遵循教师的提示与强调，分组在汽车模拟生产线上进行任务接受并练习，进行轮岗训练。
提交检查评估表	**教师活动**：教师要求学生根据自己对任务的完成情况进行评估并提出改进意见。 **学生活动**：学生在任务工单上进行自评和互评。

☞ 任务分析

教师活动：教师提供任务工单、长安逸动车辆装配作业指导书，指导学生独立完成装配步骤的分析。
学生活动：根据教师提供的资料进行查阅，确定分工位的装配步骤和注意事项并明确分工与协作。
装配流程有7个：
1. 高压油泵的装配。
2. 燃油总管总成的装配。
3. 燃油箱总成的装配。
4. 燃油泵及支架总成安装。
5. 加油管总成装配。
6. 燃油供给管路及连接件装配。
7. 燃油箱加油口盖总成装配。

☞ 理论学习

4.1.1 燃油系统的功能和组成

燃油系统包含燃油箱加油口盖总成、加油管总成、燃油箱总成、燃油泵及支架总成、燃油供给管路及连接件等，用以储存、输送及清洁燃油，其总体结构如图 4-1-1 所示。燃油供给管路包含供油连接管总成、燃油箱加油软管总成，用以连接油泵及发动机油轨，以实现燃油输送。连接件包含管卡及固定支架，以实现燃油供油管路固定于车体上。燃油管路与燃油蒸汽管路并排布置，共用连接件。

微课视频
燃油供给分系统装配

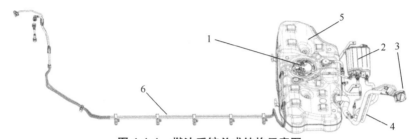

图 4-1-1 燃油系统总成结构示意图
1—燃油泵及支架总成 2—汽油滤清器总成 3—燃油箱加油口盖总成
4—加油管总成 5—燃油箱总成 6—燃油供给管路

4.1.2 燃油系统附件的装配

一、高压油泵的装配

高压油泵通过发动机线束与发动 ECU 控制电路和系统电源相连接，根据 ECU 信号控制电磁阀的开闭，提供所需压力的燃油。其安装的示意图如图 4-1-2 所示。安装步骤如下：

1）安装前确认安装座孔、高压油泵挺柱内表面和高压油泵清洁无异物，高压油泵密封圈完好，安装密封区域无尖角和毛刺。

2）旋转曲轴，使高压油泵凸轮基圆面朝向高压油泵安装孔，并用机油润滑高压油泵挺柱，将挺柱装入高压油泵安装座内，高压油泵挺柱定位凸台应与高压油泵底座总成定位凹槽相配合。

3）在高压油泵 O 形密封圈上涂敷润滑油，将高压油泵装入高压油泵安装座内，然后将螺栓放入高压油泵螺栓安装孔，按规定的力矩紧固。

4）连接插接器，低压油管及高压油泵出油管。

二、燃油总管总成的装配

燃油总管将高压油泵输送的燃油分配至各喷油器，通过多孔喷射提高燃油的雾化效果，雾化混合气与空气混合并实现最佳的油气混合物以进行燃烧。此时，通过降低燃烧室内的温度并降低空气密度来改善燃烧效率，喷油器根据 ECU 信号再适时适量地将燃油直接喷射到气缸中。其安装步骤如下：

1）安装前，确认进油口、喷油器及其安装孔清洁，不允许在喷油器端部、特氟龙密封圈和安装孔涂抹油脂或润滑剂。

2）将燃油总管总成沿喷油器安装孔轴线放入缸盖，安装螺栓；装配时，用手预紧使螺栓法兰与油轨支架块贴合，按照从两边到中间的顺序分步旋拧螺栓，重复直至油轨安装面与缸盖支撑面完全贴合，并按规定的力矩从两边到中间交叉拧紧螺栓，如图4-1-3所示。

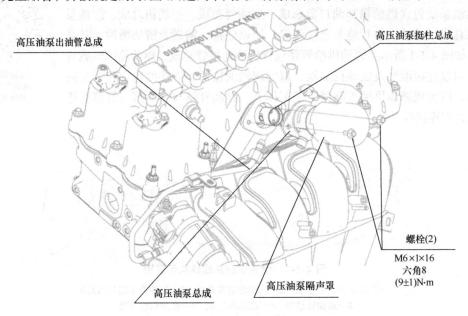

图4-1-2 高压油泵的装配

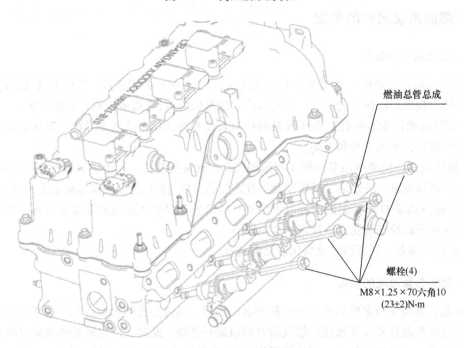

图4-1-3 燃油总管总成的装配

三、燃油箱总成装配

燃油箱上配有橡胶减振垫、翻车阀、加油单向阀及隔热罩。通过2根固定带安装在车身后部,其安装步骤为:使用平板千斤顶支撑燃油箱,紧固燃油箱安装螺栓与螺母,如图4-1-4所示。连接燃油泵线束插头。

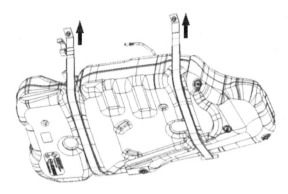

图 4-1-4　安装燃油箱总成

四、燃油泵及支架总成安装

燃油泵将汽油从油箱中泵出,通过汽油滤清器及管路输送至油轨,油泵安装在油箱中,通过锁紧螺母固定,通过耐油橡胶密封圈密封。装配的步骤如下:

1)将油箱上面的后座椅掀开,拆卸后地板上的油泵检修盖板,如图4-1-5所示。

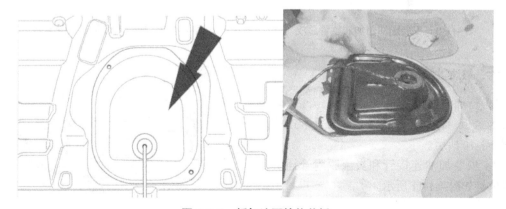

图 4-1-5　拆卸油泵检修盖板

2)将燃油泵及支架放入油泵检修口,紧固燃油箱输油泵法兰,紧固力矩134~406N·m,如图4-1-6所示。

3)回装油泵检修盖板。

五、加油管总成装配

加油管总成通过螺栓安装于车身左侧。通过橡胶软管与油箱连接,以实现燃油加注,其装配流程如下:

1)安装后轮罩衬板,如图4-1-7所示。

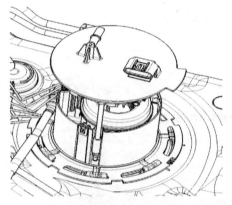
图4-1-6 安装燃油泵及支架

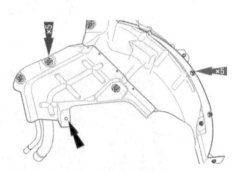
图4-1-7 后轮罩衬板安装

2)将再循环管与通大气连接管连接,安装燃油箱加油软管总成,安装力矩5N·m,如图4-1-8所示。

3)安装燃油箱加油软管总成及燃油箱通气连接管,加油软管安装力矩5N·m,如图4-1-9所示。

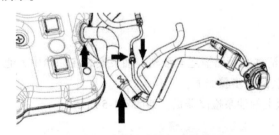
图4-1-8 安装燃油箱加油软管总成

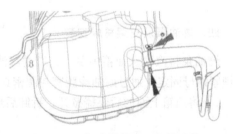
图4-1-9 加油软管及通气管连接

六、燃油供给管路及连接件装配

1)待加油连接管连接完成后,开启车体上管卡盖板,将加油连接管总成与管卡连接,如图4-1-10所示。

2)安装加油连接管和炭罐脱附管插头,连接位置如图4-1-11所示。

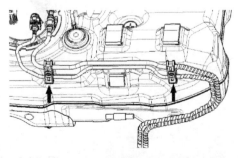
图4-1-10 加油连接管总成与管卡连接

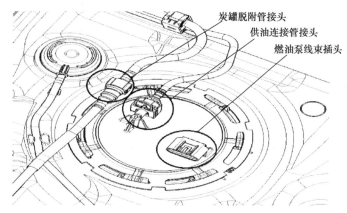

图 4-1-11 加油连接管和炭罐脱附管插头连接

七、燃油箱加油口盖总成装配

燃油箱加油口盖与加油管配合,保证系统密封性,吊绳安装在油箱门转臂上,防止加油时口盖丢失,同时带有一个双向阀,维持系统压力。其安装步骤如下:

1)安装加油口处的螺栓(3颗),紧固力矩 5N·m,将口盖吊绳安装于油箱门转臂上,如图 4-1-12 所示。

2)拧紧燃油箱加油口盖,如图 4-1-13 所示。

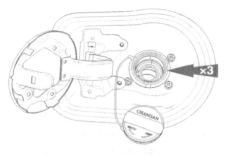

图 4-1-12 口盖吊绳安装于油箱门转臂

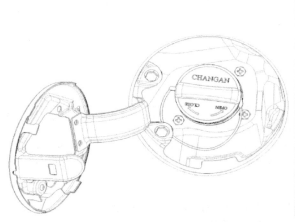
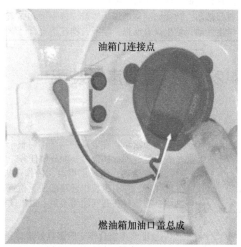

图 4-1-13 拧紧燃油箱加油口盖

☞ 任务计划

独立查阅信息	**教师活动**:教师提供长安逸动车辆的作业指导书。 **学生活动**:学生独立查阅教师提供的作业指导书,提炼整理关键信息。
小组制定工作计划并展示	**教师活动**:教师要求学生小组合作制定"燃油供给分系统装配"的工作计划,把每一个分系统的装调细节和注意事项写出来,包括为什么干、怎么干、安全、环保、工具、时间、质量检查标准等。 **学生活动**:学生分小组讨论,小组合作完成工作计划的制定。

👉 任务决策

装调员工与小组长沟通工作计划	**教师活动**：教师选出一个学生代表（这个学生是以往决策出现问题较大的）和自己进行任务决策，教师暂时担任小组长（质检员）的角色。 **学生活动**：被选出的学生与教师进行决策对话，让其他学生观察，并进行口头评价、补充、改进。
提交任务决策	**学生活动**：每个学生制定自己的任务决策，在任务工单上表述出来。 **教师活动**：教师对每个学生的任务决策进行确认。

👉 任务实施

示范操作	**教师活动**：教师亲自示范操作，或者播放相关微课视频。 **学生活动**：学生观察教师的示范操作，或者观察微课视频中的示范操作。
操作实施	**教师活动**：教师将学生分组，并要求学生分工明确，严格强调安全和事故预防要求等。实施过程中教师进行巡视指导。 **学生活动**：学生分为7组（7个装配工位），分工操作。每组4人，每组每次安排2名学生操作，所有学生轮流，每个学生都要完成一次操作。当2名学生进行操作时，同组的另外1名学生担任小组长的角色，分别对其进行评价和监督。同组的第4名学生负责查阅作业指导书等相关资料。

👉 任务检查

5S与检查工作结果：
教师活动：教师提供任务检查单。要求学生分组，小组合作完成任务检查及5S，在表单上进行标注。教师要求学生小组成员对工作过程和工作计划进行监督和评估，记录优缺点及改进建议，并口头表述。教师要重点引导学生对队友的支持性意见的表达，并训练学生接纳他人建议。
学生活动：学生分组，小组合作完成任务检查及5S，并在任务检查单上标注。学生按照教师的规定对小组其他成员的工作过程友善地提出改进建议。

👉 任务评价

总结知识点、技能点和素养点：
教师活动：教师归纳整理理论体系，以一页PPT展示知识点、技能点和素养点。
学生活动：学生认真反思、倾听，构建适合自己学习的知识体系。学生对照学习目标进行自我评价。

4.2 排气管消声器装配

👉 教学准备

教学情境准备	**教师活动**：在老师的指导下对整个班级进行分组，并由各小组讨论，选举出组长。教师安排组长负责班组管理，如负责分配分解任务，负责班组团队建设、班内的协调工作等。 **学生活动**：组长根据查阅的作业指导书、互联网及相关资料的学习，通过班组讨论进行分解、分配任务，并由组长担任装配质量检查员。按照制定的任务分解单和标准操作工序在班组内进行装配训练，查找存在的问题与不足，提出改进的措施或意见并记录。
教学目标准备	**素养点：** ① 能够小组合作，能够良好地自我表达，能够与他人进行有效的沟通和交流。 ② 能够阅读相关的教学资料，通过查阅资料能够使用工具。 ③ 能够独立工作，并保持周围环境干净整洁。 **知识点：** 汽车燃油系统的作用与功能。 **技能点：** 汽车燃油系统及其附件的装配方法。
资料设备清单	① 长安逸动车辆一台。 ② 汽车总装模拟生产线。 ③ 世达128件工具套装、工具车等。 ④ 长安逸动车辆排气系统装配作业指导书。

🖝 任务描述

角色扮演	**学生活动**：学生分组，四人一组。分布于排气管消声器的装配工位之上，扮演装配工人、小组长（质检员），在模拟生产线上重现装配流程。 **教师活动**：教师观察学生的装配过程，观察同学的表现。
全员换位评价	学生在班组内进行轮岗（包括组长，即质量检查岗）训练。通过轮岗训练，要求学生能够熟练掌握本班组内的不同岗位上多个任务的操作能力以及本班组装配质量的检查能力。
全员分组练习	**教师活动**：教师通过观察找出表现优异的同学，作为借鉴和示范，要求各小组接受任务并练习。 **学生活动**：学生按照示范，遵循教师的提示与强调，分组在汽车模拟生产线上进行任务接受并练习，进行轮岗训练。
提交检查评估表	**教师活动**：教师要求学生根据自己对任务的完成情况进行评估并提出改进意见。 **学生活动**：学生在任务工单上进行自评和互评。

🖝 任务分析

教师活动：教师提供任务工单、长安逸动车辆装配作业指导书，指导学生独立完成装配步骤的分析。
学生活动：根据教师提供的资料进行查阅，确定分工位的装配步骤和注意事项并明确分工与协作。
装配流程有 4 个：
1. 涡轮增压器的结构和工作原理。
2. 三元催化器的结构和工作原理。
3. 消声器的结构和工作原理。
4. 排气管消声器的装配。

🖝 理论学习

4.2.1 汽车排气系统功能和组成

排气系统的功能是以尽可能小的排气阻力和噪声，将气缸内的废气排到大气中。排气系统主要是由排气歧管、排气净化装置（三元催化）、排气管和消声器四个部分组成，如图 4-2-1 所示。按安装位置，可以分为前段、中段和尾段。

微课视频
汽车排气系统的功能和组成

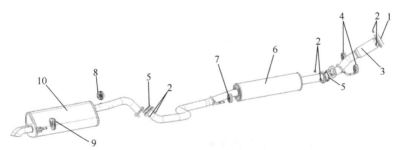

图 4-2-1 汽车排气系统的结构
1、5—密封垫　2—螺母　3—消声器进管总成　4、7、8、9—吊耳　6—前消声器总成　10—后消声器总成

一、涡轮增压器

涡轮增压器是利用发动机排气歧管排气出的废气，驱动增压器的涡轮旋转，涡轮再带动与其同轴的压缩机叶轮旋转。叶轮通过离心力的作用压缩新鲜空气，从而增大了进入到发动机进气歧管内的空气密度，使得发动机能燃烧更多的燃料，进而使发动机能产生更大的动力，涡轮增压系统示意图如图 4-2-2 所示。

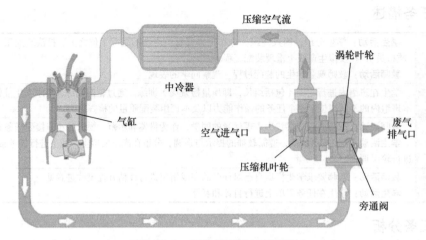

图 4-2-2　涡轮增压系统示意图

涡轮增压器连接到发动机的排气歧管。气缸内排出的尾气带动涡轮旋转，涡轮通过轴与安装在空气过滤器和吸气管之间的压缩机相连。压缩机把空气压缩到气缸中。气缸排出的尾气流过涡轮叶片，使涡轮旋转。流过叶片的尾气越多，涡轮旋转速度就越快。在连接涡轮的轴另一端，压缩机将空气抽到气缸中。压缩机是一种离心泵，它在叶片的中心位置吸入空气，并在旋转时将空气甩到外面，如图 4-2-3 所示。

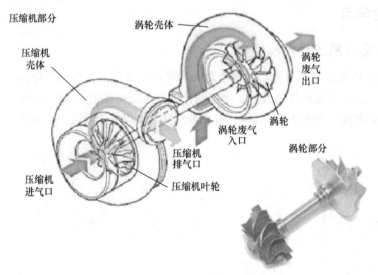

图 4-2-3　涡轮增压器的工作原理

涡轮增压器由涡轮系统、压缩机系统、中间体（轴承体）、转子轴承系统、润滑系统组成，其总成结构及安装位置如图 4-2-4 所示。

二、排气歧管

排气歧管是与发动机气缸体相连的，将各缸的排气集中起来导入排气总管的，带有分歧的管路。

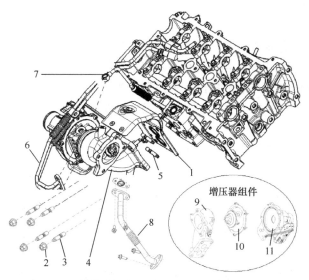

图 4-2-4 涡轮增压器总成结构及安装位置示意图

1—增压器上罩带密封垫总成　2—螺母　3、5—螺柱　4—增压器总成　6—增压器进出水管总成
7—增压器进油管总成　8—增压器回油管总成　9—涡轮机（涡壳组件）　10—中间轴系　11—压气机（压壳组件）

三、三元催化器

三元催化器外形类似于一个小消声器。因为其较高的工作温度，三元催化器周围的车身部分用隔热罩作了保护，其结构如图 4-2-5 所示。三元催化器是安装在汽车排气系统中最重要的机外净化装置，它可以将汽车尾气中的 CO、HC 和 NO_x 等有害气体通过氧化和还原作用转变为无害的二氧化碳、水和氮气。当高温的汽车尾气通过净化装置时，三元催化器中的净化剂将增强 CO、HC 和 NO_x 三种气体的活性，促使其进行一定的氧化-还原化学反应，其中 CO 在高温下氧化成为无色、无毒的二氧化碳气体；HC 化合物在高温下氧化成水（H_2O）和二氧化碳；NO_x 还原成氮气和氧气。三种有害气体变成无害气体，使汽车尾气得以净化，三元催化的工作原理如图 4-2-6 所示。

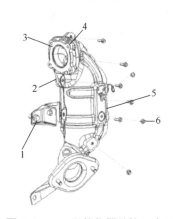

图 4-2-5 三元催化器结构示意图

1、6—螺栓　2—三元催化器下罩总成
3—三元催化器密封垫总成　4—螺母
5—三元催化器上罩总成

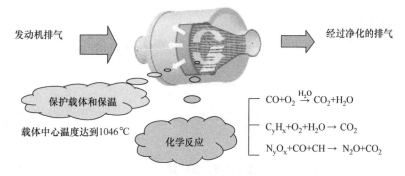

图 4-2-6 三元催化的工作原理

四、消声器

在排气系统中，分有前消声器（副消气）和后消声器（主消声器）。消声器的主要作用是降低发动机的排气噪声，并使高温废气能安全有效地排出。消声器作为排气管道的一部分，应保证其排气畅通、阻力小及强度足够。其实物如图 4-2-7 所示。

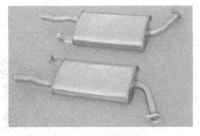

图 4-2-7　消声器

汽车排气消声器按消声原理与结构可分为抗性消声器、阻性消声器和阻抗复合型消声器三类：

1）抗性消声器。抗性消声器是在内部通过管道、隔板等部件组成扩张室、共振室等各种消声单元，声波在传播时发生反射和干涉，降低声能量达到消声目的。抗性消声器消声频带有限，通常对低、中频带消声效果好，高频带消声效果差，载货汽车多采用抗性消声器。

2）阻性消声器。阻性消声器是在内部排气通过的管道周围填充吸声材料来吸收声能量达到消声目的消声器。对中、高频带消声效果好，单纯用作汽车排气消声器较少，通常与抗性消声器组合起来使用。

3）阻抗复合型消声器。阻抗复合型消声器是分别用抗性消声单元和吸声材料组合构成的消声器，它具有抗性、阻性消声器的共同特点。对低、中、高频噪声都有很好的消声效果。其结构与工作原理如图 4-2-8 所示。

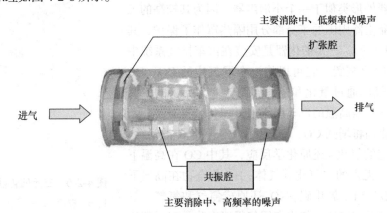

图 4-2-8　阻抗复合型消声器

五、波纹管（连接软管）

波纹管是硬管道上的软连接，减缓管道的振动变形。其结构如图 4-2-9 所示。

图 4-2-9　波纹管

4.2.2 排气管消声器的装配

一、前、后排气管吊耳装配

1）将前排气管吊耳上端固定孔卡入钣金挂钩上，如图 4-2-10 所示。
2）将后排气管左侧吊耳上端固定孔卡入钣金挂钩上，如图 4-2-11 所示。
3）将后排气管右侧吊耳上端 2 个固定孔卡入钣金挂钩上，如图 4-2-12 所示。

微课视频
排气管消声器的装配

二、后消声器总成装配

1）两人配合拿取后消声器总成放置于相应安装位置，先将后排气管左侧挂钩卡入左侧吊耳下端固定孔内。如图 4-2-11 所示。
2）将后消声器右侧挂钩卡入右侧吊耳下端固定孔内。如图 4-2-12 所示。

三、前消声器总成装配

1）两人配合拿取前消声器总成放置于相应安装位置，将前消声器固定挂钩卡入前消声器吊耳下端固定孔内。如图 4-2-10 所示。
2）将密封垫放入后消声器接口处。如图 4-2-13 所示。
3）将前消声器与后消声器连接，预紧 2 颗固定螺母，再用电动扳手依次拧紧至 39N·m。如图 4-2-13 和图 4-2-14 所示。

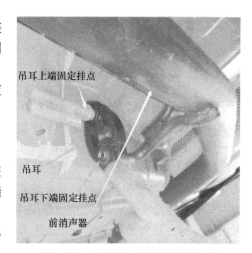

图 4-2-10 前排气管吊耳上端固定

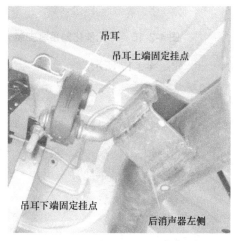

图 4-2-11 后排气管左侧吊耳下端固定

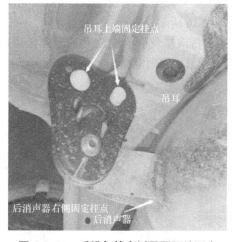

图 4-2-12 后排气管右侧吊耳下端固定

四、三元催化器吊耳（红色）装配

1）先将 1 个吊耳（红色）安装孔涂抹肥皂水（方便安装），拿取一个吊耳，将吊耳安装孔

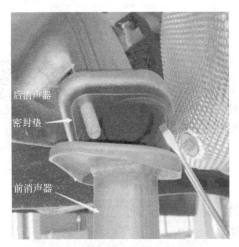

图 4-2-13 后消声器总成安装

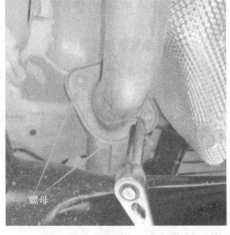

图 4-2-14 前、后消声器固定

与需要连接的副车架左侧安装支架对齐,用力向内将吊耳推入。再用同样的方法将吊耳上端安装孔推入三元催化器左侧安装支架。如图 4-2-15 所示。

2)将 1 个吊耳(红色)安装孔涂抹肥皂水(方便安装),拿取一个吊耳,将吊耳安装孔与需要连接的副车架右侧安装支架对齐,用力向内将吊耳推入。再用同样的方法将吊耳上端安装孔推入三元催化器右侧安装支架。如图 4-2-15 所示。

五、前排气管与三元催化器后端连接

1)将密封垫放入三元催化器后端相应规定点。如图 4-2-16 所示。

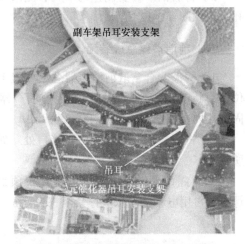

图 4-2-15 三元催化器吊耳安装

2)将前排气管前端放入三元催化器后端固定点内,预紧 2 颗固定螺母,再用电动扳手拧紧至 39N·m。如图 4-2-17 所示。

图 4-2-16 密封垫安装

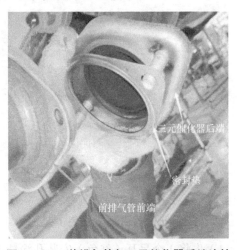

图 4-2-17 前排气管与三元催化器后端连接

项目 4
底盘装配工位

☞ 任务计划

独立查阅信息	**教师活动**:教师提供长安逸动车辆的作业指导书。 **学生活动**:学生独立查阅教师提供的作业指导书,提炼整理关键信息。
小组制定工作计划并展示	**教师活动**:教师要求学生小组合作制定"排气管消声器装配"的工作计划,把每一个分系统的装调细节和注意事项写出来,包括为什么干、怎么干、安全、环保、工具、时间、质量检查标准等。 **学生活动**:学生分小组讨论,小组合作完成工作计划的制定。

☞ 任务决策

装调员工与小组长沟通工作计划	**教师活动**:教师选出一个学生代表(这个学生是以往决策出现问题较大的)和自己进行任务决策,教师暂时担任小组长(质检员)的角色。 **学生活动**:被选出的学生与教师进行决策对话,让其他学生观察,并进行口头评价、补充、改进。
提交任务决策	**学生活动**:每个学生制定自己的任务决策,在任务工单上表述出来。 **教师活动**:教师对每个学生的任务决策进行确认。

☞ 任务实施

示范操作	**教师活动**:教师亲自示范操作,或者播放相关微课视频。 **学生活动**:学生观察教师的示范操作,或者观察微课视频中的示范操作。
操作实施	**教师活动**:教师将学生分组,并要求学生分工明确,严格强调安全和事故预防要求等。实施过程中教师进行巡视指导。 **学生活动**:学生分为4组(4个装配工位),分工操作。每组4人,每组每次安排2名学生操作,所有学生轮流,每个学生都要完成一次操作。当2名学生进行操作时,同组的另外1名学生担任小组长的角色,分别对其进行评价和监督。同组的第4名学生负责查阅作业指导书等相关资料。

☞ 任务检查

5S 与检查工作结果:
教师活动:教师提供任务检查单。要求学生分组,小组合作完成任务检查及 5S,在表单上进行标注。教师要求学生小组成员对工作过程和工作计划进行监督和评估,记录优缺点及改进建议,并口头表述。教师要重点引导学生对队友的支持性意见的表达,并训练学生接纳他人建议。
学生活动:学生分组,小组合作完成任务检查及 5S,并在任务检查单上标注。学生按照教师的规定对小组其他成员的工作过程友善地提出改进建议。

☞ 任务评价

总结知识点、技能点和素养点:
教师活动:教师归纳整理理论体系,以一页 PPT 展示知识点、技能点和素养点。
学生活动:学生认真反思、倾听,构建适合自己学习的知识体系。学生对照学习目标进行自我评价。

4.3 制动系统执行机构装配

☞ 教学准备

教学情境准备	**教师活动**:在老师的指导下对整个班级进行分组,并由各小组讨论,选举出组长。教师安排组长负责班组管理,如负责分配分解任务,负责班组团队建设、班内的协调工作等。 **学生活动**:组长根据查阅的作业指导书、互联网及相关资料的学习,通过班组讨论进行分解、分配任务,并由组长担任装配质量检查员。按照制定的任务分解单和标准操作工序在班组内进行装配训练,查找存在的问题与不足,提出改进的措施或意见并记录。

(续)

教学目标准备	**素养点：** ① 能够小组合作，能够良好地自我表达，能够与他人进行有效的沟通和交流。 ② 能够阅读相关的教学资料，通过查阅资料能够使用工具。 ③ 能够独立工作，并保持周围环境干净整洁。 **知识点：** ① 汽车轮速传感器的作用和工作原理。 ② 电子驻车制动系统的结构。 **技能点：** 电子驻车制动系统的装配。
资料设备清单	① 长安逸动车辆一台。 ② 汽车总装模拟生产线。 ③ 世达 128 件工具套装、工具车等。 ④ 长安逸动车辆制动系统装配作业指导书。

☞ 任务描述

角色扮演	**学生活动：**学生分组，四人一组。分布于电子驻车制动系统的装配工位之上，扮演装配工人、小组长（质检员），在模拟生产线上重现装配流程。 **教师活动：**教师观察学生的装配过程，观察同学的表现。
全员换位评价	学生在班组内进行轮岗（包括组长，即质量检查岗）训练。通过轮岗训练，要求学生能够熟练掌握本班组内的不同岗位上多个任务的操作能力以及本班组装配质量的检查能力。
全员分组练习	**教师活动：**教师通过观察找出表现优异的同学，作为借鉴和示范，要求各小组接受任务并练习。 **学生活动：**学生按照示范，遵循教师的提示与强调，分组在汽车模拟生产线上进行任务接受并练习，进行轮岗训练。
提交检查评估表	**教师活动：**教师要求学生根据自己对任务的完成情况进行评估并提出改进意见。 **学生活动：**学生在任务工单上进行自评和互评。

☞ 任务分析

教师活动：教师提供任务工单、长安逸动车辆装配作业指导书，指导学生独立完成装配步骤的分析。

学生活动：根据教师提供的资料进行查阅，确定分工位的装配步骤和注意事项并明确分工与协作。

装配流程有 4 个：

1. 电子驻车执行机构总成的装配。
2. 后轮速传感器总成的装配。
3. 驻车制动拉锁的装配。
4. 驻车制动操纵杆的装配。

☞ 理论学习

4.3.1 轮速传感器的结构和工作原理

一、轮速传感器的作用

轮速传感器的功用是检测车轮的速度，并将速度信号输入 ABS 的电控单元。电控单元根据来自轮速传感器的信号计算车轮的转速。

二、轮速传感器的结构与工作原理

目前常用的轮速传感器分为电磁式和霍尔式两种。

微课视频
轮速传感器及电子驻车执行机构的结构和工作原理

1. 电磁式轮速传感器

汽车车轮转速传感器通常安装在车轮处。图 4-3-1 所示为电磁式轮速传感器的外形，它一般由磁感应传感头和齿圈组成。轮速传感头是一个静止部件，而齿圈是一个运动部件，一般安装在轮毂上或轮轴上与车轮一起旋转。传感头磁极与齿圈的端面有一定间隙，一般在 1mm 左右。

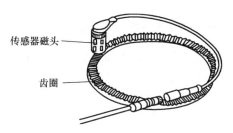

图 4-3-1 轮速传感器

2. 霍尔式轮速传感器

霍尔式轮速传感器由传感头和齿圈组成。传感头由永磁体、霍尔元件和电子电路等组成。永磁体的磁力线穿过霍尔元件通向齿轮，齿轮相当于一个集磁器。

1) 当齿轮位于图 4-3-2a 所示位置时，穿过霍尔元件的磁力线分散，磁场相对较弱。
2) 当齿轮位于图 4-3-2b 所示位置时，穿过霍尔元件的磁力线集中，磁场相对较强。
3) 齿轮转动时，穿过霍尔元件的磁力线密度发生变化，因而引起霍尔电压的变化。

霍尔式轮速传感器特点：

1) 输出信号电压振幅值不受转速的影响。
2) 频率响应高。
3) 抗电磁波干扰能力强。

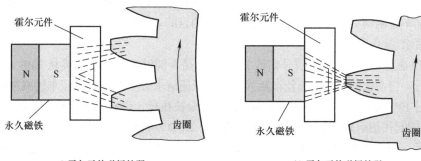

a) 霍尔元件磁场较弱 b) 霍尔元件磁场较强

图 4-3-2 霍尔式轮速传感器的磁路示意图

4.3.2 电子驻车执行机构的结构和工作原理

电子驻车制动系统简称 EPB 系统，EPB 系统去掉了传统的手拉式或脚踩式驻车操纵机构，改为用一个电控按钮对驻车制动器进行控制。

后盘式 EPB 系统制动器总成制动分泵为单油缸结构。行车制动器采用盘式结构，驻车制动器采用电子驻车制动系统，通过电子驻车制动按钮来操作后轮盘式电子驻车执行机构以实现驻车制动，驻车制动按钮位于两个前座椅之间，拉起电子驻车制动按钮即可实现驻车制动；踩下制动踏板并同时按下电子驻车制动按钮即可实现驻车制动解除。

因此对于驾驶人来说，这种新型驻车制动系统最大的优点就是操作方式方便而舒适。从控制功能角度来看，由于对驻车制动系统进行了全面电气化改造，驻车制动系统能够和其他控制系统例如电子稳定控制系统（ESC）进行联合控制，因此车辆安全性能得到大幅提升，而且制动系统范畴内多种控制功能都以电控方式来实现，这些优点是传统机械驻车操纵系统无法比拟的。

一、EPB 系统的基本控制功能

根据车辆具体配置和工作状况，EPB 系统能够实现如下功能：

1. 静态夹紧、释放功能

当车辆静止时，可以通过拉起 EPB 系统开关实现传统意义驻车功能；车辆静止时，可以通过踩下制动踏板按下 EPB 系统开关实现驻车制动释放功能（若不踩下制动踏板，带有文字信息显示功能的仪表会提示请踩制动踏板）。

2. 辅助驶离功能（DAA）

当 EPB 系统探测到驾驶人希望开车离开时，通过此功能释放 EPB 系统驻车制动。但当车辆停在坡道上时，需要有足够的驱动转矩此功能才起作用，目的是为了防止车辆溜坡。辅助驶离功能可以用于坡道起步和普通路面起步，尤其在坡道起步具有优势，可以避免驻车坡道起步车辆后溜问题发生。坡道起步必须满足几个前提条件：驾驶人系好安全带、档位在前进档或倒档、踩下加速踏板、发动机持续输出转矩（若为 MT 车辆，需要释放离合踏板同时踩下加速踏板），EPB 系统会自动解除。

3. 动态减速功能（ECD）

ECD 功能支持驾驶人在紧急情况下通过此功能实现动态减速（例如制动踏板与制动主缸脱落、真空助力泄漏失效等情况下）。当驾驶人拉起 EPB 系统开关进行减速时，ECD 功能会发送减速请求（减速度 $6m/s^2$），同时在 CAN 线上发送一个有效标志。此减速请求会要求 ESC 系统主动建压施加车轮制动力，以达到给车辆进行减速的目的。ESC 系统会在 300ms 内发送有效标志确认减速请求。

ESC 系统通过 CAN 线发送信号确认 ECD 功能是否能够响应，然后确认 EPB 系统减速请求是否被执行。当系统检测到减速使车辆静止后，减速请求会立即退出保证车辆减速的平顺性。当驾驶人通过 EPB 系统开关进行动态减速时，此命令被执行，但有一项请求会中断 ECD 功能，即当 ECD 功能起作用后踩下加速踏板，在此情况下 ECD 功能将立即被中断。如果 EPB 系统发送减速请求后，ESC 系统检测不能实现 ECD 功能（没有反应或者减速度不能达到定义的最小值），EPB 系统将退回并启动 RWU 功能，通过电 - 机械在后轮实现后轮防抱死制动减速。

4. 后轮防抱死制动功能（RWU）

RWU 功能是通过 EPB 系统实现"电子 + 机械式"动态减速功能。RWU 可以实现单独后轮防抱死制动，提高后轮单独制动的车辆稳定性。此功能在行车制动系统失效情况下，若需要车辆减速则持续拉起 EPB 系统开关，RWU 功能就会起作用。

5. 维修保养功能

当行驶一定里程后需要更换后制动钳摩擦块，需要通过诊断仪完成。首先通过 OBD 端口接入诊断仪，选择电子驻车制动器系统进入特殊服务中的维护模式，按诊断仪提示进行操作。然后按更换卡钳摩擦片步骤进行摩擦片更换。

二、电子驻车制动系统的结构

长安逸动电子驻车制动系统采用的是整合卡钳式电子驻车制动系统，其结构如图 4-3-3 所示。整合卡钳式电子驻车制动系统放弃了钢索牵引式驻车制动系统的钢索，采用了导线进行信号传递，因而有利于车辆组装及驻车制动系统简化。但整合卡钳式电子驻车制动系统需要专用的制动卡钳和相关的驻车制动执行机构，因而成本较高。

图 4-3-4 所示为大众迈腾轿车的卡钳式电子驻车制动系统驱动部件结构图。它由电动机、传动带、减速机构、心轴螺杆以及制动活塞组成。整个电子驻车制动系统的执行部件均位于后轮制动卡钳上，信号通过导线传导。

当驾驶人按动电子驻车制动系统按钮（EPB 系统开关）时，电子驻车制动系统控制模块接收来自按钮的信号。如果当前车辆的行驶状态符合电脑中预设的条件，控制模块会向执行机构的电动机施加 12V 电压让其转动。电

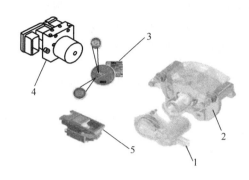

图 4-3-3　整合卡钳式电子驻车制动系统示意图

1—执行机构　2—卡钳　3—指示灯
4—控制单元 ECU　5—EPB 系统开关

动机释放的转矩通过减速机构传递到心轴螺杆，心轴螺杆通过螺栓螺母机构推动制动活塞轴向运动实现对后轮的制动。整合卡钳式电子驻车制动系统如图 4-3-5 所示。

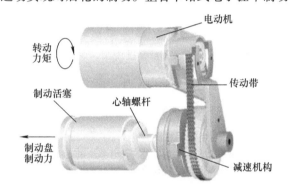

图 4-3-4　大众迈腾电子驻车制动系统驱动部件结构图

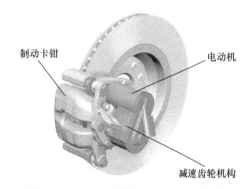

图 4-3-5　整合卡钳式电子驻车制动系统

三、电子驻车制动系统的工作原理

1. 车速小于 7km/h

驾驶人通过拉动电子驻车制动器按钮使用驻车制动器，位于后轮制动钳上的驻车制动器控制模块电动机开始转动，对制动盘施加制动力；同时传统的液压制动也介入工作，让制动响应更加敏捷。车辆在驻车时，驾驶人通过踩加速踏板或者踩制动踏板（使制动力达到 10bar）能实现自动释放驻车制动器。

2. 车速大于 7km/h

驾驶人拉动并拉住电子驻车制动器开关会启动动态紧急制动功能。当行车制动器工作正常时，会通过 ESP 系统（电控车辆稳定行驶系统）控制行车制动器对四个车轮进行制动。电子驻车制动系统的工作过程如图 4-3-6 所示。

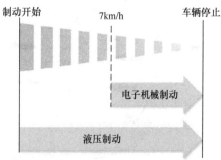

图 4-3-6　电子驻车制动系统的工作过程

电子驻车制动器只在低速区起效,而作为紧急制动功能也只在传统液压制动系统出现故障时才会介入(并非所有的电子驻车制动器系统都带有这种工作逻辑)。所以在一般情况下,电子驻车制动器在高速行车时,只能进行传统液压制动操作而无法单独制动后轮完成车辆甩尾动作(我们常说的"漂移"动作)。

4.3.3 电子驻车制动系统的装配

一、后盘式制动器的结构

以长安逸动 PLUS 汽车为例,其电子驻车后盘式制动器的结构如图 4-3-7 所示。

微课视频
电子驻车制动系统的装配

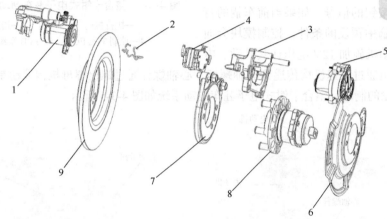

图 4-3-7　电子驻车后盘式制动器的结构示意图

1—后分缸组件　2—壳体弹簧　3—卡钳支架带导向销总成　4—后摩擦块组件　5—EPB 系统电动机总成
6—后防尘罩　7—后制动底板　8—后轮毂轴承　9—后制动盘

二、后制动盘的装配

1)装配后制动底板与后轴的连接螺栓,如图 4-3-8 所示。

2)安装制动盘固定螺栓,如图 4-3-9 所示。

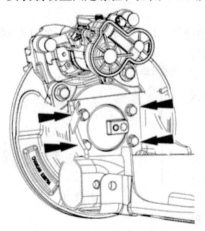

图 4-3-8　后制动底板与后轴装配

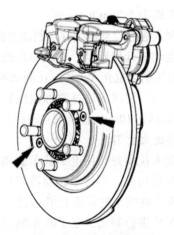

图 4-3-9　制动盘装配

3）安装制动卡钳支架，通过两颗螺栓进行安装，紧固力矩 110N·m，如图 4-3-10 所示。

4）安装制动软管，安装力矩 30N·m，如图 4-3-11 所示。

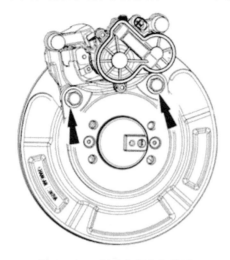

图 4-3-10　制动卡钳支架装配

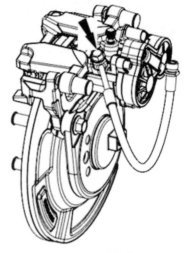

图 4-3-11　制动软管装配

三、电子驻车执行机构总成装配

电子驻车执行机构总成为图 4-3-7 中的部件 5，包含电动机及减速机构。

1）拿取电子驻车执行机构总成（左）放入后悬架总成左侧制动机构内，依次预紧 2 颗螺栓，再用电动扳手依次拧紧至规定力矩（80±6）N·m，用记号笔标记拧紧的螺栓。如图 4-3-12 所示。

2）拿取电子驻车执行机构总成（右）放入后悬架总成右侧制动机构内，依次预紧 2 颗螺栓，再用电动扳手依次拧紧至（80±6）N·m，用记号笔标记拧紧的螺栓。如图 4-3-13 所示。

图 4-3-12　电子驻车执行机构总成（左）装配

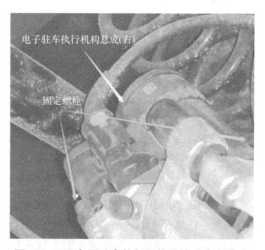

图 4-3-13　电子驻车执行机构总成（右）装配

3）拿取电子驻车制动器电动机电线束总成（左），将线束插头插入电子驻车执行机构总成

（左）插座内，再将锁紧扣推入锁紧插头。如图 4-3-14 所示。

4）拿取电子驻车制动器电动机电线束总成（右），将线束插头插入电子驻车执行机构总成（右）插座内，再将锁紧扣推入锁紧插头。如图 4-3-15 所示。

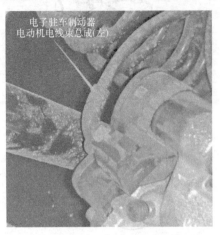 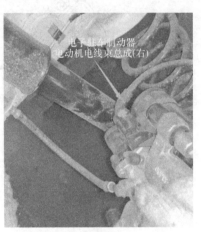

图 4-3-14　电子驻车制动器电动机电线束总成（左）装配　　　　图 4-3-15　电子驻车制动器电动机电线束总成（右）装配

四、后轮速度传感器总成的装配

以长安逸动车辆为例，其后轮速传感器线束总成的结构如图 4-3-16 所示。后轮速传感器总成在轮毂制动机构上的安装位置如图 4-3-17 所示。箭头所指为安装点。

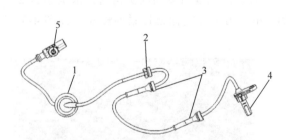 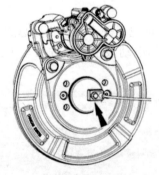

图 4-3-16　后轮速传感器线束总成示意图
1—安装至车身配合孔中的轮速传感器橡胶塞
2—轮速传感器卡接至车身的胶套
3—轮速传感器卡接在后支柱上的胶套
4—轮速传感器　5—线束插接器插头

图 4-3-17　后轮速传感器总成在轮毂制动机构上的安装点

1）拿取后轮速传感器总成（左）放入后悬架左侧相应安装位置，预紧 1 颗六角头螺栓，再用电动扳手拧紧至 11N·m，用记号笔标记拧紧的螺栓。如图 4-3-18 所示。

2）拿取后轮速传感器总成（右）放入后悬架右侧相应安装位置，预紧 1 颗六角头螺栓，再用电动扳手拧紧至 11N·m，用记号笔标记拧紧的螺栓。如图 4-3-19 所示。

3）安装轮速传感器与线束插接器插头。

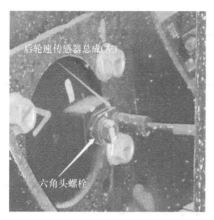 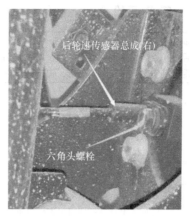

图 4-3-18　后轮速传感器总成（左）装配　　　图 4-3-19　后轮速传感器总成（右）装配

☞ 任务计划

独立查阅信息	**教师活动**：教师提供长安逸动车辆的作业指导书。 **学生活动**：学生独立查阅教师提供的作业指导书，提炼整理关键信息。
小组制定工作计划并展示	**教师活动**：教师要求学生小组合作制定"电子驻车制动系统的装配"的工作计划，把每一个分系统的装调细节和注意事项写出来，包括为什么干、怎么干、安全、环保、工具、时间、质量检查标准等。 **学生活动**：学生分小组讨论，小组合作完成工作计划的制定。

☞ 任务决策

装调员工与小组长沟通工作计划	**教师活动**：教师选出一个学生代表（这个学生是以往决策出现问题较大的）和自己进行任务决策，教师暂时担任小组长（质检员）的角色。 **学生活动**：被选出的学生与教师进行决策对话，让其他学生观察，并进行口头评价、补充、改进。
提交任务决策	**学生活动**：每个学生制定自己的任务决策，在任务工单上表述出来。 **教师活动**：教师对每个学生的任务决策进行确认。

☞ 任务实施

示范操作	**教师活动**：教师亲自示范操作，或者播放相关微课视频。 **学生活动**：学生观察教师的示范操作，或者观察微课视频中的示范操作。
操作实施	**教师活动**：教师将学生分组，并要求学生分工明确，严格强调安全和事故预防要求等。实施过程中教师进行巡视指导。 **学生活动**：学生分为4组（4个装配工位），分工操作。每组4人，每组每次安排2名学生操作，所有学生轮流，每个学生都要完成一次操作。当2名学生进行操作时，同组的另外1名学生担任小组长的角色，分别对其进行评价和监督。同组的第4名学生负责查阅作业指导书等相关资料。

☞ 任务检查

5S 与检查工作结果：

教师活动：教师提供任务检查单。要求学生分组，小组合作完成任务检查及 5S，在表单上进行标注。教师要求学生小组成员对工作过程和工作计划进行监督和评估，记录优缺点及改进建议，并口头表述。教师要重点引导学生对队友的支持性意见的表达，并训练学生接纳他人建议。

学生活动：学生分组，小组合作完成任务检查及 5S，并在任务检查单上标注。学生按照教师的规定对小组其他成员的工作过程友善地提出改进建议。

任务评价

总结知识点、技能点和素养点：
教师活动：教师归纳整理理论体系，以一页 PPT 展示知识点、技能点和素养点。
学生活动：学生认真反思、倾听，构建适合自己学习的知识体系。学生对照学习目标进行自我评价。

4.4 后悬架分系统装配

教学准备

教学情境准备	**教师活动**：在老师的指导下对整个班级进行分组，并由各小组讨论，选举出组长。教师安排组长负责班组管理，如负责分配分解任务，负责班组团队建设、班内的协调工作等。 **学生活动**：组长根据查阅的作业指导书、互联网及相关资料的学习，通过班组讨论进行分解、分配任务，并由组长担任装配质量检查员。按照制定的任务分解单和标准操作工序在班组内进行装配训练，查找存在的问题与不足，提出改进的措施或意见并记录。
教学目标准备	**素养点：** ① 能够小组合作，能够良好地自我表达，能够与他人进行有效的沟通和交流。 ② 能够阅读相关的教学资料，通过查阅资料能够使用工具。 ③ 能够独立工作，并保持周围环境干净整洁。 **知识点：** 后悬架和车桥的结构和工作原理。 **技能点：** 后悬架分系统的装配与调试
资料设备清单	① 长安逸动车辆一台。 ② 汽车总装模拟生产线。 ③ 世达 128 件工具套装、工具车等。 ④ 长安逸动车辆后悬架分系统装配作业指导书。

任务描述

角色扮演	**学生活动**：学生分组，四人一组。分布于后悬架分系统的装配工位之上，扮演装配工人、小组长（质检员），在模拟生产线上重现装配流程。 **教师活动**：教师观察学生的装配过程，观察同学的表现。
全员换位评价	学生在班组内进行轮岗（包括组长，即质量检查岗）训练。通过轮岗训练，要求学生能够熟练掌握本班组内的不同岗位上多个任务的操作能力以及本班组装配质量的检查能力。
全员分组练习	**教师活动**：教师通过观察找出表现优异的同学，作为借鉴和示范，要求各小组接受任务并练习。 **学生活动**：学生按照示范，遵循教师的提示与强调，分组在汽车模拟生产线上进行任务接受并练习，进行轮岗训练。
提交检查评估表	**教师活动**：教师要求学生根据自己对任务的完成情况进行评估并提出改进意见。 **学生活动**：学生在任务工单上进行自评和互评。

任务分析

教师活动：教师提供任务工单、长安逸动车辆装配作业指导书，指导学生独立完成装配步骤的分析。
学生活动：根据教师提供的资料进行查阅，确定分工位的装配步骤和注意事项并明确分工与协作。
装配流程有 2 个：
1. 后轴总成的安装。
2. 后减振器总成的装配。

☞ 理论学习

4.4.1 汽车悬架和车桥概述

一、车桥概述

车桥又称车轴，是汽车中连接左右（前/中或后）车轮，并通过悬架与车架连接的部件。车桥的功用是传递车架（或承载式车身）与车轮之间各方向的作用力和力矩。按车桥的结构分为断开式车桥和整体式车桥；按车桥连接的车轮的作用分为驱动桥、转向驱动桥、转向桥和支持桥，其具体作用见表 4-4-1。

微课视频
后悬架分
系统装配

表 4-4-1 车桥的作用

驱动形式	前桥	后桥
发动机前置前驱	转向驱动桥	支持桥
发动机前置后驱	转向桥	驱动桥
发动机后置后驱	转向桥	驱动桥
四轮驱动	转向驱动桥	驱动桥

整体式车桥一般在汽车采用非独立悬架时使用，车桥中部刚性连接；断开式车桥一般在汽车采用独立悬架时使用，车桥采用活动关节结构，左右车轮可以独立运动。转向桥通过悬架弹簧与车架连接；通过两侧车轮支承车身。利用车桥中的转向节使车轮偏转一定的角度，实现转向。一般汽车的转向桥就是汽车的前桥。在许多轿车和全轮驱动的越野车上，前桥除了作为转向桥外，还是驱动桥，故称为转向驱动桥，主要由主减速器、差速器、万向节、转向节、主销等组成。如图 4-4-1 所示。而支持桥既无转向功能又无驱动功能，前置前驱轿车的后桥为典型的支持桥，如图 4-4-2 所示。

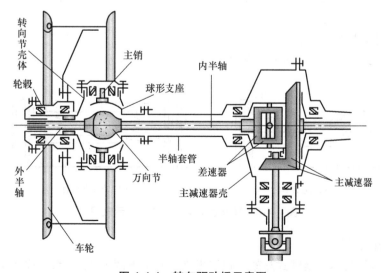

图 4-4-1 转向驱动桥示意图

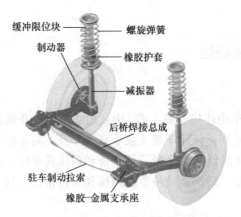

图 4-4-2　后桥与后悬架示意图

二、汽车悬架概述

1. 悬架的定义

悬架系统指汽车车身与轮胎之间的弹性连接部分。其作用是支撑车身、传递各方向应力、缓和路面冲击、赋予轮胎恰当的跳动轨迹、衰减振动。说白了就是让车身稳当并柔性地"坐"在轮胎上。像拖拉机是没有悬架的，轮胎硬生生地连在车身上，所以跑起来非常颠簸。

2. 汽车悬架系统的构成

汽车悬架系统由三大部分构成：传力杆系、弹性元件、减振器。所谓传力杆系，就是上摆臂、下摆臂、连杆等负责连接轮胎和车身、传递应力的部分。这些传力杆系的结构和作用机理决定悬架的类型，如麦弗逊式、双叉臂式、多连杆式等；弹性元件就是弹簧，负责柔性地支撑车身，缓解冲击，但不仅限于轿车常见的螺旋弹簧，还有钢板弹簧、扭杆弹簧、气体弹簧等；减振器负责将路面冲击引起的弹簧振动进行衰减。

3. 悬架的种类

悬架分为：独立悬架与非独立悬架、双叉臂式悬架、麦弗逊式悬架、多连杆式悬架、拖拽臂式悬架、双横臂式悬架。

（1）独立悬架与非独立悬架

轿车悬架系统分为独立和非独立两种形式，如图 4-4-3 所示。

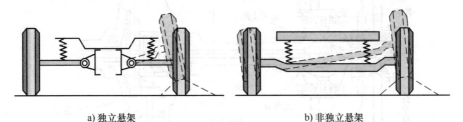

a）独立悬架　　　　　　　　b）非独立悬架

图 4-4-3　独立悬架与非独立悬架示意图

（2）双叉臂式悬架

双叉臂式悬架又称双摆臂式悬架。顾名思义，有上下两个"A"型（或者叉型）的摆臂，来控制车轮的上下摆动轨迹。从车的正前方观察，这两个摆臂形成一个平行四边形，这样车轮上下跳动起来，前轮外倾的角度变化是很小的，如图 4-4-4 所示。双叉臂式悬架的优点在于，可以精确地控制前轮上下跳动的轨迹，控制前轮的外倾角变化。稳定的前轮外倾角，可以带来清晰的路感和良好的抓地力，行车稳定性好。同时，前后、左右方向的受力都由这两个摆臂所承担，最上面那个弹簧座只需要承受上下方向的力，所以悬架横向刚度较高，能够适应较为激烈的极限高速过弯而控制车身的侧倾。

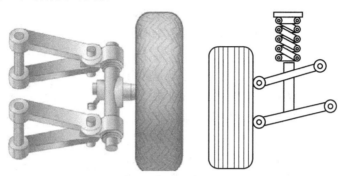

图 4-4-4　双叉臂式悬架示意图

鉴于双叉臂式悬架的这些优点，这种结构形式往往应用于中级以上，或者很强调运动性、对行驶性能、稳定性能要求比较高的车上。

但是，这种形式也有缺点：占用空间大，在发动机横置的小型车上不好布置、成本较高、参数调校复杂。所以小车上很少见到。

（3）麦弗逊式悬架

麦氏悬架，又称麦弗逊式悬架、麦克佛森式悬架、滑柱摆臂式悬架。之所以叫麦氏是因为这个人发明了它。麦弗逊（Mcpherson）生于 1891 年，1924 年加入通用工程中心，创造性地将减振器和螺旋弹簧组合在一起，设计出的这种悬架在后来被大量应用，称为麦弗逊式悬架，如图 4-4-5 所示。

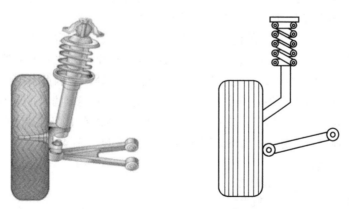

图 4-4-5　麦弗逊式悬架示意图

（4）多连杆式悬架

所谓多连杆，就是悬架系统的连接杆系在三个以上，比如四个、五个甚至更多，都称为多连杆式悬架。多连杆式悬架是轿车悬架系统里面，结构最复杂的一种，一般用于后轮。通过一根滑动支柱和五根连杆，轮子 X、Y、Z 三个轴向上的受力都有专门的连杆负责承受和传递，这样的好处就是轮子的上下跳动,以及由此而生的外倾角变化趋势、前束变化趋势,均被这几根杆严格、精确地约束在规定的轨迹上。

图 4-4-6 是一种比较简略的多连杆式悬架示意图,图中,1 是减振器和弹簧的滑动支柱组合,主要负责承担车身重量和上下方向的路面冲击;2 和 3 是两根对称斜置的连杆,主要负责承受前后方向的力,也就是驱动力、制动力(当然,因为斜置,也分担一点左右轴向的力);4 和 5 是两根与车轮呈直角的平行连杆,位于轮轴以上,负责承受轮轴以上左右方向的力,也就是转弯离心力等,它俩就相当于双叉臂悬架中的上面那根叉形臂;6 是一根与车轮呈直角的连杆,位于轮轴以下,负责承受轮轴以下左右方向的力,6 和 2、3 加在一起相当于双叉臂里的下摆臂。4、5 两根杆,约束了车轮的前束,并且与 6 这跟杆,共同构成一个平行四边形,限制了轮子的外倾角,道理和双叉臂一样。

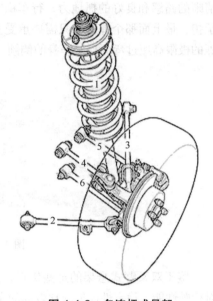

(5)拖拽臂式悬架

拖拽臂式悬架结构,通过纵向摆臂和横梁来连接车轮与车身,以螺旋弹簧作为缓冲介质,专用于小型轿车非驱动的后桥。拖拽臂式悬架基本上是一种半独立悬架,也就是说,一边车轮的跳动会部分地影响到另一边的车轮,因此舒适性稍差。

图 4-4-6 多连杆式悬架
1—减振器和弹簧的滑动支柱组合
2、3—对称斜置连杆
4、5、6—与车轮呈直角平行连杆

根据"横梁"位置的不同,拖拽臂式悬架又可细分为"全拖拽臂""半拖拽臂""扭力梁"等形式,大的结构都差不多。极端一些,比如:"横梁"如果放在"位置1",那么左右轮的差动影响最小,就是一种独立悬架了,不过弹性元件不是螺旋弹簧,而是藏在横梁里面的扭杆弹簧;"横梁"如果放在"位置2",那么就是扭力梁非独立悬架。

拖拽臂这种悬架结构,最大的优点在于占用空间很小,对于需要极力挖掘可用空间的小型、微型轿车来说,这是很可贵的;同时,因为结构非常简单,主要的部件就是一根接近于"H"形状的梁,因此成本很低,这也比较适合小型、微型轿车。因此,拖拽臂及其变种在小型、微型轿车上的应用非常普遍。其主要的缺点是因为半独立悬架方式的限制,稳定性、舒适性,以及极限性能均不如双叉臂、多连杆等形式的悬架,所以在 B 级或以上的高级别轿车上应用较少。下面两幅拖曳臂式悬架示意图,图 4-4-7 为俯视角度,图 4-4-8 为侧视角度。

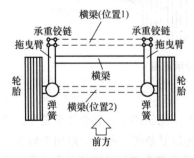

图 4-4-7 拖曳臂式悬架俯视图

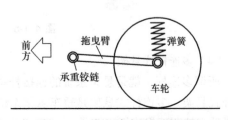

图 4-4-8 拖曳臂式悬架侧视图

（6）双横臂式悬架

双横臂式悬架由两根平行横拉杆、一根纵拉杆、一个滑动支柱组成。之所以下面用两根平行的横拉杆，与多连杆式悬架类似，也是为了控制车轮的前束角度。这种后悬的结构形式可以称为"变种麦弗逊"，也可以称为滑柱摆臂式、双连杆支柱式。如图4-4-9所示。

可以看到，1和2明显地也是用来承受轮轴以下左右方向的侧向力的；3是用来承受前后方向力的；4是弹簧减振器组合的滑动支柱，用来承受上下方向的力。

图 4-4-9　双横臂式悬架

在这里，连杆1、2、3就相当于麦弗逊式悬架的下摆臂，4和麦弗逊式悬架里的滑动支柱类似，这种悬架的结构、作用、原理及优缺点与前轮常用的麦氏是相同的，所以也叫变种麦弗逊式，也是一种独立悬架。

4.4.2　后悬架分系统的装配

长安逸动后悬架结构形式为扭力梁半独立悬架，由后轴总成、后螺旋弹簧、后减振器总成等组成，车轮通过后制动器总成与后悬架连接。后轮前束、外倾不可调。其结构如图4-4-10所示。

一、后轴总成安装

使用千斤顶支承后轴总成横梁中间部位，安装后轴总成与车体连接螺栓，紧固力矩（200±10）N·m。如图4-4-11所示。

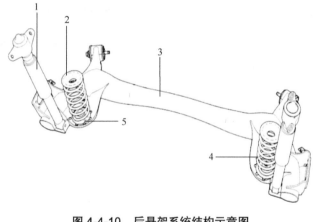

图 4-4-10　后悬架系统结构示意图

1—后减振器总成　2—后螺旋弹簧上垫　3—后轴总成
4—后螺旋弹簧　5—后螺旋弹簧下垫

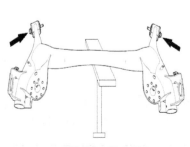

a) 后轴总成安装示意图　　b) 后悬架左侧安装　　c) 后悬架右侧安装

图 4-4-11　后轴安装

二、后减振器总成装配

1）使用平板千斤顶支承后螺旋弹簧下托盘处，安装后减振器总成与车体轮毂包连接螺栓，紧固力矩（68±5）N·m，如图4-4-12所示。

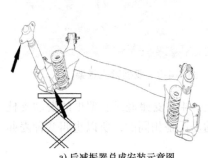
a) 后减振器总成安装示意图

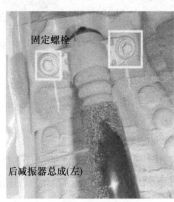
b) 后减振器总成(左)安装

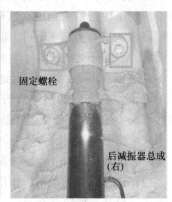
c) 后减振器总成(右)安装

图 4-4-12　后减振器安装

2）安装后螺旋弹簧，安装后减振器总成与后轴连接螺栓，如图4-4-13所示，紧固力矩（120±10）N·m。

a) 后螺旋弹簧(左)安装

b) 后螺旋弹簧(右)安装

图 4-4-13　后螺旋弹簧安装

☞ 任务计划

独立查阅信息	**教师活动**：教师提供长安逸动车辆的作业指导书。 **学生活动**：学生独立查阅教师提供的作业指导书，提炼整理关键信息。
小组制定工作计划并展示	**教师活动**：教师要求学生小组合作制定"后悬架分系统装配"的工作计划，把每一个分系统的装调细节和注意事项写出来，包括为什么干、怎么干、安全、环保、工具、时间、质量检查标准等。 **学生活动**：学生分小组讨论，小组合作完成工作计划的制定。

项目 4
底盘装配工位

☞ 任务决策

装调员工与小组长沟通工作计划	**教师活动**：教师选出一个学生代表（这个学生是以往决策出现问题较大的）和自己进行任务决策，教师暂时担任小组长（质检员）的角色。
	学生活动：被选出的学生与教师进行决策对话，让其他学生观察，并进行口头评价、补充、改进。
提交任务决策	**学生活动**：每个学生制定自己的任务决策，在任务工单上表述出来。
	教师活动：教师对每个学生的任务决策进行确认。

☞ 任务实施

示范操作	**教师活动**：教师亲自示范操作，或者播放相关微课视频。
	学生活动：学生观察教师的示范操作，或者观察微课视频中的示范操作。
操作实施	**教师活动**：教师将学生分组，并要求学生分工明确，严格强调安全和事故预防要求等。实施过程中教师进行巡视指导。
	学生活动：学生分为2组（2个装配工位），分工操作。每组4人，每组每次安排2名学生操作，所有学生轮流，每个学生都要完成一次操作。当2名学生进行操作时，同组的另外1名学生担任小组长的角色，分别对其进行评价和监督。同组的第4名学生负责查阅作业指导书等相关资料。

☞ 任务检查

5S与检查工作结果：

教师活动：教师提供任务检查单。要求学生分组，小组合作完成任务检查及5S，在表单上进行标注。教师要求学生小组成员对工作过程和工作计划进行监督和评估，记录优缺点及改进建议，并口头表述。教师要重点引导学生对队友的支持性意见的表达，并训练学生接纳他人建议。

学生活动：学生分组，小组合作完成任务检查及5S，并在任务检查单上标注。学生按照教师的规定对小组其他成员的工作过程友善地提出改进建议。

☞ 任务评价

总结知识点、技能点和素养点：

教师活动：教师归纳整理理论体系，以一页PPT展示知识点、技能点和素养点。
学生活动：学生认真反思、倾听，构建适合自己学习的知识体系。学生对照学习目标进行自我评价。

课程育人

课程育人之四

汽车燃油系统是汽车底盘装配线的第一道工序，也是底盘"大件"装配的开始。在这一过程中，不是只凭借力量，还要有技巧，要勤思、勤练，多想、多看，把握关键点，起到四两拨千斤的作用。

底盘工位的装配内容较多，涉及的知识点和工作原理也较多。但也是关系汽车行驶安全的关键一环。如果安装不到位，必然会影响行车安全。因此，我们在岗位上，要有"精益求精"的工匠精神，才能出色地完成任务，减少质量问题。

在激烈的市场竞争和转型升级压力下，"工匠精神"被赋予以创新为导向、以技术为生命、以质量为追求的新内涵。伴随着"天问一号"探测器着陆，特种绳索制造方——青岛海丽雅集团技术团队走进大众视野。深空探索充满难以预料的危险。探测器从高空进入火星大气，超高速摩擦和巨大冲击力对着陆伞绳与着陆器之间连接处的耐高温性能要求极高。为了解决这一重要课题，该技术团队一年多来日夜攻关，仅选择材料就返工40余次。一根绳索，让这个团队站上了中国特种缆绳的高峰。

项目 5
动力总成装配工位

任务描述

掌握汽车前悬架总成的结构和装配过程。了解自动变速器的结构和工作原理，了解自动变速器的总成装配。掌握发动机的结构和工作原理，掌握汽车动力总成的装配方法。了解冷却系统的结构与工作原理，掌握冷却系统部件的装配过程。掌握电动助力转向管柱的结构和工作原理及装配方法。

学习目标

1. 了解汽车前悬架总成的结构和装配过程。
2. 掌握汽车前悬架分系统的装配方法。
3. 了解自动变速器的基本结构和工作原理。
4. 了解自动变速器总成的装配过程。
5. 掌握发动机的结构和工作原理。
6. 掌握汽车动力总成的装配方法。
7. 了解冷却系统的结构和工作原理。
8. 掌握冷却系统部件的装配过程。
9. 掌握电动助力转向系统的结构和工作原理。
10. 掌握电动助力转向管柱总成的装配方法。

项目 5 动力总成装配工位

知识与技能点清单

序号	学习目标	知识点	技能点
1	了解汽车前悬架总成的结构和装配过程	汽车前悬架系统的结构形式	了解汽车前悬架总成的基本结构和装配过程
2	掌握汽车前悬架分系统装配的基本流程	1. 前稳定杆总成的装配 2. 前支柱总成的装配 3. 前摆臂及摆臂球头销的装配 4. 前副车架的装配	掌握汽车前悬架分系统装配的基本流程
3	了解自动变速器的基本结构和工作原理	1. 自动变速器的结构 2. 自动变速器的工作过程 3. 液力变矩器的结构与功能 4. 行星齿轮机构的结构 5. 换档执行元件的结构和工作原理	了解自动变速器的结构和工作原理
4	了解自动变速器总成的装配过程	自动变速器动力总成装配	了解自动变速器动力总成的装配
5	掌握发动机的结构和工作原理	1. 发动机的结构 2. 发动机的工作原理	掌握发动机的结构和工作原理
6	掌握汽车动力总成的装配方式	1. 发动机和变速器装配 2. 悬置支架装配 3. 驱动轴装配 4. 制动盘装配 5. 机械转向器总成装配 6. 动力总成装配	掌握汽车发动机及动力总成的装配方式
7	了解冷却系统的结构和工作原理	1. 冷却系统的结构 2. 冷却系统的工作原理 3. 冷却系统的工作过程	了解冷却系统的结构和工作原理
8	掌握冷却系统部件的装配过程	1. 电子辅助冷却液泵的安装 2. 散热器总成的安装 3. 调温器的安装 4. 散热器进、出水管的安装	掌握冷却系统部件的装配过程
9	了解电动助力转向系统的结构和工作原理	1. 电动助力转向系统的分类 2. 转向管柱助力式转向系统的结构和工作原理	了解电动助力转向系统的结构和工作原理
10	掌握电动助力转向管柱总成的装配过程	电动助力转向管柱总成的装配	掌握电动助力转向管柱总成的装配过程

5.1 前悬架总成装配

教学准备

教学情境准备	教师活动：在老师的指导下对整个班级进行分组，并由各小组讨论，选举出组长。教师安排组长负责班组管理，如负责分配分解任务、负责班组团队建设，班内的协调工作等。 学生活动：组长根据查阅的作业指导书、互联网及相关资料的学习，通过班组讨论进行分解、分配任务，并由组长担任装配质量检查员。按照制定的任务分解单和标准操作工序在班组内进行装配训练，查找存在的问题与不足，提出改进的措施或意见并记录。
教学目标准备	素养点： ① 能够小组合作，能够良好地自我表达，能够与他人进行有效的沟通和交流。 ② 能够阅读相关的教学资料，通过查阅资料能够使用工具。 ③ 能够独立工作，并保持周围环境干净整洁。 知识点： 汽车前悬架总成的结构。 技能点： 汽车前悬架分系统的装配。
资料设备清单	① 长安逸动车辆一台。 ② 汽车总装模拟生产线。 ③ 世达128件工具套装、工具车等。 ④ 长安逸动车辆前悬架系统装配作业指导书。

任务描述

角色扮演	学生活动：学生分组，四人一组。分布于前悬架总成的装配工位之上，扮演装配工人、小组长（质检员），在模拟生产线上重现装配流程。 教师活动：教师观察学生的装配过程，观察同学的表现。
全员换位评价	学生在班组内进行轮岗（包括组长，即质量检查岗）训练。通过轮岗训练，要求学生能够熟练掌握本班组内的不同岗位上多个任务的操作能力以及本班组装配质量的检查能力。
全员分组练习	教师活动：教师通过观察找出表现优异的同学，作为借鉴和示范，要求各小组接受任务并练习。 学生活动：学生按照示范，遵循教师的提示与强调，分组在汽车模拟生产线上进行任务接受并练习，进行轮岗训练。
提交检查评估表	教师活动：教师要求学生根据自己对任务的完成情况进行评估并提出改进意见。 学生活动：学生在任务工单上进行自评和互评。

任务分析

教师活动：教师提供任务工单、长安逸动车辆装配作业指导书，指导学生独立完成装配步骤的分析。
学生活动：根据教师提供的资料进行查阅，确定分工位的装配步骤和注意事项并明确分工与协作。
装配流程有4个：
1. 前稳定杆总成的装配。
2. 前支柱总成的装配。
3. 前摆臂及摆臂球头销的装配。
4. 前副车架的装配。

☞ 理论学习

5.1.1 前悬架总成的结构

前悬架大多为独立悬架,常见的类型包括麦弗逊式、多连杆式、双横臂式或双叉臂式。麦弗逊式悬架是现代轿车应用最广的悬架系统,以长安逸动PLUS为例,其前悬架为麦弗逊独立悬架类型,前悬架由两支前支柱总成(含减振装置与弹簧)、前副车架总成(即发动机托架总成)、前摆臂总成、前稳定杆总成以及连接杆总成等附件组成。如图 5-1-1 所示。

微课视频
前悬架总成装配

前摆臂总成由钢板冲压后焊接而成。分别由纵横两支螺栓垂直穿过衬套与前副车架总成相连接。前摆臂总成通过球头销与转向节相连接,转向节则与前支柱总成和转向横拉杆球头连接。

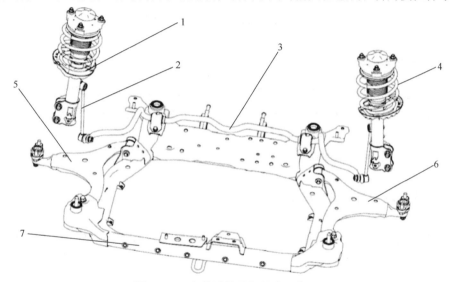

图 5-1-1 麦弗逊前悬架总成示意图

1、4—前支柱总成 2—前稳定杆连接杆总成 3—前稳定杆 5、6—前摆臂总成 7—前副车架总成

减振装置用装在支柱顶部的减振座安装在车身上。螺旋弹簧装在支柱两弹簧座之间。活塞杆装有防尘罩,以防止脏污或进水。为了在完全压缩状态保护减振器,故还装有防撞胶垫。

前副车架总成(即发动机托架总成)由几件冲压钢板焊接而成。前后与车身通过不同规格螺栓连接。

前稳定杆总成中间通过两颗螺母和两颗螺栓与前副车架总成(或发动机托架总成)相连,两端耳环部与连接杆总成通过螺母相连。

5.1.2 前悬架总成的装配

一、前稳定杆总成的安装

稳定杆是汽车悬架系统的一部分,有时也叫做防横摇稳定杆或防侧倾杆,在实际应用中,稳定杆的作用是在急转弯时阻止车身发生侧倾。

其安装步骤如下:首先将衬套和支架固定在稳定杆上,然后用螺栓将前稳定杆固定在副车架上,力矩大小为 $(68±5)$ N·m,如图 5-1-2a 所示;安装前稳定杆连接杆球头,力矩为

（90±5）N·m，如图 5-1-2b 所示。

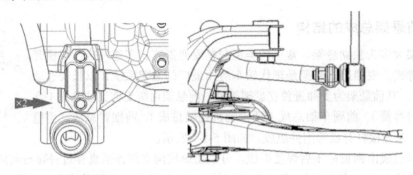

a) 前稳定杆固定在副车架上　　　　　　b) 前稳定杆连接杆球头

图 5-1-2　稳定杆总成安装示意图

二、前支柱总成的安装

前支柱系统包括螺旋弹簧及减振器，其总成的结构如图 5-1-3 所示。安装步骤如下：

1）将前支柱总成安装位置与车身安装孔对齐，3 个安装位置用螺母固定并拧紧，其中力矩的大小为（68±5）N·m，如图 5-1-4a 所示。

2）将前支柱与转向节用螺栓和螺母连接并拧紧固定，力矩的大小为（120±10）N·m，如图 5-1-4b 所示。

3）将上连杆球头与前支柱连接并拧紧固定，力矩的大小为（90±5）N·m，如图 5-1-4c 所示。

4）安装前支柱上前轮速传感器支架 1 和制动油管支架 2 固定螺栓，其中力矩的大小为（23±2）N·m，如图 5-1-4d 所示。

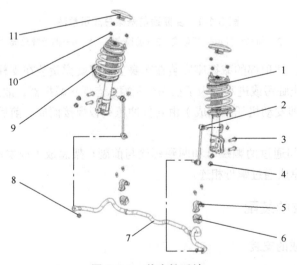

图 5-1-3　前支柱系统

1—前支柱总成（左）　2—前连接杆总成　3—六角法兰面螺栓　4—六角法兰面承面带齿螺母　5—前稳定杆托架
6—前稳定杆衬套　7—前稳定杆总成　8—带尼龙环锁紧螺母　9—前支柱总成（右）
10—六角法兰面螺母　11—前支柱总成防尘盖

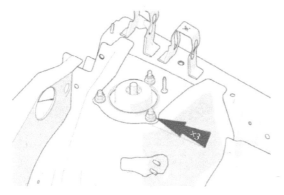

a) 前支柱与车身连接

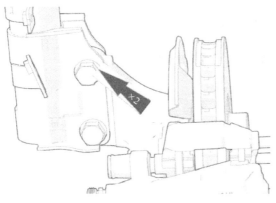

b) 前支柱与转向节连接

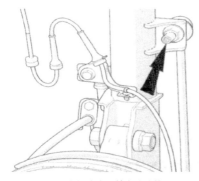
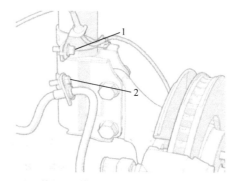

c) 上连杆球头与前支柱连接　　d) 安装前支柱上前轮速传感器支架1和制动油管支架2

图 5-1-4　前支柱总成的安装示意图

三、前摆臂及摆臂球头销的装配

前摆臂即三角臂，其总成结构如图 5-1-5 所示。

装配步骤如下：将前摆臂球头总成与转向节通过螺母固定拧紧，力矩的大小为 $(90±5)$ N·m，如图 5-1-6a 所示；安装前摆臂固定螺栓，分别由纵横两支螺栓垂直穿过衬套与前副车架总成相连接，力矩为前 $(130±10)$ N·m，后 $(120±10)$ N·m，如图 5-1-6b 所示；安装摆臂球头销螺母开口销及连接螺母，力矩为 $(90±5)$ N·m，如图 5-1-6c 所示。

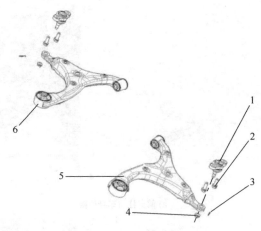

图 5-1-5　前摆臂系统

1—前摆臂球头销总成　2—六角头螺栓和弹簧垫圈组合件　3—锁销　4—六角法兰面开槽螺母
5—前摆臂总成（左）　6—前摆臂总成（右）

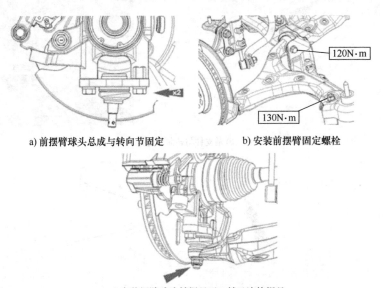

a）前摆臂球头总成与转向节固定　　b）安装前摆臂固定螺栓

c）安装摆臂球头销螺母开口销及连接螺母

图 5-1-6　前摆臂及摆臂球头销装配示意图

四、前副车架的安装

前副车架也是发动机的托架。发动机通过左、右支架被装配至车身上。其结构示意图如图 5-1-7 所示。

前副车架安装的主要步骤如下：

1）将前副车架四个安装位置与车身安装孔对齐，然后用连接螺栓与螺母拧紧固定，力矩大小为（190±10）N·m，如图 5-1-8a 所示。

2）将副车架与后悬置用 4 颗螺母固定拧紧，力矩大小为（70±5）N·m，如图 5-1-8b 所示。

3）安装前悬置的横置螺母，力矩大小为（110±10）N·m，如图 5-1-8c 所示。

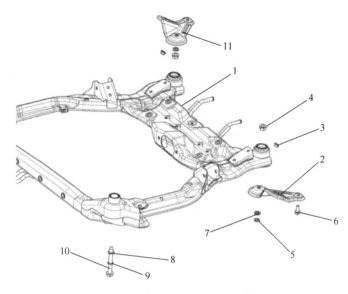

图 5-1-7　发动机托架结构示意图

1—发动机托架总成　2、11—发动机托架左、右支架　3、6、10—六角法兰面螺栓
4—六角法兰面承面带齿螺母　5、8—弹簧垫圈　7、9—平垫圈

4）安装球销与转向节的 2 颗连接螺栓，力矩大小为（90±5）N·m，如图 5-1-8d 所示。

5）安装转向横拉杆与转向节开口销连接螺母，力矩大小为（60±5）N·m，如图 5-1-8e 所示。

6）用螺母固定拧紧前支柱与连接杆，力矩大小为（90±5）N·m，如图 5-1-8f 所示。

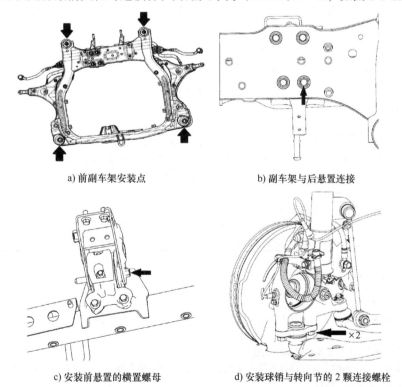

a) 前副车架安装点　　　　　　　　　b) 副车架与后悬置连接

c) 安装前悬置的横置螺母　　　　　　d) 安装球销与转向节的 2 颗连接螺栓

图 5-1-8　前副车架总成安装示意图

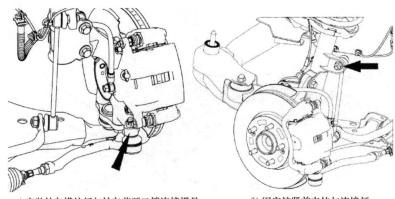

e) 安装转向横拉杆与转向节开口销连接螺母　　f) 固定拧紧前支柱与连接杆

图 5-1-8　前副车架总成安装示意图（续）

➢ 任务计划

独立查阅信息	**教师活动**：教师提供长安逸动车辆的作业指导书。 **学生活动**：学生独立查阅教师提供的作业指导书，提炼整理关键信息。
小组制定工作计划并展示	**教师活动**：教师要求学生小组合作制定"前悬架总成装配"的工作计划，把每一个分系统的装调细节和注意事项写出来，包括为什么干、怎么干、安全、环保、工具、时间、质量检查标准等。 **学生活动**：学生分小组讨论，小组合作完成工作计划的制定。

➢ 任务决策

装调员工与小组长沟通工作计划	**教师活动**：教师选出一个学生代表（这个学生是以往决策出现问题较大的）和自己进行任务决策，教师暂时担任小组长（质检员）的角色。 **学生活动**：被选出的学生与教师进行决策对话，让其他学生观察，并进行口头评价、补充、改进。
提交任务决策	**学生活动**：每个学生制定自己的任务决策，在任务工单上表述出来。 **教师活动**：教师对每个学生的任务决策进行确认。

➢ 任务实施

示范操作	**教师活动**：教师亲自示范操作，或者播放相关微课视频。 **学生活动**：学生观察教师的示范操作，或者观察微课视频中的示范操作。
操作实施	**教师活动**：教师将学生分组，并要求学生分工明确，严格强调安全和事故预防要求等。实施过程中教师进行巡视指导。 **学生活动**：学生分为 4 组（4 个装配工位），分工操作。每组 4 人，每组每次安排 2 名学生操作，所有学生轮流，每个学生都要完成一次操作。当 2 名学生进行操作时，同组的另外 1 名学生担任小组长的角色，分别对其进行评价和监督。同组的第 4 名学生负责查阅作业指导书等相关资料。

➢ 任务检查

5S 与检查工作结果：

教师活动：教师提供任务检查单。要求学生分组，小组合作完成任务检查及 5S，在表单上进行标注。教师要求学生小组成员对工作过程和工作计划进行监督和评估，记录优缺点及改进建议，并口头表述。教师要重点引导学生对队友的支持性意见的表达，并训练学生接纳他人建议。

学生活动：学生分组，小组合作完成任务检查及 5S，并在任务检查单上标注。学生按照教师的规定对小组其他成员的工作过程友善地提出改进建议。

☞ 任务评价

总结知识点、技能点和素养点：
教师活动：教师归纳整理理论体系，以一页 PPT 展示知识点、技能点和素养点。
学生活动：学生认真反思、倾听，构建适合自己学习的知识体系。学生对照学习目标进行自我评价。

5.2 变速器总成装配

☞ 教学准备

教学情境准备	**教师活动**：在老师的指导下对整个班级进行分组，并由各小组讨论，选举出组长。教师安排组长负责班组管理，如负责分配分解任务，负责班组团队建设、班内的协调工作等。 **学生活动**：组长根据查阅的作业指导书、互联网及相关资料的学习，通过班组讨论进行分解、分配任务，并由组长担任装配质量检查员。按照制定的任务分解单和标准操作工序在班组内进行装配训练，查找存在的问题与不足，提出改进的措施或意见并记录。
教学目标准备	**素养点：** ① 能够小组合作，能够良好地自我表达，能够与他人进行有效的沟通和交流。 ② 能够阅读相关的教学资料，通过查阅资料能够使用工具。 ③ 能够独立工作，并保持周围环境干净整洁。 **知识点：** 自动变速器的结构和工作原理。 **技能点：** 自动变速器总成的装配。
资料设备清单	① 长安逸动车辆一台。 ② 汽车总装模拟生产线。 ③ 世达 128 件工具套装、工具车等。 ④ 长安逸动车辆变速器装配作业指导书。

☞ 任务描述

角色扮演	**学生活动**：学生分组，四人一组。分布于变速器总成的装配工位之上，扮演装配工人、小组长（质检员），在模拟生产线上重现装配流程。 **教师活动**：教师观察学生的装配过程，观察同学的表现。
全员换位评价	学生在班组内进行轮岗（包括组长，即质量检查岗）训练。通过轮岗训练，要求学生能够熟练掌握本班组内的不同岗位上多个任务的操作能力以及本班组装配质量的检查能力。
全员分组练习	**教师活动**：教师通过观察找出表现优异的同学，作为借鉴和示范，要求各小组接受任务并练习。 **学生活动**：学生按照示范，遵循教师的提示与强调，分组在汽车模拟生产线上进行任务接受并练习，进行轮岗训练。
提交检查评估表	**教师活动**：教师要求学生对任务的完成情况进行评估并提出改进意见。 **学生活动**：学生在任务工单上进行自评和互评。

☞ 任务分析

教师活动：教师提供任务工单、长安逸动车辆装配作业指导书，指导学生独立完成装配步骤的分析。
学生活动：根据教师提供的资料进行查阅，确定分工位的装配步骤和注意事项并明确分工与协作。
装配流程有 2 个：
1. 自动变速器油泵油封、阀体总成、液力变矩器及控制单元的装配。
2. 自动变速器动力总成的装配。

☞ 理论学习

5.2.1 变速器的结构和工作原理

一、变速器的功能

微课视频
变速器的结构和
工作原理

1）改变来自发动机的转速和转矩，改变传动比，扩大驱动轮转矩和转速的变化范围，以适应经常变化的行驶条件，使发动机在较好工况下工作。

2）在发动机旋转方向不变的情况下，使汽车实现倒车行驶。

3）利用空档，中断动力传递，以使发动机能够起动、怠速运转和滑行等。

二、变速器的类型

1. 按传动比级数分类

可分为有级式、无级式和综合式三种。

1）有级式变速器：采用齿轮传动，具有若干个定值传动比。

2）无级式变速器：传动比可在一定范围内连续变化，多采用液力变矩器完成。

3）综合式变速器：由液力变矩器和行星齿轮式变速器组成的液力机械式变速器，其传动比可在最大值和最小值之间的几个间断的范围内作无级变化。

2. 按变速器操纵方式分类

可分为手动变速器、自动变速器和手自一体变速器。

1）手动变速器：是通过驾驶人用手操纵变速杆来选定档位，并直接操纵变速器的换档机构进行档位变换。

2）自动变速器：自动控制系统根据发动机的负荷和车速的变化情况自动选定档位，并进行档位变换，即自动地改变传动比。

3）手自一体变速器：可以自动换档，也可以手动换档。

3. 按行星齿轮传动机构分类

可分为辛普森式和拉维娜式。

三、自动变速器的结构

自动变速器是指汽车驾驶中离合器和变速器的操纵都实现了自动化，即可以实现自动换档，简称 AT，是英文 Automatic Transmission 的缩写，目前自动变速器的自动换档等过程都是由自动变速器的电子控制单元（ECU）控制。自动变速器主要由液力变矩器、齿轮变速机构、换档执行机构、液压控制系统和电子控制系统五大部分组成，如图 5-2-1a 所示。这是一个辛普森式自动变速器，具有前、后行星排的双排行星齿轮机构。

拉维娜式自动变速器是由一个单行星排与一个双行星排组合而成的复合式行星机构，共用一行星架、长行星轮和齿圈，故它只有 4 个独立元件，如图 5-2-1b 所示。与辛普森式自动变速器相比，拉维娜式自动变速器结构紧凑，传动转矩较大，但结构较为复杂，工作原理较难理解。

四、自动变速器的基本工作过程

基本工作过程如图 5-2-2 所示，电子控制单元（ECU）使用传感器采集节气门开度、车速等信号，并将其与内存中的标准数据进行比较以确定换档档位和换档时机，之后电子控制单元（ECU）向电磁执行元件发出控制指令，并通过液压执行元件改变齿轮传动路线，实现自动换档。

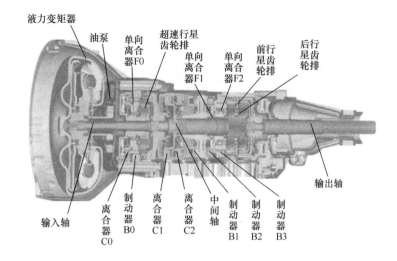

a) 辛普森式自动变速器结构示意图

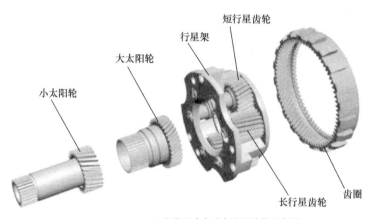

b) 拉维娜式自动变速器结构示意图

图 5-2-1　自动变速器结构示意图

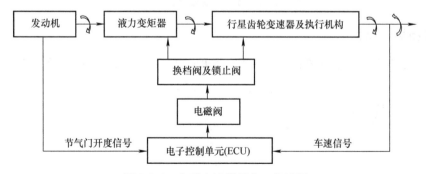

图 5-2-2　自动变速器基本工作过程

五、液力变矩器

安装在发动机与变速器之间，将发动机转矩柔和地传给变速器输入轴，并在一定范围内实现自动增扭，其结构如图 5-2-3 所示。

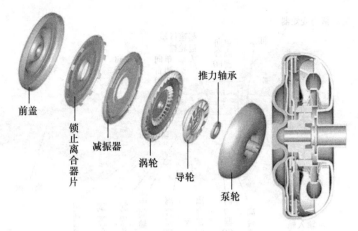

图 5-2-3　液力变矩器

六、行星齿轮机构

行星齿轮的主要功能是形成不同的传动比，组合成电控自动变速器不同的档位。行星齿轮机构由三个元件组成，分别为太阳轮、齿圈、行星架。三元件的回转中心重合，制动任一元件或连接两个元件，余下两元件之间即可实现动力传递，其结构如图 5-2-4 所示。

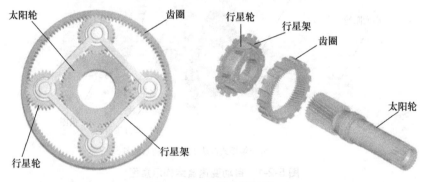

图 5-2-4　行星齿轮结构

七、换档执行元件

换档执行机构的元件包括离合器、制动器和单向离合器。其总体结构如图 5-2-5 所示。

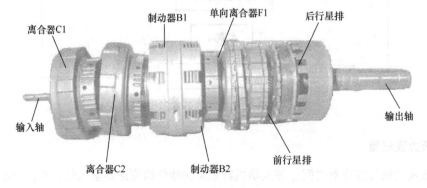

图 5-2-5　换档执行元件

1. 离合器

自动变速器中的湿式多片离合器是用来连接输入轴或输出轴和某个基本元件，或将行星齿轮机构中某两个基本元件连接在一起实现转矩的传递。其构造一般为多片摩擦式，是液压控制的执行元件，如图 5-2-6 所示。

图 5-2-6　离合器元件图

2. 制动器

制动器的功用是固定行星齿轮机构中的基本元件，阻止其旋转。在自动变速器中常用的制动器有湿式多片式制动器和带式制动器两种。

（1）片式制动器

其结构与片式离合器相同。不同之处是制动器从动片的外缘花键齿与固定的变速器外壳连接，可轴向移动，以便接合时将主动件制动，使行星齿轮机构改组换档，如图 5-2-7 所示。该种制动器接合的平顺性好，间隙无须调整，其缺点是轴向尺寸大。片式制动器能通过增减摩擦片数来满足不同排量发动机的要求，故小轿车使用很多。

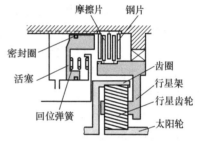

图 5-2-7　片式制动器结构示意图

（2）带式制动器

它由制动带、油缸、活塞和调整件组成。外弹簧为活塞的回位弹簧。内弹簧为旋转鼓反作用力的缓冲弹簧，防止活塞振动。调整点多在带的支撑端，可在体外调整或拆下油底调整。拧动调整螺栓来调整（旋紧再松 2～3 圈），调好后再用锁紧螺母锁紧。其结构如图 5-2-8 所示。

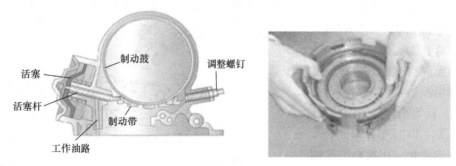

图 5-2-8　带式制动器结构示意图

3. 单向离合器

单向离合器的作用是单方向固定行星齿轮机构中某个基本元件的转动。常见形式为楔块式，如图 5-2-9 所示。

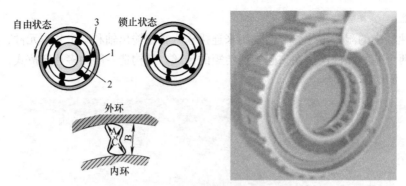

图 5-2-9 楔块式单向离合器结构示意图

1—外座圈 2—内座圈 3—楔块
A > B > C

八、液压油泵

油泵是变速器内所有液压油的动力源。油泵大都安装在液力变矩器的后方，由发动机通过液力变矩器驱动。发动机不工作时，系统油压就不能建立，因而离合器、制动器无法工作，也就不能通过挂档反拖的方法来起动发动机；变速器主油道上设有限压阀，以防高速时油压过高。如图 5-2-10 所示。

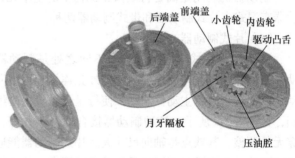

图 5-2-10 液压油泵

九、控制阀体总成

控制阀体总成包括上下阀板，设置有油道，安装有电磁阀、换档阀、手动阀、压力调节阀等，如图 5-2-11 所示。控制阀分为两部分，一是手控阀，二是换档阀。手控阀由驾驶人通过操纵手柄和连接装置操纵而改变其位置。其作用是切换控制系统油路，实现 P、R、N、D 等档位范围的转换。而换档阀则由 ECU 根据车速和发动机负荷的变化，在换档电磁阀控制油压作用下向左或向右移动，切换换档执行元件的油道，完成换档执行元件的工作组合，实现自动换档。

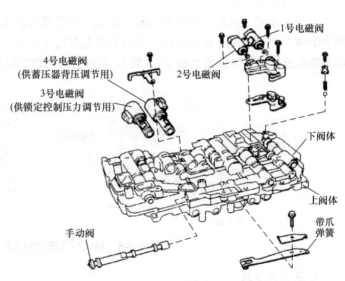

图 5-2-11 控制阀体总成

5.2.2 变速器总成的装配

长安逸动 PLUS 自动变速器是一款紧凑、轻量、新一代电控式前置前驱 6 速自动变速器,它运用了拉维娜(Ravigneaux)式行星齿轮机构,另外还采用了高精度离合液压控制系统以获取更快的换档响应和平顺性,如图 5-2-12 所示。其部件分解图如图 5-2-13 所示。

拉维娜自动变速器总成的装配步骤如下:

一、油泵油封装配

用专用工具和榔头进行安装。安装规格:距离油泵端面(0±0.2)mm。如图 5-2-14 所示。

二、阀体总成装配

1)按照如图 5-2-15 所示顺序用 8 颗螺栓安装阀体总成。
2)连接手动阀连杆,安装阀体总成,如图 5-2-16 所示。

三、安装油底壳

在油底壳连接面涂上密封胶,确保整个连接面都能被均匀覆盖。将油底壳安装到箱体,拧紧 13 颗螺栓,力矩大小为(9.8~15.7)N·m,如图 5-2-17 所示。装配时需整理好内部线束,防止线束被夹在油体壳和箱体接合面之间,造成线束损坏。

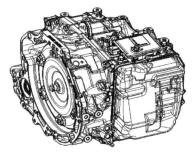

图 5-2-12 拉维娜式自动变速器

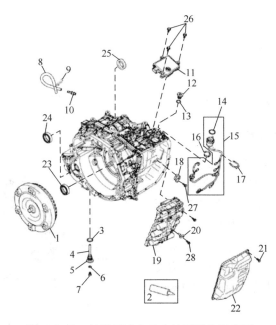

图 5-2-13 拉维娜式自动变速器结构示意图

1—液力变矩器 2—油底壳密封胶 3—放油孔 O 形密封圈 4—溢流管 5—放油螺栓 6—溢流孔 O 形密封圈 7—溢流孔螺栓 8—通气管 9—管卡 10—通气管插头 11—自动变速器控制单元(TCU) 12—注油孔螺栓 13—注油孔 O 形密封圈 14—O 形圈 15—线束总成 16—线束垫圈 17—线束 U 型卡 18—速度传感器 19—阀体 20—油温传感器定位卡 21—油底壳螺栓 22—油底壳 23—油泵油封 24、25—差速器油封(左、右) 26、27、28—法兰面螺栓

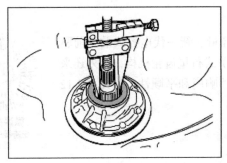
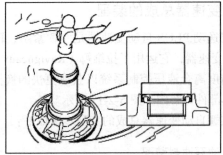

图 5-2-14 油泵油封装配

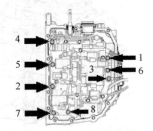

图 5-2-15 阀体总成安装

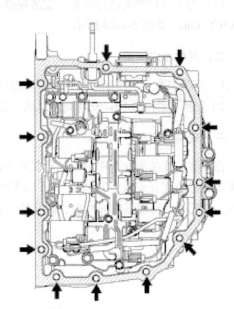

图 5-2-16 连接手动阀连杆

图 5-2-17 油底壳装配

四、安装液力变矩器总成

用螺钉旋具调整花键，使其处于油泵中心位置，将油泵花键和 T/C 键槽位置对应，完成液力变矩器总成的装配，如图 5-2-18 所示。装配时，注意不能损坏液力变矩器油封。用卡尺测量自动变速器（AT）法兰面到液力变矩器螺纹孔端面的距离，用以判断液力变矩器是否装配到位，标准距离值为 11.1mm。如图 5-2-19 所示。

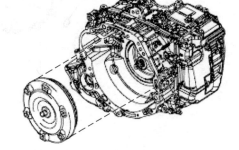

图 5-2-18 液力变矩器安装

五、安装自动变速器控制单元（TCU）

1）连接 TCU 和 AT 端子，如图 5-2-20a 所示。

2）按照图示标记，将档位传感器调整到 N 位位置，对准 TCU 和 AT 的连接端口，沿竖直方向轻压 TCU，使其装配到位，如图 5-2-20b 所示。

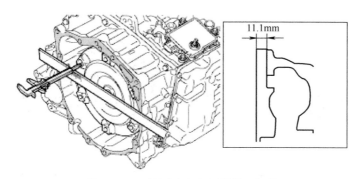

图 5-2-19 检测液力变矩器装配间隙

3）装配 TCU 螺栓，规格：M8×1.25×20mm，力矩大小为（19.6~27.5）N·m，如图 5-2-20c 所示。

4）装上换档臂，螺母规格：M8×1.25，力矩大小为（16±2）N·m，将换档臂拨到 N 位位置，如图 5-2-20d 所示。

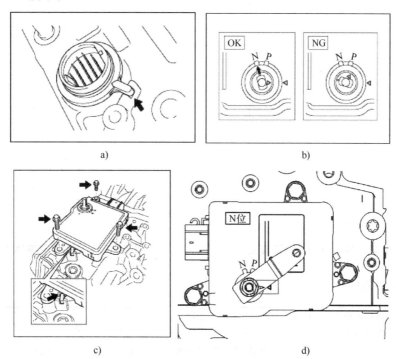

图 5-2-20 自动变速器控制单元安装

六、动力总成的安装

1. 装配飞轮定位销和驱动盘总成

用 8 颗连接螺栓固定驱动盘与曲轴，力矩大小为（76±3）N·m。装配驱动盘与曲轴连接螺栓时，需要在螺栓头部涂适量的螺纹密封胶，如图 5-2-21 所示。

2. 发动机与变速器连接

1）将发动机缸体与变速器壳体用 8 颗连接螺栓固定拧紧，如图 5-2-22 所示。

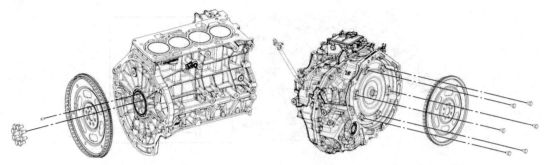

| 图 5-2-21 发动机飞轮定位销和驱动盘总成装配 | 图 5-2-22 变速器与发动机安装 |

2)从起动机安装孔处安装驱动盘与变速器的连接螺栓,每安装一颗需将曲轴沿车轮前进方向转动60°后安装第二颗。如图 5-2-23 所示。

3. 左悬置与变速器连接

预紧左悬置与变速器连接螺母(DCT)1 颗、左悬置与变速器连接螺栓(DCT)3 颗,再用电动扳手拧紧预紧的螺栓、螺母至(190±10)N·m,用记号笔标记拧紧的螺栓、螺母。如图 5-2-24 所示。

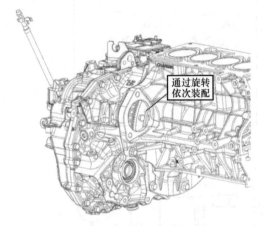

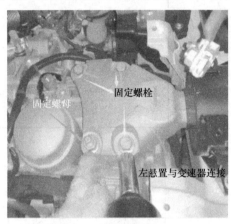

| 图 5-2-23 驱动盘与变速器安装 | 图 5-2-24 左悬置与变速器连接 |

☞ 任务计划

独立查阅信息	教师活动:教师提供长安逸动车辆的作业指导书。 学生活动:学生独立查阅教师提供的作业指导书,提炼整理关键信息。
小组制定工作计划并展示	教师活动:教师要求学生小组合作制定"变速器总成装配"的工作计划,把每一个分系统的装调细节和注意事项写出来,包括为什么干、怎么干、安全、环保、工具、时间、质量检查标准等。 学生活动:学生分小组讨论,小组合作完成工作计划的制定。

☞ 任务决策

装调员工与小组长沟通工作计划	教师活动:教师选出一个学生代表(这个学生是以往决策出现问题较大的)和自己进行任务决策,教师暂时担任小组长(质检员)的角色。 学生活动:被选出的学生与教师进行决策对话,让其他学生观察,并进行口头评价、补充、改进。
提交任务决策	学生活动:每个学生制定自己的任务决策,在任务工单上表述出来。 教师活动:教师对每个学生的任务决策进行确认。

☞ 任务实施

示范操作	**教师活动**：教师亲自示范操作，或者播放相关微课视频。 **学生活动**：学生观察教师的示范操作，或者观察微课视频中的示范操作。
操作实施	**教师活动**：教师将学生分组，并要求学生分工明确，严格强调安全和事故预防要求等。实施过程中教师进行巡视指导。 **学生活动**：学生分为 2 组（2 个装配工位），分工操作。每组 4 人，每组每次安排 2 名学生操作，所有学生轮流，每个学生都要完成一次操作。当 2 名学生进行操作时，同组的另外 1 名学生担任小组长的角色，分别对其进行评价和监督。同组的第 4 名学生负责查阅作业指导书等相关资料。

☞ 任务检查

5S 与检查工作结果：
教师活动：教师提供任务检查单。要求学生分组，小组合作完成任务检查及 5S，在表单上进行标注。教师要求学生小组成员对工作过程和工作计划进行监督和评估，记录优缺点及改进建议，并口头表述。教师要重点引导学生对队友的支持性意见的表达，并训练学生接纳他人建议。
学生活动：学生分组，小组合作完成任务检查及 5S，并在任务检查单上标注。学生按照教师的规定对小组其他成员的工作过程友善地提出改进建议。

☞ 任务评价

总结知识点、技能点和素养点：
教师活动：教师归纳整理理论体系，以一页 PPT 展示知识点、技能点和素养点。
学生活动：学生认真反思、倾听，构建适合自己学习的知识体系。学生对照学习目标进行自我评价。

5.3 发动机总成装配

☞ 教学准备

教学情境准备	**教师活动**：在老师的指导下对整个班级进行分组，并由各小组讨论，选举出组长。教师安排组长负责班组管理，如负责分配分解任务，负责班组团队建设、班内的协调工作等。 **学生活动**：组长根据查阅的作业指导书、互联网及相关资料的学习，通过班组讨论进行分解、分配任务，并由组长担任装配质量检查员。按照制定的任务分解单和标准操作工序在班组内进行装配训练，查找存在的问题与不足，提出改进的措施或意见并记录。
教学目标准备	**素养点：** ① 能够小组合作，能够良好地自我表达，能够与他人进行有效的沟通和交流。 ② 能够阅读相关的教学资料，通过查阅资料能够使用工具。 ③ 能够独立工作，并保持周围环境干净整洁。 **知识点：** 汽车发动机的结构和工作原理。 **技能点：** 汽车发动机总成的装配
资料设备清单	① 长安逸动车辆一台。 ② 汽车总装模拟生产线。 ③ 世达 128 件工具套装、工具车等。 ④ 长安逸动车辆发动机装配作业指导书。

🔖 任务描述

角色扮演	**学生活动**：学生分组，四人一组。分布于动力总成分装线的装配工位之上，扮演装配工人、小组长（质检员），在模拟生产线上重现装配流程。 **教师活动**：教师观察学生的装配过程，观察同学的表现。
全员换位评价	学生在班组内进行轮岗（包括组长，即质量检查岗）训练。通过轮岗训练，要求学生能够熟练掌握本班组内的不同岗位上多个任务的操作能力以及本班组装配质量的检查能力。
全员分组练习	**教师活动**：教师通过观察找出表现优异的同学，作为借鉴和示范，要求各小组接受任务并练习。 **学生活动**：学生按照示范，遵循教师的提示与强调，分组在汽车模拟生产线上进行任务接受并练习，进行轮岗训练。
提交检查评估表	**教师活动**：教师要求学生根据自己对任务的完成情况进行评估并提出改进意见。 **学生活动**：学生在任务工单上进行自评和互评。

🔖 任务分析

教师活动：教师提供任务工单、长安逸动车辆装配作业指导书，指导学生独立完成装配步骤的分析。
学生活动：根据教师提供的资料进行查阅，确定分工位的装配步骤和注意事项并明确分工与协作。

装配流程有 6 个：
1. 发动机和变速器装配。
2. 悬置支架装配。
3. 驱动轴装配。
4. 制动盘装配。
5. 机械转向器总成装配。
6. 动力总成装配。

🔖 理论学习

5.3.1 发动机的结构和工作原理

一、发动机的类型

1. 按照气缸排列分类

（1）直列式发动机

以长安逸动 PLUS 为例，其搭载的是长安全新自主开发的一款 JL473ZQ3 发动机，为直列四缸燃油发动机，其结构如图 5-3-1 所示，包括前端轮系、正时机构、配气机构、曲柄连杆机构等。

（2）V 型发动机

V 型发动机的结构是相邻的气缸以一定的夹角布置，使两组气缸形成有一个夹角的平面，它便于通过扩大气缸直径来提高排量和功率并且适合于较高的气缸数，其结构如图 5-3-2 所示。

（3）水平对置式发动机

水平对置式发动机的活塞平均分布在曲轴

微课视频
发动机的结构和工作原理

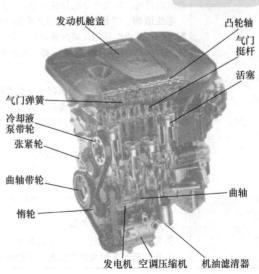

图 5-3-1 直列式发动机结构示意图

两侧，在水平方向上左右运动。使发动机的整体高度降低、长度缩短、整车的重心降低，车辆行驶更加平稳，发动机安装在整车的中心线上，两侧活塞产生的力矩相互抵消，大大降低车辆在行驶中的振动，使发动机转速得到很大提升，减少噪声。其结构如图 5-3-3 所示。

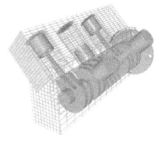 

图 5-3-2　V 型发动机结构示意图　　　　图 5-3-3　水平对置式发动机结构示意图

2. 按照冷却的方式分类

内燃机按照冷却方式不同可以分为水冷发动机和风冷发动机，分别如图 5-3-4 和图 5-3-5 所示。水冷发动机是利用在气缸体和气缸盖冷却水套中进行循环的冷却液作为冷却介质进行冷却的；而风冷发动机是利用流动于气缸体与气缸盖外表面散热片之间的空气作为冷却介质进行冷却的。水冷发动机冷却均匀，工作可靠，冷却效果好，被广泛地应用于现代车用发动机。

图 5-3-4　水冷发动机　　　　图 5-3-5　风冷发动机

3. 按照行程分类

发动机每一次将热能转化为机械能都必须经过进气、压缩、做功和排气这样一系列连续过程，称为一个工作循环。按照完成一个工作循环所需的行程数可分为四冲程内燃机和二冲程内燃机，活塞在气缸内上下往复运动四个行程，完成一个工作循环的内燃机称为四冲程内燃机；活塞在气缸内上下往复运动两个行程，完成一个工作循环的内燃机称为二冲程内燃机。汽车发动机广泛使用四冲程内燃机。

4. 按照所用燃料分类

内燃机按照所使用燃料的不同可以分为汽油机和柴油机。使用汽油为燃料的内燃机称为汽油机。使用柴油机为燃料的内燃机称为柴油机。汽油机与柴油机比较各有特点；汽油机转速高，质量小，噪声小，起动容易，制造成本低；柴油机压缩比大，热效率高，经济性能和排放性能都比汽油机好。

5. 按照进气系统是否采用增压方式分类

内燃机按照进气系统是否采用增压方式可以分为自然吸气（非增压）式发动机和强制进气（增压）式发动机。汽油机常采用自然吸气式；柴油机为了提高功率有采用增压式的。

二、发动机的结构

现代汽车发动机主要由曲柄连杆机构、配气机构、燃料供给系统、润滑系统、冷却系统、点火系统、起动装置、进气系统、机体组构成。

1. 曲柄连杆机构

曲柄连杆机构是发动机实现工作循环,完成能量转换的主要运动零件。它由机体组、活塞连杆组和曲轴飞轮组等组成。在做功行程中,活塞承受燃气压力在气缸内做直线运动,通过连杆转换成曲轴的旋转运动,并从曲轴对外输出动力。而在进气、压缩和排气行程中,飞轮释放能量又把曲轴的旋转运动转化成活塞的直线运动。其结构如图5-3-6所示。

图 5-3-6 发动机曲柄连杆机构

2. 配气机构

配气机构的功用是按照发动机每一气缸内所进行的工作循环和发火次序的要求,定时开启和关闭进气门和排气门,使可燃混合气或空气进入气缸,并使废气从气缸内排出,实现换气过程。配气机构大多采用顶置气门式配气机构,一般由气门组、气门传动组和气门驱动组组成。主要是要求其结构有利于减小进气和排气的阻力,而且进、排气门的开启时刻和持续开启时间比较适当,使吸气和排气都尽可能充分。其结构如图5-3-7所示。

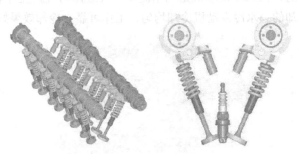

图 5-3-7 发动机配气机构

3. 燃料供给系统

汽油机燃料供给系统的功用是根据发动机各种工况的要求,配制出一定数量和浓度的混合气,供入气缸,并将燃烧后的废气从气缸内排到大气中去;柴油机燃料供给系统的功用是把柴油和空气分别供入气缸,在燃烧室内形成混合气并燃烧,最后将燃烧后的废气排出,其油路如图5-3-8所示。

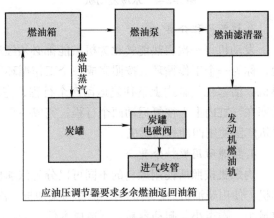

图 5-3-8 燃料供给系统油路

4. 润滑系统

润滑系统的功用是在发动机工作时连续不断地把数量足够的洁净润滑油输送到全部传动件的摩擦表面,并在摩擦表面之间形成油膜,以实现液体摩擦、减小摩擦阻力、减轻机件的磨损,并对零件表面进行清洗和冷却。润滑系统通常由润滑油道、机油泵、机油滤清器、油底壳、集滤器和一些润滑油压力表、温度表和阀门等组成。其结构如图5-3-9所示。

5. 冷却系统

冷却系统的功用是将受热零件吸收的部分热量及时散发出去，保证发动机在最适宜的温度状态下工作。发动机的冷却系统有风冷和水冷之分，汽车发动机，尤其是轿车发动机大都采用水冷系统，只有少数汽车发动机采用风冷系统。

6. 点火系统

在汽油机中，气缸内的可燃混合气是靠电火花点燃的，为此在汽油机的气缸盖上装有火花塞，火花塞头部伸入燃烧室内。能够按时在火花塞电极间产生电火花的全部设备称为点火系统，为了适应发动机的工作，要求点火系统能在规定的时刻，按发动机的点火次序供给火花塞以足够能量的高压电，使其两电极间产生电火花，点燃混合气，使发动机做功。点火系统通常由蓄电池、发电机、分电器、点火线圈和火花塞等组成，其结构如图 5-3-10 所示。

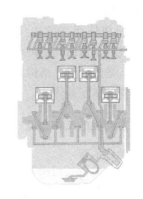

图 5-3-9　发动机润滑系统

7. 起动系统

因为发动机不能自行由静止转入工作状态，所以必须用外力转动曲轴，直到曲轴达到发动机开始燃烧所必需的转速，保证混合气的形成、压缩和点火能够顺利进行。发动机由静止转入工作状态的全过程，称发动机的

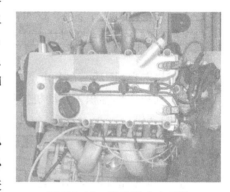

图 5-3-10　发动机点火系统

起动。完成发动机起动过程所需的一系列装置称为发动机起动装置。发动机起动装置一般由直流电动机、操纵机构和离合机构三大部分组成。其结构如图 5-3-11 所示。

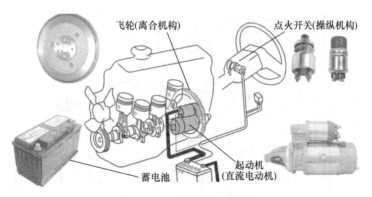

图 5-3-11　发动机起动装置

8. 进气系统

把空气或混合气导入发动机气缸的零部件集合体称为发动机进气系统。进气系统在发动机上的整体结构如图 5-3-12 所示，包含了空气滤清器、进气歧管、进气门机构。空气经空气滤清器过滤掉杂质后，流过空气流量传感器，经由进气道进入进气歧管，与喷油器喷出的汽油混合后形成适当比例的油气，由进气门送入气缸内点火燃烧，产生动力。

9. 机体组

发动机机体组主要由气缸盖、气缸垫、气缸体、油底壳、气缸盖罩以及主轴承盖等组成。机体组是发动机的支架，是曲柄连杆机构、配气机构和发动机各系统主要零部件的装配基体。

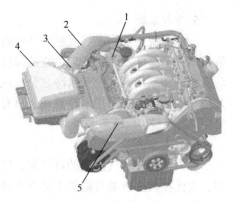

图 5-3-12 发动机进气系统
1—节气门体 2—进气管后段 3—空气流量传感器 4—空气滤清器 5—进气管前段

三、发动机的工作原理

1. 发动机术语

发动机术语可参照图 5-3-13 所示来解释。

1）上止点：活塞在气缸中的最高点。
2）下止点：活塞在气缸中的最低点。
3）活塞行程：上、下两止点的直线距离。
4）气缸工作容积：活塞从上止点到下止点所扫过的容积。
5）燃烧室容积：活塞在上止点时，活塞顶部以上的空间。
6）发动机工作容积（发动机排量）：多缸发动机各气缸工作容积的总和。
7）压缩比：气缸总容积与燃烧室容积的比值。

2. 四冲程汽油发动机的工作原理

混合气体燃烧所爆发出的能量使活塞上下移动，从而带动曲轴等部件进行旋转运动，四冲程汽油机的运转是按进气行程、压缩行程、做功行程和排气行程的顺序不断循环反复的，如图 5-3-14 所示。

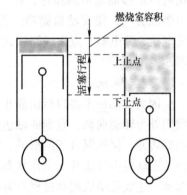

图 5-3-13 发动机术语参照图

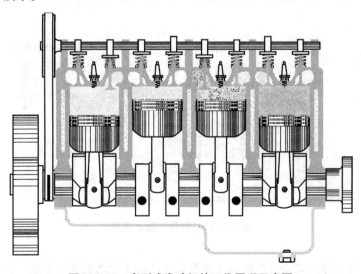

图 5-3-14 直列式发动机的工作原理示意图

1）进气行程（intake stroke）。由于曲轴的旋转，活塞从上止点（top dead center）向下止点（bottom dead center）运动，这时排气门关闭，进气门打开。其过程如图 5-3-15a 所示。

2）压缩行程（compression stroke）。曲轴继续旋转，活塞从下止点向上止点运动，这时进气门和排气门都关闭，气缸内成为封闭容积，可燃混合气受到压缩，压力和温度不断升高，当活塞到达上止点时压缩行程结束。其过程如图 5-3-15b 所示。

3）做功行程（power stroke）。做功行程包括燃烧过程和膨胀过程，在这一行程中，进气门和排气门仍然保持关闭。当活塞位于压缩行程接近上止点位置时，火花塞产生电火花点燃可燃混合气，可燃混合气燃烧后放出大量的热使气缸内气体温度和压力急剧升高，高温高压气体膨胀，推动活塞从上止点向下止点运动，通过连杆使曲轴旋转并输出机械功，除了用于维持发动机本身继续运转外，其余用于对外做功。随着活塞向下运动，气缸内容积增加，气体压力和温度降低，当活塞运动到下止点时，做功行程结束。其过程如图 5-3-15c 所示。

4）排气行程（exhaust stroke）。可燃混合气在气缸内燃烧后生成的废气必须从气缸中排出去以便进行下一个进气行程。当做功接近终了时，排气门开启，进气门仍然关闭，靠废气的压力先进行自由排气，活塞到达下止点再向上止点运动时，继续把废气强制排到大气中去，活塞越过上止点后，排气门关闭，排气行程结束。其过程如图 5-3-15d 所示。

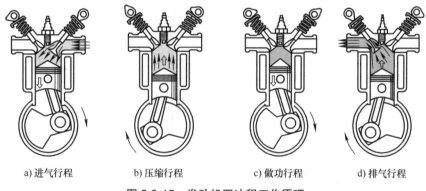

a) 进气行程　　　b) 压缩行程　　　c) 做功行程　　　d) 排气行程

图 5-3-15　发动机四冲程工作原理

5.3.2　发动机总成的装配

一、发动机总成装配概述

汽车发动机属于动力装置。在实际的生产流水线中，动力总成的装配包括了发动机总成、变速器总成、机械转向器总成、前副车架总成等，同时与车身合装。动力总成分装在合装线旁边的分装线完成。装配线的动力总成合装均由自动引导小车（Automatic Guided Vehicle，AGV）来完成，合装的内容为动力总成、后轴总成及排气管总成等，如图 5-3-16 所示。先将副车架安装到机械托架上，再依次安装悬架中左右侧的前摆臂总成、转向节与制动器组件、弹簧与减振组件、转向器与拉杆总成、横向稳定杆、万向传动装置，然后再将组装在一起的动力总成（发动机、自动变速器）装到副车架上，而发动机和变速器通过悬置系统安装到车身上。

微课视频
发动机总成的装配

二、发动机和变速器装配

以长安逸动 PLUS 为例，首先将发动机与变速器对正，如图 5-3-17 所示，然后用 9 颗螺栓连接和固定发动机缸体与变速器壳体，其位置如图 5-3-18 所示。发动机与变速器安装完成后如图 5-3-19 所示。

图 5-3-16 动力总成与车身合装示意图

图 5-3-17 发动机与变速器对正

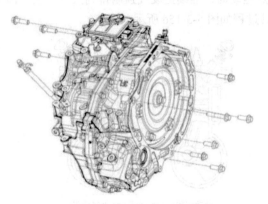

图 5-3-18 固定螺栓位置示意图

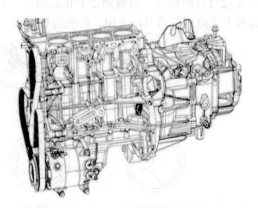

图 5-3-19 发动机缸体与变速器壳体安装完成

三、悬置支架的装配

逸动 PLUS 的悬置系统为四点悬置布置方式，通过前悬置模块、后悬置模块、左悬置模块和右悬置模块将动力总成连接到车体和前副车架上。

前悬置模块包含前悬置软垫总成和前悬置支架，后悬置模块包含后悬置软垫总成和后悬置支架，左悬置模块包含左悬置软垫总成，右悬置模块包含右悬置软垫总成和右悬置支架。其中前、后、左悬置软垫总成为橡胶衬套悬置，右悬置软垫总成为液压悬置，悬置支架的安装位置示意图如图 5-3-20 所示。安装步骤如下：

1）安装左悬置软垫总成。将左悬置软垫总成放置在动力舱左侧大梁安装位置，用手扶住左悬置软垫总成，使螺栓安装孔与固定孔对齐，如图 5-3-21a 所示，预紧 3 颗固定螺栓，再用电动扳手拧紧固定螺栓至规定力矩。如图 5-3-21b 所示。

2）安装右悬置软垫总成。将右悬置软垫总成放置在动力舱右侧大梁安装位置，用手扶住右悬置软垫总成，使螺栓安装孔与固定孔对齐，如图 5-3-22a 所示，预紧 3 颗固定螺栓，再用电动扳手拧紧固定螺栓至规定力矩。如图 5-3-22b 所示。

3）连接后悬置软垫总成与发动机总成。操作辅助吊具将副车架总成放置于动力总成装配辅具上，再操作辅助吊具将发动机总成放置于动力总成装配辅具上。将后悬置软垫总成放入发动机支架内,将六角法兰面螺栓穿过后悬置软垫总成与发动机支架内安装孔预紧螺母,再用电动扳手拧紧至(70±5)N·m,用记号笔标记拧紧的螺栓。如图5-3-23所示。

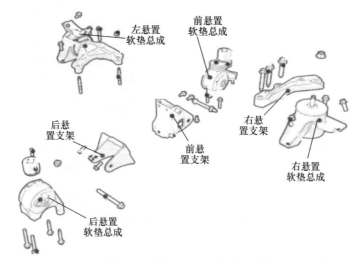

图 5-3-20　悬置支架安装位置示意图

a) 左悬置软垫总成对齐

b) 固定左悬置软垫总成

图 5-3-21　左悬置软垫总成安装

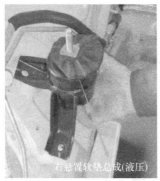
a) 右悬置软垫总成对齐

b) 固定右悬置软垫总成

图 5-3-22　右悬置软垫总成安装

a) 后悬置软垫总成安装　　　　b) 后悬置软垫总成与发动机总成连接

图 5-3-23　后悬置软垫总成与发动机总成连接

4) 安装右悬置支架。将右悬置支架放入右悬置相应安装固定点，依次预紧 1 颗六角法兰面承面带齿螺母、3 颗左支架与右软垫连接螺栓，再用电动扳手依次拧紧至（110±5.5）N·m，用记号笔标记拧紧的螺栓、螺母。如图 5-3-24 所示。

5) 左悬置与变速器连接。预紧左悬置与变速器连接螺母（DCT）1 颗、左悬置与变速器连接螺栓（DCT）3 颗，再用电动扳手拧紧预紧的螺栓、螺母至（190±10）N·m，用记号笔标记拧紧的螺栓、螺母。如图 5-3-25 所示。

 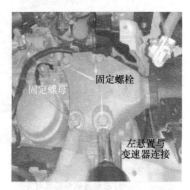

图 5-3-24　右悬置支架安装　　　　图 5-3-25　左悬置与变速器连接

四、驱动轴的装配

传动系统采用前置前驱的方式，差速器位于变速器总成内部。驱动轴将动力从变速器传递到车轮总成，左右驱动轴的内端都有一个外花键，左驱动轴通过花键端部的差动弹簧挡圈与差速器齿轮互锁，右驱动轴通过支架安装于发动机缸体上，实现轴向定位。驱动轴总成的结构如图 5-3-26 所示。

装配步骤如下：

去掉变速器上的防尘堵盖，将驱动轴装配护套装配到变速器的驱动轴装配孔中，然后将驱动轴总成插入到变速器传动轴孔中，如图 5-3-27a 所示，并将传动轴放平，旋入变速器

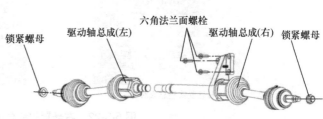

图 5-3-26　驱动轴总成结构示意图

中。驱动轴端部装配后，取下传动轴装配护套。如图 5-3-27b 所示。传动轴装配护套保证传动轴头部不接触到油封唇边。

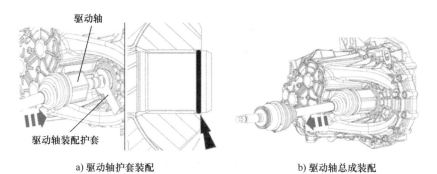

a) 驱动轴护套装配　　　　　　　　b) 驱动轴总成装配

图 5-3-27　驱动轴装配示意图

五、制动盘的装配

以长安逸动 PLUS 前盘式制动器为例，安装制动盘锁紧螺母。将电动扳手定位销插进制动盘的螺栓安装孔中，将锁紧螺母拧紧，力矩大小为 270N·m，如图 5-3-28 所示。

六、机械转向器总成的装配

图 5-3-28　制动盘的装配

本小节讲述机械式转向器的装配。转向系统的助力机构在转向管柱上，采用的是转向管柱电子助力转向系统，此装配任务在第 5.5 节中有详尽的阐述。转向力由方向盘经转向柱传递到转向器小齿轮轴，通过齿轮齿条传递到转向器左右横拉杆上，再由左右横拉杆传递到转向节，再至车轮。机械式转向器安装在副车架上，跟随前动力总成系统与车身合装。合装后，转向器的输入轴与转向管柱的下轴节叉连接，装配完成。机械转向器的结构如图 5-3-29 所示。

图 5-3-29　机械转向器的结构示意图
1—转向器总成　2—六角开槽锁紧螺母（2颗）　3—开口销（2颗）
4—六角头螺栓、弹簧垫圈和平垫圈组合件（4颗）

转向器的装配步骤为：

1）将转向器与前副车架总成连接，如图 5-3-30a 所示，拧紧力矩（115±10）N·m。

2）将转向器左、右外拉杆总成从转向节安装孔中同时插入，如图 5-3-30b 所示。

3）安装开口销及六角开槽螺母，如图 5-3-30c 所示，用电动扳手将螺母拧紧，力矩大小为 (35±3) N·m。

4）将转向管柱下轴节叉套入转向器输入轴上，并紧固螺栓，如图 5-3-30d 所示。

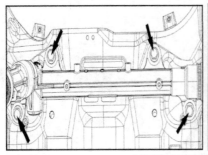 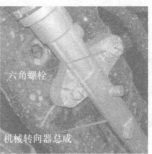

a）转向器与前副车架连接

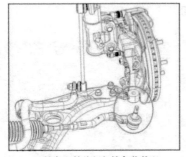 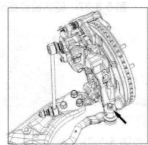

b）转向器外拉杆与转向节装配　　　　c）安装开口销及六角开槽螺母

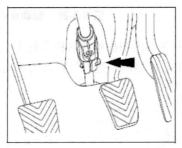 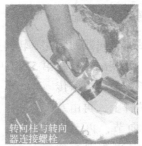

d）将转向管柱下轴节叉套入转向器输入轴上

图 5-3-30　机械转向器的装配

七、动力总成装配

1）将动力总成装配台移动至车辆发动机舱，调整动力总成位置，举升动力总成使副车架放入车身连接点，变速器支点放入左悬置支架内。如图 5-3-31a 所示。

2）拿取平垫圈放入左侧副车架后端固定点内，将螺母预紧到固定螺柱。拿取平垫圈放入右侧副车架后端固定点内，将螺母预紧到固定螺柱。如图 5-3-31b 和图 5-3-31c 所示。

3）将 2 颗六角法兰面螺栓分别预紧到副车架前端安装位置。如图 5-3-31d 和图 5-3-31e 所示。

4）用电动扳手依次拧紧副车架预紧的螺栓、螺母至（110±5.5）N·m。用记号笔标记拧紧的螺栓、螺母。如图 5-3-31b～e 所示。

a) 动力总成合装

b) 动力总成合装固定点 Ⅰ

c) 动力总成合装固定点 Ⅱ

d) 动力总成合装固定点 Ⅲ

e) 动力总成合装固定点 Ⅳ

图 5-3-31　动力总成装配

☞ 任务计划

独立查阅信息	**教师活动**：教师提供长安逸动车辆的作业指导书。 **学生活动**：学生独立查阅教师提供的作业指导书，提炼整理关键信息。
小组制定工作计划并展示	**教师活动**：教师要求学生小组合作制定"发动机总成装配"的工作计划，把每一个分系统的装调细节和注意事项写出来，包括为什么干、怎么干、安全、环保、工具、时间、质量检查标准等。 **学生活动**：学生分小组讨论，小组合作完成工作计划的制定。

☞ 任务决策

装调员工与小组长沟通工作计划	**教师活动**：教师选出一个学生代表（这个学生是以往决策出现问题较大的）和自己进行任务决策，教师暂时担任小组长（质检员）的角色。 **学生活动**：被选出的学生与教师进行决策对话，让其他学生观察，并进行口头评价、补充、改进。
提交任务决策	**学生活动**：每个学生制定自己的任务决策，在任务工单上表述出来。 **教师活动**：教师对每个学生的任务决策进行确认。

☞ 任务实施

示范操作	**教师活动**：教师亲自示范操作，或者播放相关微课视频。 **学生活动**：学生观察教师的示范操作，或者观察微课视频中的示范操作。
操作实施	**教师活动**：教师将学生分组，并要求学生分工明确，严格强调安全和事故预防要求等。实施过程中教师进行巡视指导。 **学生活动**：学生分为 6 组（6 个装配工位），分工操作。每组 4 人，每组每次安排 2 名学生操作，所有学生轮流，每个学生都要完成一次操作。当 2 名学生进行操作时，同组的另外 1 名学生担任小组长的角色，分别对其进行评价和监督。同组的第 4 名学生负责查阅作业指导书等相关资料。

☞ 任务检查

5S 与检查工作结果：

教师活动：教师提供任务检查单。要求学生分组，小组合作完成任务检查及 5S，在表单上进行标注。教师要求学生小组成员对工作过程和工作计划进行监督和评估，记录优缺点及改进建议，并口头表述。教师要重点引导学生对队友的支持性意见的表达，并训练学生接纳他人建议。

学生活动：学生分组，小组合作完成任务检查及 5S，并在任务检查单上标注。学生按照教师的规定对小组其他成员的工作过程友善地提出改进建议。

任务评价

总结知识点、技能点和素养点：
教师活动： 教师归纳整理理论体系，以一页 PPT 展示知识点、技能点和素养点。
学生活动： 学生认真反思、倾听，构建适合自己学习的知识体系。学生对照学习目标进行自我评价。

5.4 冷却系统装配

教学准备

教学情境准备	**教师活动：** 在老师的指导下对整个班级进行分组，并由各小组讨论，选举出组长。教师安排组长负责班组管理，如负责分配分解任务，负责班组团队建设、班内的协调工作等。 **学生活动：** 组长根据查阅的作业指导书、互联网及相关资料的学习，通过班组讨论进行分解、分配任务，并由组长担任装配质量检查员。按照制定的任务分解单和标准操作工序在班组内进行装配训练，查找存在的问题与不足，提出改进的措施或意见并记录。
教学目标准备	**素养点：** ① 能够小组合作，能够良好地自我表达，能够与他人进行有效的沟通和交流。 ② 能够阅读相关的教学资料，通过查阅资料能够使用工具。 ③ 能够独立工作，并保持周围环境干净整洁。 **知识点：** 冷却系统的结构和工作原理。 **技能点：** 冷却系统部件的装配过程。
资料设备清单	① 长安逸动车辆一台。 ② 汽车总装模拟生产线。 ③ 世达 128 件工具套装、工具车等。 ④ 长安逸动车辆冷却系统装配作业指导书。

任务描述

角色扮演	**学生活动：** 学生分组，四人一组。分布于汽车冷却系统的装配工位之上，扮演装配工人、小组长（质检员），在模拟生产线上重现装配流程。 **教师活动：** 教师观察学生的装配过程，观察同学的表现。
全员换位评价	学生在班组内进行轮岗（包括组长，即质量检查岗）训练。通过轮岗训练，要求学生能够熟练掌握本班组内的不同岗位上多个任务的操作能力以及本班组装配质量的检查能力。
全员分组练习	**教师活动：** 教师通过观察找出表现优异的同学，作为借鉴和示范，要求各小组接受任务并练习。 **学生活动：** 学生按照示范，遵循教师的提示与强调，分组在汽车模拟生产线上进行任务接受并练习，进行轮岗训练。
提交检查评估表	**教师活动：** 教师要求学生根据自己对任务的完成情况进行评估并提出改进意见。 **学生活动：** 学生在任务工单上进行自评和互评。

任务分析

教师活动： 教师提供任务工单、长安逸动车辆装配作业指导书，指导学生独立完成装配步骤的分析。
学生活动： 根据教师提供的资料进行查阅，确定分工位的装配步骤和注意事项并明确分工与协作。
装配流程有 4 个：
1. 电子辅助冷却液泵的安装。
2. 散热器总成的安装。
3. 调温器的安装。
4. 散热器进、出水管的安装。

☞ 理论学习

5.4.1 冷却系统的结构和工作原理

冷却系统包括高温冷却系统和低温冷却系统。其中高温冷却系统通过高温散热器冷却发动机，防止发动机过热；低温冷却系统通过低温散热器冷却增压器及中冷器，降低进气温度及增压器温度。

微课视频
汽车冷却系统
装配

汽车中的发动机在适当的温度状态下运行状况最好。冷却系统的主要作用是将发动机热量散发到空气中以防止发动机过热，另一重要作用是使发动机尽快升温，并使其保持恒温，如果发动机温度偏低，会加快组件的磨损，从而使发动机效率降低并且排放出更多污染物。

发动机的冷却方式分为水冷式和风冷式。水冷式是机件热量传给冷却液，靠冷却液的流动带走热量，散入大气，冷却液再流回受热机件处。而风冷式是高温零件的热量直接散入大气。

高温冷却系统由风扇、冷却液泵、水套、节温器、散热器、水管、储液罐等组成，如图 5-4-1 所示。节温器的作用是控制通过散热器冷却液的流量，根据冷却液温度高低自动改变冷却液的循环流动路线，调节冷却系统的冷却强度。百叶窗的作用是控制冷却液温度；水套的作用是气缸盖和气缸体铸造储存冷却液的，连通的夹层空间；冷却液泵的作用是将冷却液从机体外吸入并加压，使之经分水管流入机体水套；风扇的作用是强力抽吸，使空气流以高速度从散热器中通过。散热器的作用是将水套出来的热冷却液自上而下或横向分成许多小股并将其热量散给周围的空气。

发动机冷却系统的工作过程分为：小循环、大循环、混合循环三种循环路线。其循环过程以图 5-4-2 为例进行讲解。

小循环工作过程：冷却液带走热量—经气缸盖流出—到节温器—当冷却液温度低于 80℃ 时—节温器阀门打开通往冷却液泵的旁通管—关闭通往散热器的通道。

大循环工作过程：冷却液带走热量—经气缸盖流出—到节温器—当冷却液温度高于 86℃ 时—节温器阀门打开通往散热器的通道—关闭通往冷却液泵的旁通管。

混合循环工作过程：冷却液带走热量—经气缸盖流出—到节温器—当冷却液温度介于 76~86℃ 之间时—节温器阀门打开通往散热器的通道和通往冷却液泵的旁通管。

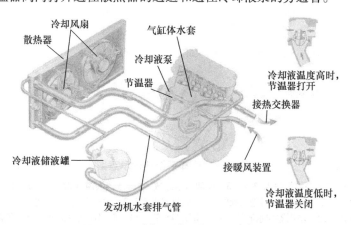

图 5-4-1 冷却系统工作原理示意图

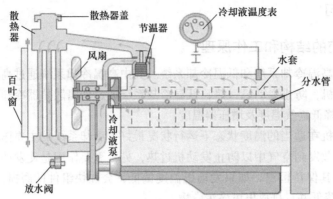

图 5-4-2　冷却系统工作原理示意图

5.4.2　冷却系统的装配

在本节中，冷却系统的装配以长安逸动 PLUS 车型为例进行讲解。

一、冷却系统的组成

长安逸动 PLUS 车型的冷却系统的主要零部件有调温器、冷却液泵、散热器、冷却风扇、冷却液温度传感器、冷却液储液罐、采暖装置等，如图 5-4-3 所示。其冷却管路的分布示意图如图 5-4-4 所示。

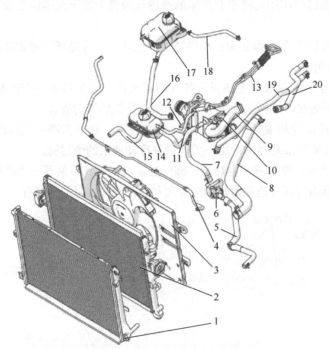

图 5-4-3　冷却系统结构示意图

1—低温散热器总成　2—高温散热器总成　3—冷却风扇总成　4—散热器溢气管总成　5—低温散热器出水胶管
6—电子辅助冷却液泵　7—中冷器进水胶管　8—散热器进水胶管　9—进气泄压阀软管　10—中冷器总成
11—中冷器出水胶管　12—增压器回水胶管　13—增压器水管　14—低温储液罐总成　15—低温散热器进水胶管
16—发动机补水管　17—高温储液罐总成　18—溢气管　19—暖通出水胶管　20—暖通进水胶管

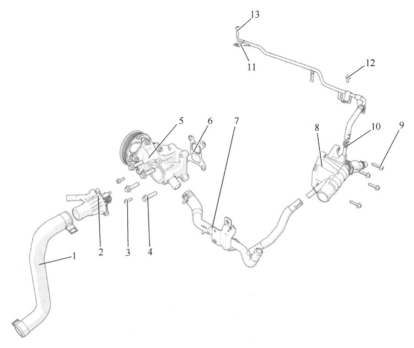

图 5-4-4 冷却系统管路总成

1—散热器出水胶管 2—调温器总成 3—调温器总成安装螺栓 4—冷却液泵安装螺栓 5—冷却液泵总成
6—冷却液泵密封垫 7—进水管总成 8—调温器总成 9—调温器总成安装螺栓 10—溢气管卡箍 11—溢气管总成
12、13—溢气管安装螺栓

二、电子辅助冷却液泵的安装

电子辅助冷却液泵的主要作用就是熄火后对涡轮轴处的机油进行强制冷却。

为什么要冷却涡轮呢？由于涡轮叶片的转动是依靠发动机工作后的废气冲击产生的，除了废气的热量外，废气在冲击涡轮叶片的过程中部分动能也会转变为热能，因此涡轮会变得非常炽热，极端状况下润滑系统就会失效。其安装步骤如下：

车辆保持举升状态。如图 5-4-5a 所示，将电子辅助冷却液泵安装支架 2 装配在机油油底壳 1 上，用图中所示固定螺栓 3 拧紧，力矩为 10N·m；然后将电子冷却液泵 4 用安装螺栓 5 固定在安装支架上，力矩为 10 N·m；最后安装电子辅助冷却液泵 4 的接插件。

如图 5-4-5b 所示，将冷却液泵总成安装在发动机缸体上，首先安装冷却液泵支座密封垫，然后将冷却液泵总成放置在缸体上，并用 M10 固定螺栓拧紧，力矩为 40N·m。

三、散热器总成的安装

1. 冷却风扇的安装

将冷却风扇用图 5-4-6a 中箭头指示的两处螺栓与散热器固定，力矩为 6N·m。

2. 散热器的安装

如图 5-4-6b 所示，将散热器放置在散热器安装支架上（左右各 2 处），用固定螺栓拧紧，力矩为 10N·m，然后安装冷却风扇与散热器的连接螺栓，力矩为 10N·m；安装中冷器与散热器的连接螺栓；如图 5-4-6c 所示，安装冷凝器与散热器的连接螺栓，力矩为 10 N·m。

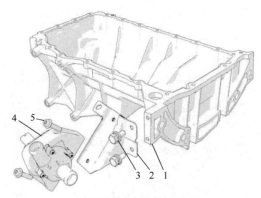

a）电子辅助冷却液泵支架安装

1—油底壳　2—安装支架　3—固定螺栓　4—冷却液泵　5—安装螺栓

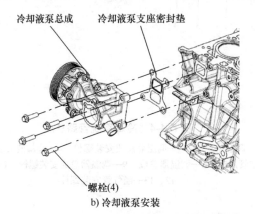

b）冷却液泵安装

图 5-4-5　电子辅助冷却液泵安装示意图

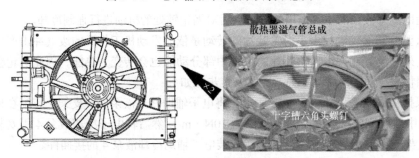

a）冷却风扇的安装

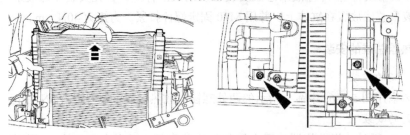

b）散热器的安装　　　　　　　c）冷凝器与散热器装配关系

图 5-4-6　散热器总成安装示意图

四、调温器的安装

调温器又称节温器,功用是根据冷却液温度的高低自动调节进入散热器的冷却液量,改变冷却液的循环范围,以调节冷却系的散热能力,保证发动机在合适的温度范围内工作。安装步骤为:

如图 5-4-7 所示,用三颗螺栓将调温器总成Ⅱ安装到冷却液泵总成上;将调温器总成用 4 颗螺栓安装到发动机的缸盖上。再连接好各个胶管。

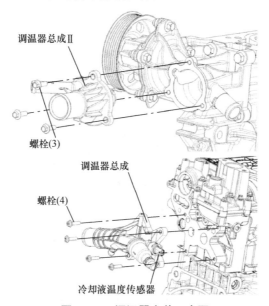

图 5-4-7 调温器安装示意图

五、散热器出水管和进水管的安装

散热器上水管是进水管,下水管是出水管,简单地说就是"上进下出"。安装步骤如下:

1. 出水管的安装

如图 5-4-8a 所示,将出水管的一端与发动机水道的进水口连接,并用固定卡箍卡紧,再将出水管的另一端与散热器出水端连接,并用固定卡箍卡紧,如图 5-4-8b 所示。

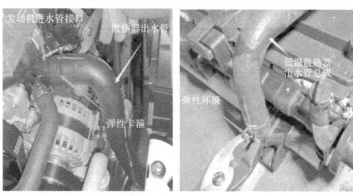

a) 出水管的一端与发动机水道的进水口连接 b) 出水管的另一端连接散热器出水端

图 5-4-8 散热器出水管安装示意图

2. 进水管的安装

连接散热器进水管与散热器接口,并使用卡箍固定。如图 5-4-9 所示。

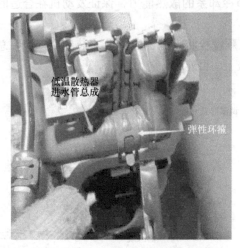

图 5-4-9　散热器进水管安装示意图

☞ **任务计划**

独立查阅信息	**教师活动**:教师提供长安逸动车辆的作业指导书。 **学生活动**:学生独立查阅教师提供的作业指导书,提炼整理关键信息。
小组制定工作计划并展示	**教师活动**:教师要求学生小组合作制定"汽车冷却系统装配"的工作计划,把每一个分系统的装调细节和注意事项写出来,包括为什么干、怎么干、安全、环保、工具、时间、质量检查标准等。 **学生活动**:学生分小组讨论,小组合作完成工作计划的制定。

☞ **任务决策**

装调员工与小组长沟通工作计划	**教师活动**:教师选出一个学生代表(这个学生是以往决策出现问题较大的)和自己进行任务决策,教师暂时担任小组长(质检员)的角色。 **学生活动**:被选出的学生与教师进行决策对话,让其他学生观察,并进行口头评价、补充、改进。
提交任务决策	**学生活动**:每个学生制定自己的任务决策,在任务工单上表述出来。 **教师活动**:教师对每个学生的任务决策进行确认。

☞ **任务实施**

示范操作	**教师活动**:教师亲自示范操作,或者播放相关微课视频。 **学生活动**:学生观察教师的示范操作,或者观察微课视频中的示范操作。
操作实施	**教师活动**:教师将学生分组,并要求学生分工明确,严格强调安全和事故预防要求等。实施过程中教师进行巡视指导。 **学生活动**:学生分为 4 组(4 个装配工位),分工操作。每组 4 人,每组每次安排 2 名学生操作,所有学生轮流,每个学生都要完成一次操作。当 2 名学生进行操作时,同组的另外 1 名学生担任小组长的角色,分别对其进行评价和监督。同组的第 4 名学生负责查阅作业指导书等相关资料。

☞ 任务检查

5S 与检查工作结果：
教师活动： 教师提供任务检查单。要求学生分组，小组合作完成任务检查及 5S，在表单上进行标注。教师要求学生小组成员对工作过程和工作计划进行监督和评估，记录优缺点及改进建议，并口头表述。教师要重点引导学生对队友的支持性意见的表达，并训练学生接纳他人建议。
学生活动： 学生分组，小组合作完成任务检查及 5S，并在任务检查单上标注。学生按照教师的规定对小组其他成员的工作过程友善地提出改进建议。

☞ 任务评价

总结知识点、技能点和素养点：
教师活动： 教师归纳整理理论体系，以一页 PPT 展示知识点、技能点和素养点。
学生活动： 学生认真反思、倾听，构建适合自己学习的知识体系。学生对照学习目标进行自我评价。

5.5 转向管柱总成装配

☞ 教学准备

教学情境准备	**教师活动：** 在老师的指导下对整个班级进行分组，并由各小组讨论，选举出组长。教师安排组长负责班组管理，如负责分配分解任务，负责班组团队建设、班内的协调工作等。 **学生活动：** 组长根据查阅的作业指导书、互联网及相关资料的学习，通过班组讨论进行分解、分配任务，并由组长担任装配质量检查员。按照制定的任务分解单和标准操作工序在班内进行装配训练，查找存在的问题与不足，提出改进的措施或意见并记录。
教学目标准备	**素养点：** ① 能够小组合作，能够良好地自我表达，能够与他人进行有效的沟通和交流。 ② 能够阅读相关的教学资料，通过查阅资料能够使用工具。 ③ 能够独立工作，并保持周围环境干净整洁。 **知识点：** 电动助力转向管柱的结构和工作原理。 **技能点：** 电动助力转向管柱总成的装配。
资料设备清单	① 长安逸动车辆一台。 ② 汽车总装模拟生产线。 ③ 世达 128 件工具套装、工具车等。 ④ 长安逸动车辆转向管柱总成装配作业指导书。

☞ 任务描述

角色扮演	**学生活动：** 学生分组，四人一组。分布于转向管柱总成的装配工位之上，扮演装配工人、小组长（质检员），在模拟生产线上重现装配流程。 **教师活动：** 教师观察学生的装配过程，观察同学的表现。
全员换位评价	学生在班组内进行轮岗（包括组长，即质量检查岗）训练。通过轮岗训练，要求学生能够熟练掌握本班组内的不同岗位上多个任务的操作能力以及本班组装配质量的检查能力。
全员分组练习	**教师活动：** 教师通过观察找出表现优异的同学，作为借鉴和示范，要求各小组接受任务并练习。 **学生活动：** 学生按照示范，遵循教师的提示与强调，分组在汽车模拟生产线上进行任务接受并练习，进行轮岗训练。
提交检查评估表	**教师活动：** 教师要求学生根据自己对任务的完成情况进行评估并提出改进意见。 **学生活动：** 学生在任务工单上进行自评和互评。

☞ 任务分析

教师活动：教师提供任务工单、长安逸动车辆装配作业指导书，指导学生独立完成装配步骤的分析。
学生活动：根据教师提供的资料进行查阅，确定分工位的装配步骤和注意事项并明确分工与协作。
装配流程有1个：
电动助力转向管柱的装配。

☞ 理论学习

5.5.1 转向管柱的结构和工作原理

一、概述

微课视频
转向管柱总成装配

电动助力转向系统（Electronic Power Steering，EPS）是电机控制技术应用于汽车转向系统，其特点是显著改善汽车行驶性能、提高驾驶人的安全性和舒适性，减少油耗，减少对环境的污染，比HPS结构更简单，更节能。EPS的主要优点有：

1) 采用电力作为转向动力，省去了油压系统，不需要补充油，也不必担心漏油。

2) 没有液压式动力转向系统所必需的常运转转向油泵，电动机只是在需要转向时才接通电源，所以动力消耗和燃油消耗均可降到最低。

3) 将各部件装配成一个整体，既无管道也无控制阀，其结构紧凑、质量减轻。一般电动助力转向系统的质量比液压式助力转向系统的质量轻25%左右。

4) 电动机工作可用ECU进行控制，可以比较容易地按照汽车性能的需要设置、修改转向助力特性，具有较好的兼容性。电动机提供辅助转矩的电控动力式转向系统。

二、电动助力转向系统的分类

电动助力转向系统根据电动机对转向系统产生助力的部位不同，可以分为三种类型：转向管柱助力式、转向器小齿轮助力式和齿条助力式，如图5-5-1所示。

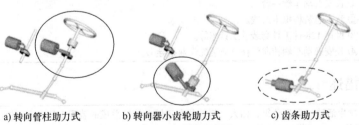

a) 转向管柱助力式　　b) 转向器小齿轮助力式　　c) 齿条助力式

图 5-5-1　电动助力转向系统的类型

三、转向管柱助力式转向系统的结构和工作原理

长安逸动车型的转向系统采用了EPS的转向系统，转向系统由方向盘、转向管柱和转向器组成，如图5-5-2所示。

长安逸动车辆的电动助力方式采用了转向管柱助力式电动转向系统（CEPS），由控制器、电动机、转向上轴、转向下轴组成，如图5-5-3所示。其核心部件由转矩传感器、电动机助力系统和控制系统三大部分组成。

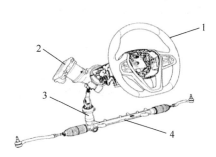

图 5-5-2　电动助力转向管柱结构示意图

1—方向盘总成　2—转向管柱总成
3—转向器防尘罩总成　4—机械式转向器总成

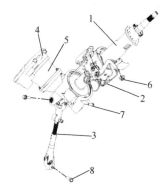

图 5-5-3　CEPS 的结构示意图

1—转向管柱总成　2—转向上轴　3—转向下轴　4—控制器
5—电动机　6—六角螺母和锥形弹性垫圈组合件
7—六角头螺栓和弹簧垫圈平垫圈组合件
8—转向柱与转向器连接螺栓

1）转矩传感系统由输入轴、输出轴、扭力杆、滑块、电位器等零部件组成。

2）助力系统由电动机、离合器、蜗杆和蜗轮等零部件组成。

3）控制系统由微处理器、转矩传感器信号处理模块、电源及电源控制模块、电磁离合器驱动模块、发动机转速信号处理模块、转矩传感器信号处理模块等组成。

CEPS 的内部结构如图 5-5-4 所示。

当转动方向盘，转矩通过输入轴被传递到扭力杆，由于扭力杆为弹性轴，相对输出轴产生角向位移，输入轴和输出轴之间产生角向位移差，使滑块在输出轴轴向方向移动，而转矩传感器与滑块相连，转矩传感器将

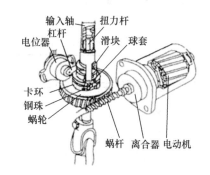

图 5-5-4　CEPS 的内部结构示意图

滑块位移量转换为电压信号。将转矩大小变化转变为电压大小变化，并传送到 ECU 控制模块。ECU 控制模块根据车速信号和转矩信号的大小，按照一定的算法，控制电动机电流大小，从而控制电动机传给输出轴的转矩大小，实现在不同转矩和不同车速下的智能助力，获得最佳转向特性，协助驾驶人进行转向操纵，其控制流程图如图 5-5-5 所示，其控制单元的功能见表 5-5-1。

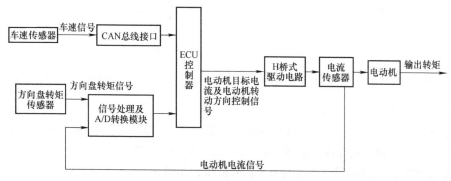

图 5-5-5　EPS 控制流程图

表 5-5-1 EPS 控制单元的功能

控制功能模块	功能
方向盘转矩传感器	安装在转向轴上,一般安装在减速机构上方。转矩传感器用来检测方向盘上的转矩大小和方向的频率信号
信号处理及 A/D 转换模块	对信号进行整形与隔离后通过频率—电压转换模块,对信号进行线性变换后,再进行模拟信号—数字信号的转换
ECU 控制器	是电子控制单元(ECU)的心脏,根据力矩传感器检测出的转矩信号和来自总线的车速信号,采用一定的控制策略计算出电动机的目标电流。其输出通过脉宽调制(Pluse Width Modulation,PWM)得到较高品质的电流
H 桥式驱动电路	是步进电动机的驱动电路,为双极性电源供电,控制电动机转动
电流传感器	在电动机的驱动电路上,用来检测实际电动机的助力电流,并将其反馈到控制单元,控制器根据此电流完成电流的闭环控制
直流电动机	输出转矩。输出的转矩通过减速机构施加给转向柱输出轴,并经过转向机构的作用使车轮偏转一定的角度,从而起到对转向系统的助力作用
车速传感器	通过采集发动机转速,达到检测车速的目的。车速信号来自 CAN 总线
CAN 总线	Controller Area Network,简称 CAN,是 ISO 国际标准化的串行通信协议,以固定的格式发送消息以传送数据信息

5.5.2 转向管柱总成的装配

1)将转向管柱总成装入转向支撑上,安装转向上轴安装点两处固定螺母,紧固力矩(24±3)N·m,如图 5-5-6 所示。

2)安装转向上轴安装点 2 处固定螺栓,紧固力矩(24±3)N·m,如图 5-5-7 所示。

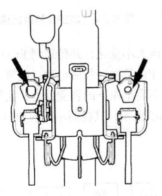

图 5-5-6 转向管柱总成装入转向支撑

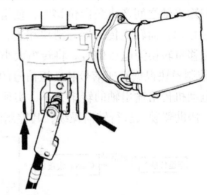

图 5-5-7 转向管柱上轴安装

3)将转向下轴节叉从转向器输入轴上插入,如图 5-5-8a 所示。

4)紧固转向下轴与转向器输入轴连接螺栓,紧固力矩(56±3)N·m,如图 5-5-8b 所示。

5)紧固转向下轴中间螺栓,紧固力矩(56±3)N·m,如图 5-5-9 所示。

6)连接 EPS 控制器的整车电源线束及信号线束,如图 5-5-10a 所示。

7)连接好转向管柱上的 2 处线束线卡,如图 5-5-10b 所示。

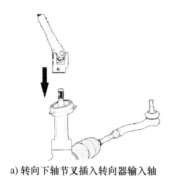
a) 转向下轴节叉插入转向器输入轴　　b) 紧固螺栓

图 5-5-8　转向管柱与转向器连接

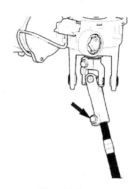

图 5-5-9　紧固转向下轴中间螺栓

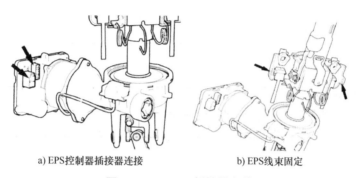

a) EPS控制器插接器连接　　b) EPS线束固定

图 5-5-10　EPS 插接器安装

注意：在以上的操作步骤中，步骤3和步骤4不在此工位安装，应在底盘装配工位三（动力总成分装）装配。当前悬架分系统与车体合装之后，转向管柱下轴才能与转向器输入轴相连接。在此写出此步骤是为了转向管柱装配的完整性需求。

☞ 任务计划

独立查阅信息	**教师活动**：教师提供长安逸动车辆的作业指导书。 **学生活动**：学生独立查阅教师提供的作业指导书，提炼整理关键信息。
小组制定工作计划并展示	**教师活动**：教师要求学生小组合作制定"转向管柱总成装配"的工作计划，把每一个分系统的装调细节和注意事项写出来，包括为什么干、怎么干、安全、环保、工具、时间、质量检查标准等。 **学生活动**：学生分小组讨论，小组合作完成工作计划的制定。

☞ 任务决策

装调员工与小组长沟通工作计划	**教师活动**：教师选出一个学生代表（这个学生是以往决策出现问题较大的）和自己进行任务决策，教师暂时担任小组长（质检员）的角色。 **学生活动**：被选出的学生与教师进行决策对话，让其他学生观察，并进行口头评价、补充、改进。
提交任务决策	**学生活动**：每个学生制定自己的任务决策，在任务工单上表述出来。 **教师活动**：教师对每个学生的任务决策进行确认。

任务实施

示范操作	**教师活动**：教师亲自示范操作，或者播放相关微课视频。 **学生活动**：学生观察教师的示范操作，或者观察微课视频中的示范操作。
操作实施	**教师活动**：教师将学生分组，并要求学生分工明确，严格强调安全和事故预防要求等。实施过程中教师进行巡视指导。 **学生活动**：学生 4 人一组，每组每次安排 2 名学生操作，所有学生轮流，每个学生都要完成一次操作。当 2 名学生进行操作时，同组的另外 1 名学生担任小组长的角色，分别对其进行评价和监督。同组的第 4 名学生负责查阅作业指导书等相关资料。

任务检查

5S 与检查工作结果：

教师活动：教师提供任务检查单。要求学生分组，小组合作完成任务检查及 5S，在表单上进行标注。教师要求学生小组成员对工作过程和工作计划进行监督和评估，记录优缺点及改进建议，并口头表述。教师要重点引导学生对队友的支持性意见的表达，并训练学生接纳他人建议。

学生活动：学生分组，小组合作完成任务检查及 5S，并在任务检查单上标注。学生按照教师的规定对小组其他成员的工作过程友善地提出改进建议。

任务评价

总结知识点、技能点和素养点：

教师活动：教师归纳整理理论体系，以一页 PPT 展示知识点、技能点和素养点。
学生活动：学生认真反思、倾听，构建适合自己学习的知识体系。学生对照学习目标进行自我评价。

 课程育人

课程育人之五

底盘动力总成是一组较为庞大的件，需要整体上线并且准确安装，在这个过程中，需要克服的困难较多。但是只要我们勤加练习，掌握技巧，就能克服困难。因此，当我们面对难题时，不能产生畏难情绪，甚至退缩，而是要开动脑筋，才能获得进步。

项目 6
外饰件装配工位

任务描述

了解电动刮水器及洗涤器系统的组成,了解刮水器档位和高低速实现的原理,掌握刮水器系统总成的装配方法。了解汽车照明系统的组成和分类,了解长安逸动车身灯光的位置分布,掌握汽车照明灯具及信号灯具的装配方法。了解汽车保险杠的结构,掌握汽车保险杠的装配方法。

学习目标

1. 了解电动刮水器及洗涤器系统的组成和工作原理。
2. 掌握刮水器系统总成的装配方法。
3. 了解汽车照明系统的组成和分类及灯光位置分布。
4. 掌握汽车照明灯具及信号灯具的装配方法。
5. 了解汽车保险杠的作用及结构。
6. 掌握汽车前、后保险杠的装配方法。

知识与技能点清单

序号	学习目标	知识点	技能点
1	了解刮水器系统的组成和工作原理	1. 电动刮水器及洗涤器系统的组成 2. 刮水器档位和高低速实现的原理	了解刮水器系统的组成和工作原理
2	掌握刮水器系统总成的装配方法	1. 刮水器电动机和传动臂的安装 2. 前罩装饰件总成的安装 3. 刮水器臂和刮水器刮片的安装	能正确安装刮水器电动机系统及刮水器臂总成
3	了解汽车照明系统的组成、分类以及灯光位置分布	1. 照明系统的组成和分类 2. 逸动车身灯光位置分布	了解汽车照明系统的组成、分类以及灯光位置分布
4	掌握汽车照明灯具及信号灯具的装配方法	1. 组合开关的装配 2. 组合前、后灯总成的装配 3. 牌照灯总成的装配 4. 回复反射器总成装配 5. 高位制动灯总成装配 6. 行李舱灯总成装配	掌握汽车照明灯具及信号灯具的装配方法
5	了解汽车保险杠的作用及结构	1. 汽车保险杠的作用 2. 汽车保险杠的结构	了解汽车保险杠的作用及结构
6	掌握汽车前、后保险杠的装配方法	1. 汽车前保险杠的装配 2. 汽车后保险杠的装配	掌握汽车前、后保险杠的装配方法

项目 6 外饰件装配工位

学习任务

6.1 刮水器分系统装配

☞ 教学准备

教学情境准备	**教师活动**：在老师的指导下对整个班级进行分组，并由各小组讨论，选举出组长。教师安排组长负责班组管理，如负责分配分解任务，负责班组团队建设、班内的协调工作等。 **学生活动**：组长根据查阅的作业指导书、互联网及相关资料的学习，通过班组讨论进行分解、分配任务，并由组长担任装配质量检查员。按照制定的任务分解单和标准操作工序在班组内进行装配训练，查找存在的问题与不足，提出改进的措施或意见并记录。
教学目标准备	**素养点**： ① 能够小组合作，能够良好地自我表达，能够与他人进行有效的沟通和交流。 ② 能够阅读相关的教学资料，通过查阅资料能够使用工具。 ③ 能够独立工作，并保持周围环境干净整洁。 **知识点**： ① 了解电动刮水器及洗涤器系统的组成。 ② 了解刮水器档位和高低速实现的原理。 **技能点**： ① 刮水器电动机和传动臂的安装。 ② 前罩装饰件总成的安装。 ③ 刮水器臂和刮水器刮片的安装。
资料设备清单	① 长安逸动车辆一台。 ② 汽车总装模拟生产线。 ③ 世达 128 件工具套装、工具车等。 ④ 长安逸动刮水器系统装配作业指导书。

☞ 任务描述

角色扮演	**学生活动**：学生分组，四人一组。分布于刮水器分系统装配工位之上，扮演装配工人、小组长（质检员），在模拟生产线上重现装配流程。 **教师活动**：教师观察学生的装配过程，观察同学的表现。
全员换位评价	学生在班组内进行轮岗（包括组长，即质量检查岗）训练。通过轮岗训练，要求学生能够熟练掌握本班组内的不同岗位上多个任务的操作能力以及本班组装配质量的检查能力。
全员分组练习	**教师活动**：教师通过观察找出表现优异的同学，作为借鉴和示范，要求各小组接受任务并练习。 **学生活动**：学生按照示范，遵循教师的提示与强调，分组在汽车模拟生产线上进行任务接受并练习，进行轮岗训练。
提交检查评估表	**教师活动**：教师要求学生对任务的完成情况进行评估并提出改进意见。 **学生活动**：学生在任务工单上进行自评和互评。

☞ 任务分析

教师活动：教师提供任务工单、长安逸动车辆装配作业指导书，指导学生独立完成装配步骤的分析。
学生活动：根据教师提供的资料进行查阅，确定分工位的装配步骤和注意事项并明确分工与协作。
装配流程有 3 个：
1. 刮水器电动机和传动臂的安装。
2. 前罩装饰件总成的安装。
3. 刮水器臂和刮水器刮片的安装。

☞ 理论学习

6.1.1 电动刮水器与洗涤器系统的组成和工作原理

一、刮水器系统的结构

刮水器系统由刮水器电动机、传动臂、刮水器臂和刮片组成，如图 6-1-1 所示。刮水器组合开关位于转向管柱装饰罩控制手柄上，如图 6-1-2 所示。刮水器系统由永磁电动机驱动，刮水器电动机安装在暖风机压力室板总成上，如图 6-1-3 所示，与刮水器传动臂直接相连。洗涤器则是由水壶、软管和喷嘴等组成，如图 6-1-4 所示。

微课视频
电动刮水器与洗涤器系统的组成和工作原理

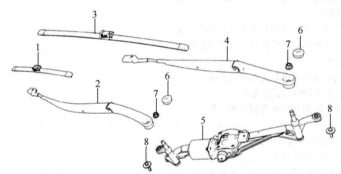

图 6-1-1 刮水器系统的结构示意图

1—副刮水器刮片总成 2—副刮水器臂总成 3—主刮水器刮片总成 4—主刮水器臂总成
5—刮水器电动机和传动臂总成 6—刮水器刮臂孔盖 7—六角法兰面螺母 8—六角头螺栓和平垫圈组合件

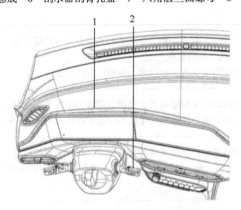

图 6-1-2 刮水器组合开关位置

1—仪表板总成 2—刮水器组合开关总成

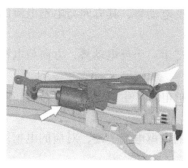

图 6-1-3 刮水器电动机安装位置

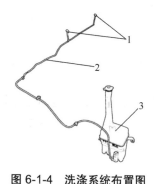

图 6-1-4 洗涤系统布置图

1—洗涤器前喷嘴总成　2—洗涤器前软管总成
3—洗涤器水壶总成

二、电动机

永磁式刮水器电动机是以永磁材料为磁极，其结构及解体图如图 6-1-5 所示。其工作原理为：通电时，电枢转动，将电动机的旋转运动由轴端的蜗杆传给蜗轮，经传动机构转化为往复运动。

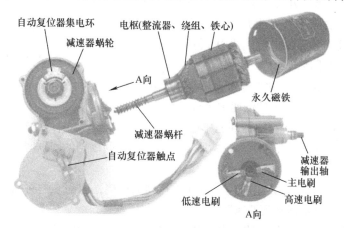

图 6-1-5 永磁式刮水器电动机解体图

永磁式电动机是通过改变正负电刷的串联的绕组数来调速，变速原理如图 6-1-6 所示，图中电流方向为电枢各绕组所产生的反电动势的电流方向。一般前刮水器通过外部开关和电路实现高速、低速、间歇和制动 4 个档位。刮水器的高低速是通过电动机内部三个电刷的互换来改变的。电动机两个并联匝数越多，速度越慢，反之则越快。三刷式电动机的变速原理为：

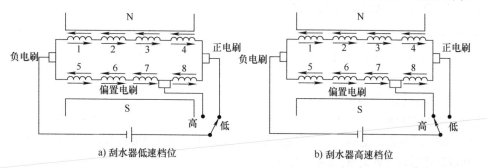

图 6-1-6 刮水器高、低速档位实现原理示意图

1)直流电动机旋转时,在电枢绕组内同时还产生反电动势,其方向与电枢电流的方向相反。

2)当电枢通电后转速逐渐上升时,其绕组内同时产生一个反电动势,方向与电枢电流方向相反。

3)电枢转速上升时,反电动势也相应上升,当电枢电流产生的电磁力矩与运转阻力矩平衡时,电枢的转速不再上升而趋于稳定。

4)由于运转阻力矩一定时,电枢稳定运转所需要的电枢电流一定,对应的电枢绕组反向电动势的高低就一定。

5)电枢绕组反向电动势与转速和正、负电刷之间串联的电枢线圈个数的乘积成正比。

6)电枢绕组反向电动势一定时,转速和正、负电刷之间串联的电枢线圈个数成反比。

三、刮水器的操纵开关

刮水器开关控制杆在转向柱的右侧,由控制手柄及间隙时间调节旋钮组成,其中控制手柄有五个档位,如图6-1-7所示。而玻璃洗涤器开关则是将开关控制杆往上轻抬,可向前风窗玻璃喷射洗涤液,并刮刷一次,松开后立即复位。五个档位如下:

MIST:刮水器一次刮刷,此档适用于除雾。

OFF:刮水器停止运行。

INT:刮水器为间隙档,此档非常适用于雾天和小雨。

LO:刮水器将在一个稳定的低速中运行。

HIGH:刮水器将在一个稳定的高速中运行。

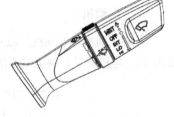

图6-1-7 刮水器开关

间歇时间调节旋钮开关有四个档位,用于调节刮水器间歇档的间歇时间,梯形越宽代表刮刷速度越快。刮水器运动的控制功能为:

1)前刮水器高速运行:如果前刮水器开关打到高速档,前刮水器将高速运行,如果由高速档转到OFF档,前刮水器必须低速回位。

2)前刮水器低速运行:如果前刮水器开关打到低速档,前刮水器将低速运行。

3)前刮水器短时运行:如果前刮水器开关打到MIST档,前刮水器将低速运行一个周期。

4)前刮水器间歇-可变电阻器:如果前刮水器开关打到间歇档,同时调节可变电阻旋钮,则刮水器以不同的间歇时间进行刮刷,直到刮水器开关打到其他的位置;间歇分为5个档位,最短间歇时间为1s,最长间歇时间为22s。

四、刮水器档位和高低速实现原理

以开关控制搭铁线(负控)的双速刮水器电路为例来说明刮水器的高、低速档位的实现原理。其开关有0(空)档、Ⅰ(低速)档、Ⅱ(高速)档三个档位。刮水器电路如图6-1-8所示。

刮水器在低速档时的电流走向为:

当刮水器开关拉到"Ⅰ"档时,其工作电路如下:电源正极→电源开关→熔丝→负极电刷4→电枢绕组→低速正极电刷10→接线柱c→接线柱d→搭铁→电源负极,形成回路,此时刮水器电动机低速运转(此时b、c不带电)。

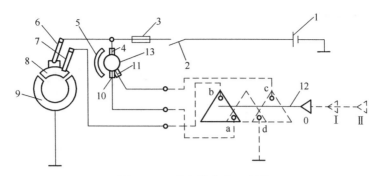

图 6-1-8 刮水器电路示意图

1—蓄电池 2—电源开关 3—熔断器 4—负极电刷 5—永久磁铁 6、7—自动复位触片 8、9—自动复位滑片
10—低速正极电刷 11—高速正极电刷 12—刮水器开关 13—电枢绕组

刮水器在高速档时的电流走向为：

当刮水器开关拉到"Ⅱ"档时，其工作电路如下：电源正极→电源开关→熔丝→负极电刷 4→电枢绕组→高速正极电刷 11→接线柱 a→接线柱 d→搭铁→电源负极，形成回路，此时刮水器电动机高速运转（此时 a、b 不带电）。

当刮水器开关拉到"0"档，欲关闭刮水器时，若刮片不在停止位置，其工作电路为：

电源正极→电源开关→熔丝→负极电刷 4→电枢绕组→低速正极电刷 10→接线柱 a→接线柱 b→自动回位触片 7→自动复位滑片 9→搭铁，构成回路，这样电动机会继续运转，低速运转至蜗轮转到规定位置。注意此时的刮水器复位滑片随蜗轮发生了旋转。

6.1.2 刮水器的装配

微课视频
刮水器的装配

1）刮水器电动机和传动臂总成安装在前罩装饰件下面的暖风机压力室板内。安装点如图 6-1-9 所示。刮水器电动机和传动臂总成安装点 1 卡在暖风机压力室板的 U 型卡槽中（该处设计为过盈配合，在安装时用力卡入到位）。刮水器圆孔 2 安装六角法兰面螺栓 M6，此处为主安装定位点。刮水器条形孔 3 安装六角法兰面螺栓 M6。

图 6-1-9 刮水器电动机和传动臂总成安装

1—刮水器电动机和传动臂总成安装点 2—刮水器圆孔 3—刮水器条形孔

2）安装前罩装饰件总成，注意前罩装饰件总成的开孔和刮水器电动机和传动臂总成的输出轴同心。如图 6-1-10 所示。

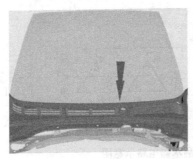

图 6-1-10 安装前罩装饰件总成

3）主、副刮水器臂分别和主、副刮水器刮片进行分装，如图 6-1-11 所示。需要注意的是，当刮臂和刮片的连接处出现"咔"的声音时，说明装配到位。

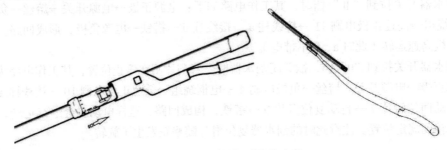

图 6-1-11 刮臂与刮片的安装

4）分装完成的刮水器臂和刮水器刮片总成安装在刮水器电动机和传动臂总成的输出轴上，使用 M10 的螺母紧固刮臂，并装上刮臂孔盖。需要注意的是，安装时需要保证主、副刮片的初始停靠位置必须贴合或者低于前风窗玻璃上的标记点。

任务计划

独立查阅信息	**教师活动**：教师提供长安逸动车辆的作业指导书。 **学生活动**：学生独立查阅教师提供的作业指导书，提炼整理关键信息。
小组制定工作计划并展示	**教师活动**：教师要求学生小组合作制定"刮水器分系统装配"的工作计划，把每一个分系统的装调细节和注意事项写出来，包括为什么干、怎么干、安全、环保、工具、时间、质量检查标准等。 **学生活动**：学生分小组讨论，小组合作完成工作计划的制定。

任务决策

装调员工与小组长沟通工作计划	**教师活动**：教师选出一个学生代表（这个学生是以往决策出现问题较大的）和自己进行任务决策，教师暂时担任小组长（质检员）的角色。 **学生活动**：被选出的学生与教师进行决策对话，让其他学生观察，并进行口头评价、补充、改进。
提交任务决策	**学生活动**：每个学生制定自己的任务决策，在任务工单上表述出来。 **教师活动**：教师对每个学生的任务决策进行确认。

☞ 任务实施

示范操作	**教师活动**：教师亲自示范操作，或者播放相关微课视频。 **学生活动**：学生观察教师的示范操作，或者观察微课视频中的示范操作。
操作实施	**教师活动**：教师将学生分组，并要求学生分工明确，严格强调安全和事故预防要求等。实施过程中教师进行巡视指导。 **学生活动**：学生分为 3 组（3 个装配工位），分工操作。每组 4 人，每组每次安排 2 名学生操作，所有学生轮流，每个学生都要完成一次操作。当 2 名学生进行操作时，同组的另外 1 名学生担任小组长的角色，分别对其进行评价和监督。同组的第 4 名学生负责查阅作业指导书等相关资料。

☞ 任务检查

5S 与检查工作结果：
教师活动：教师提供任务检查单。要求学生分组，小组合作完成任务检查及 5S，在表单上进行标注。教师要求学生小组成员对工作过程和工作计划进行监督和评估，记录优缺点及改进建议，并口头表述。教师要重点引导学生对队友的支持性意见的表达，并训练学生接纳他人建议。
学生活动：学生分组，小组合作完成任务检查及 5S，并在任务检查单上标注。学生按照教师的规定对小组其他成员的工作过程友善地提出改进建议。

☞ 任务评价

总结知识点、技能点和素养点：
教师活动：教师归纳整理理论体系，以一页 PPT 展示知识点、技能点和素养点。
学生活动：学生认真反思、倾听，构建适合自己学习的知识体系。学生对照学习目标进行自我评价。

6.2 汽车照明与信号系统装配

☞ 教学准备

教学情境准备	**教师活动**：在老师的指导下对整个班级进行分组，并由各小组讨论，选举出组长。教师安排组长负责班组管理，如负责分配分解任务，负责班组团队建设、班内的协调工作等。 **学生活动**：组长根据查阅的作业指导书、互联网及相关资料的学习，通过班组讨论进行分解、分配任务，并由组长担任装配质量检查员。按照制定的任务分解单和标准操作工序在班组内进行装配训练，查找存在的问题与不足，提出改进的措施或意见并记录。
教学目标准备	**素养点**： ① 能够小组合作，能够良好地自我表达，能够与他人进行有效的沟通和交流。 ② 能够阅读相关的教学资料，通过查阅资料能够使用工具。 ③ 能够独立工作，并保持周围环境干净整洁。 **知识点**： 汽车照明系统的组成和分类。 **技能点**： 汽车照明灯具及信号灯具的装配方法。
资料设备清单	① 长安逸动车辆一台。 ② 汽车总装模拟生产线。 ③ 世达 128 件工具套装、工具车等。 ④ 长安逸动车辆照明与信号系统装配作业指导书。

任务描述

角色扮演	**学生活动**：学生分组，四人一组。分布于汽车照明与信号系统装配工位之上，扮演装配工人、小组长（质检员），在模拟生产线上重现装配流程。 **教师活动**：教师观察学生的装配过程，观察同学的表现。
全员换位评价	学生在班组内进行轮岗（包括组长，即质量检查岗）训练。通过轮岗训练，要求学生能够熟练掌握本班组内的不同岗位上多个任务的操作能力以及本班组装配质量的检查能力。
全员分组练习	**教师活动**：教师通过观察找出表现优异的同学，作为借鉴和示范，要求各小组接受任务并练习。 **学生活动**：学生按照示范，遵循教师的提示与强调，分组在汽车模拟生产线上进行任务接受并练习，进行轮岗训练。
提交检查评估表	**教师活动**：教师要求学生根据自己对任务的完成情况进行评估并提出改进意见。 **学生活动**：学生在任务工单上进行自评和互评。

任务分析

教师活动：教师提供任务工单、长安逸动车辆装配作业指导书，指导学生独立完成装配步骤的分析。
学生活动：根据教师提供的资料进行查阅，确定分工位的装配步骤和注意事项并明确分工与协作。
装配流程有6个：
1. 组合开关的装配。
2. 组合前、后灯总成的装配。
3. 牌照灯总成的装配。
4. 回复反射器总成装配。
5. 高位制动灯总成装配。
6. 行李舱灯总成装配。

理论学习

6.2.1 汽车照明与信号系统概述

一、汽车的照明系统的组成

主要由灯具、电源和电路（包括控制开关）三大部分组成。

二、汽车灯具的作用

为车前及车内提供充分可靠的照明，以及通过不同色泽的发光标志显示汽车工作状况，从而向其他车辆、行人传达信息。

微课视频
汽车照明与信号系统概述

三、汽车照明灯的种类

1）照明灯具：前照灯、雾灯、牌照灯、仪表灯、顶灯、工作灯。
2）信号装置：转向信号灯、危险警告灯、示宽灯、尾灯、制动灯、倒车灯。

四、汽车照明灯的结构

1. 前照灯
前照灯由灯泡、反射镜、配光镜三部分组成。
（1）灯泡
1）充气灯泡。充入的气体：氮气以及惰性气体氦、氖、氩等。

优点：可以避免钨丝氧化，阻止钨丝蒸发。

缺点：气体会把更多的热量传递给玻壳，并通过玻壳散失到周围的空间，结果是增加了热量的损失，降低了发光效率。

2）卤钨灯泡。在充气灯泡充填的惰性气体中加入微量卤素（碘、溴）或卤化物而制成的灯泡。

优点：结构简单、光色好、发光柔和稳定、成本低，使用方便。外壳用耐高温且机械强度较高的石英玻璃或者硬玻璃制成，可以充入较高压力的气体。灯泡内工作气压高，可以更有效抑制钨的蒸发。

缺点：光效低、耗电大、寿命短，逐步为节能电光源取代。

卤钨灯泡从外形上可以分为 H1、H2、H3、H4 四种，其中 H4 双灯丝灯泡广泛用于前照灯，H1、H2、H3 灯泡为单灯丝灯泡，常用作辅助前照灯（雾灯）。

3）新型高压放电氙灯。这种灯的灯泡里没有灯丝，取而代之的是装在石英管内的两个电极，管内充有氙及微量金属（或金属卤化物）。

结构：新型高压放电氙灯由小型石英灯泡、变压器和电子控制器组成。

工作原理：在电极上加上数万伏的引弧电压后，气体开始电离而导电，气体原子即处于激发状态，使电子发生能级跃迁而开始发光，电极间蒸发少量水银蒸气，光源立即引起水银蒸气弧光放电，待温度上升后再转入卤化物弧光灯工作。

优点：高出传统卤素灯三倍的亮度效率；使用寿命长（2500 小时）；电力消耗小（节约近 1/2）；色光好（跟太阳光相似），可以有效减少驾驶人的视觉疲劳。

缺点：价格高。

（2）反射镜

作用：将灯泡的光线聚合并导向远方。

材料：薄钢板、玻璃和塑料等。表面是旋转抛物面，内表面镀银、铝或铬，再进行抛光。

（3）配光镜

配光镜又称散光玻璃，它是用透光玻璃压制而成，是很多块特殊的棱镜和透镜的组合。

其几何形状比较复杂，外形一般为圆形和矩形。

配光镜的作用是将反射镜反射出的平行光束进行折射，使车前路面和路线都有良好而均匀的照明。

2. 雾灯

（1）前雾灯

装于汽车前部比前照灯稍低的位置，用于在雨雾天气行车时道路的照明。功率为 45～55W，光色为橙色或黄色。

（2）后雾灯

用于雾天高速行驶的汽车向后方车辆或行人提供本车位置信息，以降低交通事故发生率。光色为红色。

（3）汽车雾灯的使用方法

1）使用雾灯的气候、地理条件：雾天、大雨天、暴风沙尘天、风雪天、山区道路夜间行车。

2）白天、野外夜晚使用雾灯开近光和前后雾灯。在比较恶劣的气候条件下，还可配合使用危险警告灯。

3）城区夜晚有路灯照明的道路开雾灯、同时打开危险警告灯。注意鸣号示意路人和汽车避让。

3. 牌照灯

牌照灯装于汽车尾部的牌照上方，用于夜间照亮汽车牌照。功率一般为5～10W，确保行人在车后20m处能够看清牌照上的文字及数字。

4. 仪表灯

仪表灯装于汽车仪表板上，用于仪表照明，以便于驾驶人获取行车信息和进行正确操作，其数量根据仪表设计布置而定。

5. 顶灯

顶灯装于驾驶室或车厢顶部，用于车内照明。顶灯还兼有监视车门关闭的作用，当车门未关严时顶灯发亮以示警告。

6. 工作灯

车上一般只装工作灯插座，配带导线及移动式灯具，用于在排除汽车故障或检修时提供照明。

五、典型车型车身灯光的位置

长安逸动车身灯光位置如图6-2-1所示。

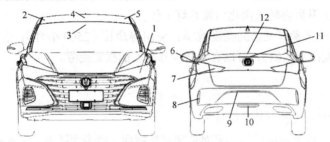

图6-2-1　车身灯光位置示意图

1—组合前灯总成　2、3、4、5—顶棚开关总成（内部灯光位置）　6、7、10—组合后灯总成　8—回复反射器总成
9—牌照灯　11—行李舱灯　12—高位制动灯

6.2.2　汽车照明与信号系统的装配

一、组合开关装配

1）将组合开关总成按照图示箭头方向装在转向柱上，对准安装孔，然后通过两颗螺钉进行固定，如图6-2-2所示。

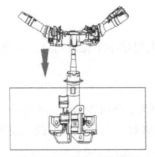

图6-2-2　组合开关装配

微课视频
汽车照明与信号系统的装配

2)确定线束接插件定位方向与开关接插件定位方向一致后对准插入,卡子弹起即接插件锁止,说明卡子装配到位。

二、组合前灯总成Ⅰ的装配

图 6-2-3e 为左前灯的装配示意图,将组合前灯总成Ⅰ三个定位销插入翼子板及前端框架对应定位孔,如图 6-2-3a 所示;分别安装 4 颗内六角花大盘头螺栓,如图 6-2-3b 和 c 所示;将组合前照灯总成Ⅰ接插件与发动机舱线束连接,如图 6-2-3d 所示。

a) 上端钣金导向固定点

b) 内六角花大盘头螺栓安装-1

c) 内六角花大盘头螺栓安装-2

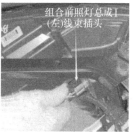
d) 组合前照灯总成Ⅰ接插件与发动机舱线束连接

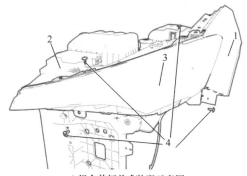
e) 组合前灯总成装配示意图

图 6-2-3 组合前灯总成Ⅰ的装配

1—翼子板 2—前端框架 3—组合前灯总成Ⅰ 4—内六角花大盘头螺栓

三、组合后灯总成Ⅰ的装配

组合后灯总成的装配示意图如图 6-2-4c 所示,将卡扣卡入侧围焊接总成安装孔中,连接组合后灯总成Ⅰ接插件与底盘电线束总成,如图 6-2-4a 所示;将组合后灯总成Ⅰ沿车身方向进行安装，灯具定位销和侧边卡槽分别对准卡扣并向前推进，使其卡入卡扣内；用三颗六角法兰面螺母分别与螺母座紧固，如图 6-2-4b 所示。

a) 组合后灯与底盘线束装配

b) 组合后灯螺母与螺母座安装

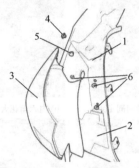
c) 组合后灯总成装配示意图

图 6-2-4 组合后灯总成Ⅰ的装配
1—侧围焊接总成　2—后保险杠本体　3—组合后灯总成Ⅱ　4、5—卡扣　6—六角法兰面螺母

四、组合后灯总成Ⅱ的装配

以左灯为例，如图 6-2-5 所示，线束穿过行李舱盖总成线束孔；将组合后灯总成Ⅱ沿斜向下安装方向，两个定位柱及三个安装螺柱穿过行李舱盖总成相应安装孔；按顺序安装三个六角法兰面螺母。插接好接插件，并将接插件固定到行李舱盖内板开孔。

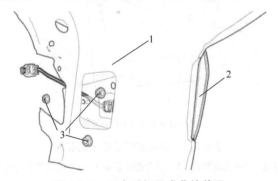

图 6-2-5 组合后灯总成Ⅱ的装配
1—行李舱盖总成　2—组合后灯总成Ⅱ　3—六角法兰面螺母

五、牌照灯总成装配

如图 6-2-6 所示，线束插接器连接牌照灯护套；牌照灯对齐牌照灯装饰板安装孔开口，将

牌照灯装入牌照灯安装孔内；用 2 颗螺钉固定牌照灯总成。

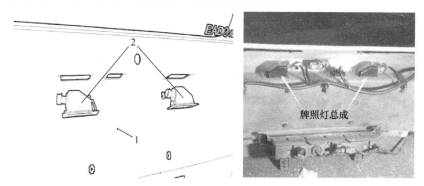

图 6-2-6　牌照灯总成安装

1—后保险杠本体　2—牌照灯总成

六、组合后灯总成Ⅲ的装配

如图 6-2-7 所示，连接好组合后灯总成Ⅲ线束；将组合后灯总成Ⅲ通过两个定位销定位到后保险杠上；用 4 颗自攻螺钉固定组合后灯总成Ⅲ。

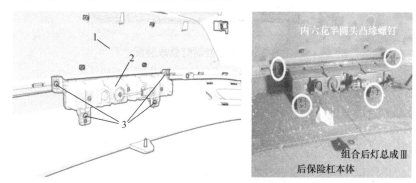

图 6-2-7　组合后灯总成Ⅲ的装配

1—后保险杆本体　2—组合后灯总成Ⅲ　3—内六花半圆头凸缘螺钉

七、回复反射器总成装配

如图 6-2-8 所示，将回复反射器总成沿车身方向卡入后保险杠。

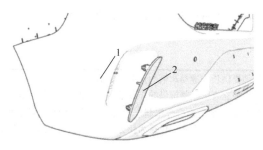

图 6-2-8　回复反射器总成装配

1—后保险杠本体　2—回复反射器总成

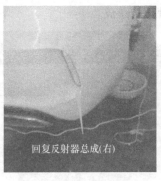 

图 6-2-8　回复反射器总成装配（续）

八、高位制动灯总成

如图 6-2-9 所示，用 2 颗盖型螺母将高位制动灯安装到高位制动灯安装座。

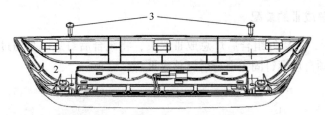

图 6-2-9　高位制动灯总成装配

1—高位制动灯总成　2—高位制动灯安装座　3—螺母

九、行李舱灯总成装配

如图 6-2-10 所示，连接好行李舱灯总成线束；将行李舱灯总成卡入置物板焊接总成开孔。

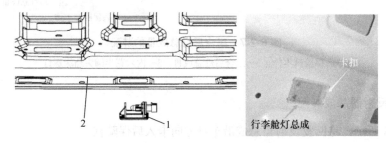

图 6-2-10　行李舱灯总成装配

1—行李舱灯总成　2—置物板焊接总成

☞ 任务计划

独立查阅信息	**教师活动**：教师提供长安逸动车辆的作业指导书。 **学生活动**：学生独立查阅教师提供的作业指导书，提炼整理关键信息。
小组制定工作计划并展示	**教师活动**：教师要求学生小组合作制定"汽车照明与信号系统装配"的工作计划，把每一个分系统的装调细节和注意事项写出来，包括为什么干、怎么干、安全、环保、工具、时间、质量检查标准等。 **学生活动**：学生分小组讨论，小组合作完成工作计划的制定。

☞ 任务决策

装调员工与小组长沟通工作计划	**教师活动**：教师选出一个学生代表（这个学生是以往决策出现问题较大的）和自己进行任务决策，教师暂时担任小组长（质检员）的角色。 **学生活动**：被选出的学生与教师进行决策对话，让其他学生观察，并进行口头评价、补充、改进。
提交任务决策	**学生活动**：每个学生制定自己的任务决策，在任务工单上表述出来。 **教师活动**：教师对每个学生的任务决策进行确认。

☞ 任务实施

示范操作	**教师活动**：教师亲自示范操作，或者播放相关微课视频。 **学生活动**：学生观察教师的示范操作，或者观察微课视频中的示范操作。
操作实施	**教师活动**：教师将学生分组，并要求学生分工明确，严格强调安全和事故预防要求等。实施过程中教师进行巡视指导。 **学生活动**：学生分为 6 组（6 个装配工位），分工操作。每组 4 人，每组每次安排 2 名学生操作，所有学生轮流，每个学生都要完成一次操作。当 2 名学生进行操作时，同组的另外 1 名学生担任小组长的角色，分别对其进行评价和监督。同组的第 4 名学生负责查阅作业指导书等相关资料。

☞ 任务检查

5S 与检查工作结果：
教师活动：教师提供任务检查单。要求学生分组，小组合作完成任务检查及 5S，在表单上进行标注。教师要求学生小组成员对工作过程和工作计划进行监督和评估，记录优缺点及改进建议，并口头表述。教师要重点引导学生对队友的支持性意见的表达，并训练学生接纳他人建议。
学生活动：学生分组，小组合作完成任务检查及 5S，并在任务检查单上标注。学生按照教师的规定对小组其他成员的工作过程友善地提出改进建议。

☞ 任务评价

总结知识点、技能点和素养点：
教师活动：教师归纳整理理论体系，以一页 PPT 展示知识点、技能点和素养点。
学生活动：学生认真反思、倾听，构建适合自己学习的知识体系。学生对照学习目标进行自我评价。

6.3 汽车保险杠装配

☞ 教学准备

教学情境准备	**教师活动**：在老师的指导下对整个班级进行分组，并由各小组讨论，选举出组长。教师安排组长负责班组管理，如负责分配分解任务，负责班组团队建设、班内的协调工作等。 **学生活动**：组长根据查阅的作业指导书、互联网及相关资料的学习，通过班组讨论进行分解、分配任务，并由组长担任装配质量检查员。按照制定的任务分解单和标准操作工序在班组内进行装配训练，查找存在的问题与不足，提出改进的措施或意见并记录。
教学目标准备	**素养点：** ① 能够小组合作，能够良好地自我表达，能够与他人进行有效的沟通和交流。 ② 能够阅读相关的教学资料，通过查阅资料能够使用工具。 ③ 能够独立工作，并保持周围环境干净整洁。 **知识点：** 汽车保险杠的结构。 **技能点：** 汽车前、后保险杠的装配。

(续)

资料设备清单	① 长安逸动车辆一台。 ② 汽车总装模拟生产线。 ③ 世达 128 件工具套装、工具车等。 ④ 长安逸动车辆保险杠装配作业指导书。

☞ **任务描述**

角色扮演	**学生活动**：学生分组，四人一组。分布于汽车保险杠的装配工位之上，扮演装配工人、小组长（质检员），在模拟生产线上重现装配流程。 **教师活动**：教师观察学生的装配过程，观察同学的表现。
全员换位评价	学生在班组内进行轮岗（包括组长，即质量检查岗）训练。通过轮岗训练，要求学生能够熟练掌握本班组内的不同岗位上多个任务的操作能力以及本班组装配质量的检查能力。
全员分组练习	**教师活动**：教师通过观察找出表现优异的同学，作为借鉴和示范，要求各小组接受任务并练习。 **学生活动**：学生按照示范，遵循教师的提示与强调，分组在汽车模拟生产线上进行任务接受并练习，进行轮岗训练。
提交检查评估表	**教师活动**：教师要求学生根据自己对任务的完成情况进行评估并提出改进意见。 **学生活动**：学生在任务工单上进行自评和互评。

☞ **任务分析**

教师活动：教师提供任务工单、长安逸动车辆装配作业指导书，指导学生独立完成装配步骤的分析。
学生活动：根据教师提供的资料进行查阅，确定分工位的装配步骤和注意事项并明确分工与协作。
装配流程有 2 个：
1. 前保险杠的装配。
2. 后保险杠的装配。

☞ **理论学习**

6.3.1 汽车保险杠概述

汽车保险杠分为前保险杠和后保险杠，属于安全件。保险杠作为汽车外部防护零件的一部分，具有以下作用：

1) 在车辆发生正、斜碰撞时，起到减轻人员伤亡和车辆损坏的作用。
2) 为照明系统及前、后通风系统提供一定的安装控件与支承。
3) 具有装饰、美化车身的作用。

微课视频
汽车保险杠概述

现在轿车大多数采用塑料保险杠，塑料保险杠由外板、缓冲材料和横梁三部分组成，其中外板和缓冲材料用塑料制成，横梁用厚度为 1.5mm 左右的冷轧薄板冲压成 U 形槽。外板和缓冲材料附着在横梁上，横梁与车架纵梁之间为螺纹连接，可以随时拆卸下来。塑料保险杠所使用的塑料多为聚酯系和聚丙烯系，采用注射成形法制成。塑料保险杠具有一定的强度、刚性，并具有一定的装饰性。从安全上看，保险杠在汽车发生碰撞事故时能起到缓冲作用，保护前、后车体；从外观上看，保险杠可以很自然地与车体结合在一起，具有很好的装饰性，成为装饰轿车的重要部件。

一、防撞横梁的结构

1. 防撞横梁的作用

防撞梁是用来减轻车辆受到碰撞时吸收碰撞能量的一种装置，由主梁、吸能盒、连接汽的安装板组成,主梁、吸能盒都可以在车辆发生低速碰撞时有效吸收碰撞能量,尽可能减小撞击力对车身纵梁的损害,对车辆起到保护作用。

2. 防撞横梁的材料

乘用车防撞梁的材料占主导的仍然是碳钢,铝合金材料在实际的工业生产中得到了广泛的应用,复合材料也越来越多地应用于防撞横梁中,相对于铝制保险杠防撞横梁,具有更好的轻量化特性。

3. 防撞横梁的结构

常见的防撞梁截面有弓形、"日"字形、"目"字形等,这类结构相对来说制造难度低,碰撞性能也较好。如图 6-3-1 所示。

a) 弓形防撞横梁　　b) "日"字形防撞横梁　　c) "目"字形防撞横梁

图 6-3-1　防撞梁的结构形式

二、吸能盒的结构

1. 吸能盒的材料

碳钢材料一直以来是汽车吸能部件的主要材料,但在发生碰撞时会发生因焊接导致的开裂现象,严重影响吸能盒对碰撞能量的吸收。因此,铝合金吸能盒在汽车中的运用越来越广泛。目前,欧美等国家已经广泛采用铝合金材料制造吸能盒,由铝蜂窝结构和泡沫铝完全填充和部分填充,如图 6-3-2 所示。

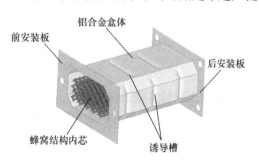

图 6-3-2　吸能盒示意图

2. 吸能盒的结构

(1) 单胞结构

即吸能盒的截面为单胞薄壁管,其截面形状对单胞薄壁管的吸能特性影响很大。当薄壁管的截面为多边形时,边数的增大有利于吸能性能的提高,但随着薄壁管边数的增大,冲击力的振荡频率和振幅也有所增加。五种截面的吸能盒结构如图 6-3-3 所示。

仿真参数设置为:

模型的长度为 175mm。

壁厚为 1.8mm。

截面周长均为 250mm。

材料为铝合金。

对吸能盒施加 16km/h 的碰撞速度。

其仿真结果见表 6-3-1。

图 6-3-3 五种截面的吸能盒结构示意图

表 6-3-1 五种截面吸能盒在相同参数设置下的仿真结果

截面	正方形	长方形	正六边形	圆形	正八边形
碰撞力峰值 /kN	95.8	87.4	102.7	105.2	110.8
最大变形量 /mm	126.3	118.8	109.6	114.5	105.4
总吸能量 /J	4653.3	4690.5	4765.9	4705.1	4815.3
平均撞击力 /kN	36.8	38.6	44.6	40.5	45.8

综合考虑各参数，正六边形截面铝合金吸能盒的吸能特性最佳，其结构如图 6-3-4 所示。

（2）多胞结构

一种多胞管结构是否能够很好地吸能，主要取决于内部隔板对管壁的横向位移是否能够产生很好的限制作用，限制作用越强烈，薄壁管压溃过程中变形也就越充分，吸收的能量也就越多。图 6-3-5 中为三种管壁的连接方式。

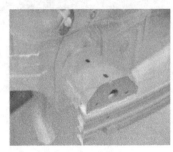

图 6-3-4 正六边形截面铝合金吸能盒

（直角连接） （T形连接） （十字形连接）

图 6-3-5 三种管壁的连接方式

十字形连接的多胞结构吸能盒，如图 6-3-6 所示，横向与竖向的隔板相互垂直，双方的平面都在对方的法线方向最大限度地限制对方的横向移动，是最有效的连接方式。

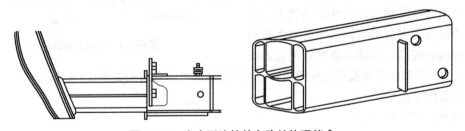

图 6-3-6 十字形连接的多胞结构吸能盒

三、前保险杠的结构

前保险杠的结构如图 6-3-7 所示，前保险杠的外饰结构图如图 6-3-8 所示。

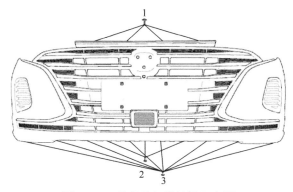

图 6-3-7　前保险杠的结构示意图

1—六角法兰面螺栓与平垫圈组合件（4 颗）　2—六角法兰面螺栓与平垫圈组合件（3 颗）
3—十字槽盘头自攻螺钉和大垫圈组合（6 颗）

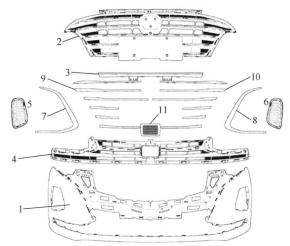

图 6-3-8　前保险杠的外饰结构示意图

1—前保险杠本体　2—前保险杠上格栅本体　3—前保险杠装饰件总成　4—前保险杠下格栅本体
5、6—雾灯盖板　7、8、9、10—前保险杠装饰件　11—前保险杠下格栅装饰盖板总成

四、后保险杠的结构

后保险杠的结构如图 6-3-9 所示，后保险杠的外饰结构图如图 6-3-10 所示。

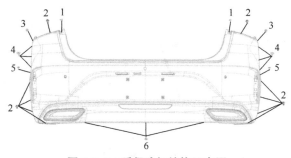

图 6-3-9　后保险杠结构示意图

1—十字槽盘头自攻螺钉（2 颗）　2—十字推钉（10 颗）　3—六角法兰面承面带齿螺母（2 颗）
4—六角头螺栓和平垫圈组合件（6 颗）　5—十字槽盘头自攻螺钉和平垫圈组合件（2 颗）

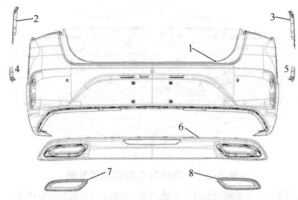

图 6-3-10 后保险杠的外饰结构示意图

1—后保险杠上本体 2、3—后保险杠侧后安装支架总成 4、5—后保险杠消声器装饰件总成
6—后保险杠下本体 7、8—后排气装饰件总成

6.3.2 汽车保险杠的装配

一、前保险杠的安装

1）沿 Y 向将保险杠左右两侧卡接结构推进，安装保险杠总成，如图 6-3-11 所示。

2）安装保险杠顶部 4 处固定螺栓，如图 6-3-12 所示。

3）安装保险杠左右两侧与轮罩衬板连接的各 3 处十字推钉，如图 6-3-13 所示。

4）安装保险杠底部 3 处固定螺栓和 6 处自攻螺钉，如图 6-3-14 所示。

5）安装前保险杠上装饰盖板，紧固前保险杠上装饰盖板 7 处固定十字推钉，如图 6-3-15 所示。

微课视频
汽车保险杠的装配

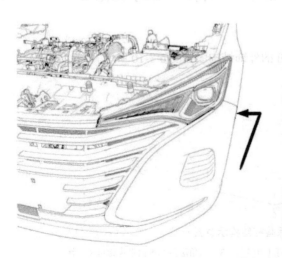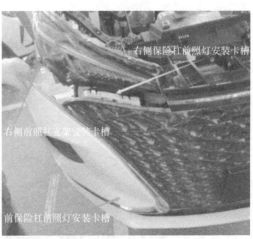

图 6-3-11 前保险杠总成安装示意图

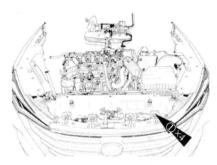 

图 6-3-12　安装保险杠顶部 4 处固定螺栓示意图

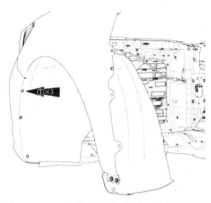 

图 6-3-13　安装保险杠左右两侧与轮罩衬板连接的各 3 处十字推钉示意图

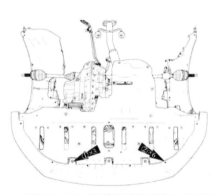 

图 6-3-14　安装保险杠底部 3 处固定螺栓和 6 处自攻螺钉示意图

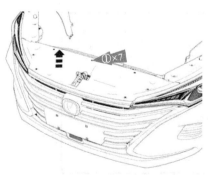 

图 6-3-15　前保险杠上装饰盖板安装示意图

二、后保险杠的安装

1）安装后保险杠总成（2人操作），插接上后保险杠电线束插头，注意后雾灯的线束应从钣金孔内拔出。

2）安装左右两侧各1颗自攻螺钉和1颗推钉，如图6-3-16所示。

3）连接后雾灯线束插头，如图6-3-17所示。

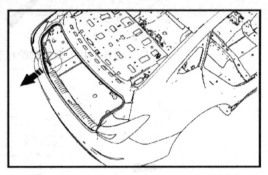

图6-3-16　安装左右两侧各1颗自攻螺钉和1颗推钉示意图　　　　图6-3-17　连接后雾灯线束插头示意图

4）安装保险杠左右两侧各3颗螺栓和1颗螺母，如图6-3-18所示。

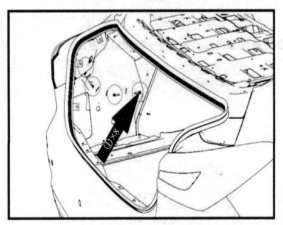
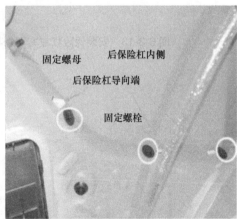

图6-3-18　保险杠左右两侧各3颗螺栓和1颗螺母安装示意图

5）安装行李舱侧地毯（左/右）各5颗推钉，如图6-3-19所示。

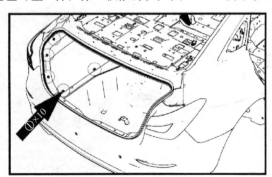

图6-3-19　行李舱侧地毯（左/右）各5颗推钉安装示意图

6）依次安装背门槛、行李舱地毯，如图 6-3-20 所示。

7）安装保险杠左右两侧与轮罩衬板连接处各 3 颗推钉和 1 颗自攻螺钉，如图 6-3-21 所示。

8）安装保险杠底部 3 处螺栓和左右各 1 颗自攻螺钉，如图 6-3-22 所示。

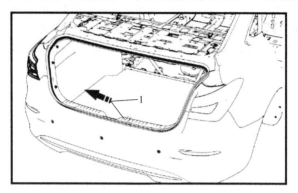

图 6-3-20　背门槛、行李舱地毯安装示意图

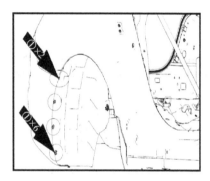 

图 6-3-21　保险杠左右两侧与轮罩衬板连接示意图

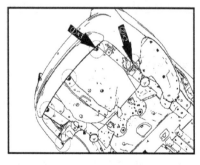 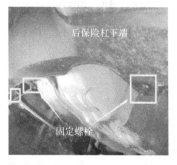

图 6-3-22　保险杠底部安装示意图

☞ 任务计划

独立查阅信息	**教师活动**：教师提供长安逸动车辆的作业指导书。 **学生活动**：学生独立查阅教师提供的作业指导书，提炼整理关键信息。
小组制定工作计划并展示	**教师活动**：教师要求学生小组合作制定"汽车保险杠装配"的工作计划，把每一个分系统的装调细节和注意事项写出来，包括为什么干、怎么干、安全、环保、工具、时间、质量检查标准等。 **学生活动**：学生分小组讨论，小组合作完成工作计划的制定。

☞ 任务决策

装调员工与小组长沟通工作计划	**教师活动**：教师选出一个学生代表（这个学生是以往决策出现问题较大的）和自己进行任务决策，教师暂时担任小组长（质检员）的角色。 **学生活动**：被选出的学生与教师进行决策对话，让其他学生观察，并进行口头评价、补充、改进。
提交任务决策	**学生活动**：每个学生制定自己的任务决策，在任务工单上表述出来。 **教师活动**：教师对每个学生的任务决策进行确认。

☞ 任务实施

示范操作	**教师活动**：教师亲自示范操作，或者播放相关微课视频。 **学生活动**：学生观察教师的示范操作，或者观察微课视频中的示范操作。
操作实施	**教师活动**：教师将学生分组，并要求学生分工明确，严格强调安全和事故预防要求等。实施过程中教师进行巡视指导。 **学生活动**：学生分为2组（2个装配工位），分工操作。每组4人，每组每次安排2名学生操作，所有学生轮流，每个学生都要完成一次操作。当2名学生进行操作时，同组的另外1名学生担任小组长的角色，分别对其进行评价和监督。同组的第4名学生负责查阅作业指导书等相关资料。

☞ 任务检查

5S 与检查工作结果：

教师活动：教师提供任务检查单。要求学生分组，小组合作完成任务检查及 5S，在表单上进行标注。教师要求学生小组成员对工作过程和工作计划进行监督和评估，记录优缺点及改进建议，并口头表述。教师要重点引导学生对队友的支持性意见的表达，并训练学生接纳他人建议。

学生活动：学生分组，小组合作完成任务检查及 5S，并在任务检查单上标注。学生按照教师的规定对小组其他成员的工作过程友善地提出改进建议。

☞ 任务评价

总结知识点、技能点和素养点：

教师活动：教师归纳整理理论体系，以一页 PPT 展示知识点、技能点和素养点。
学生活动：学生认真反思、倾听，构建适合自己学习的知识体系。学生对照学习目标进行自我评价。

 课程育人

课程育人之六

刮水器虽然只是汽车上一个小小的装置，不会影响汽车的行驶性能，但却是不可或缺的。试想：假如汽车上没有刮水器，那么下雨天落在风窗玻璃上的雨水就会严重影响驾驶人视线，甚至严重影响行车安全。

同样的，我们每个人的存在都是必要的，也能够发挥自己不可替代的作用。我们要立足于本职工作，刻苦钻研，做到"敬业""勤业"，为团体、为社会贡献自己的一点力量。

项目 7
尾线装配工位

任务描述

了解行李舱的作用和结构,掌握汽车行李舱系统的装配过程。了解汽车方向盘的结构,掌握方向盘的安装方法。了解汽车座椅的结构和工作原理,掌握汽车座椅的装配过程。了解车门及其附件的结构和工作原理,掌握车门附件及车门总成的装配方法。了解车轮的结构,掌握车轮的装配方法。

学习目标

1. 了解行李舱的作用和结构。
2. 掌握汽车行李舱系统的装配过程。
3. 了解汽车方向盘的结构。
4. 掌握方向盘的安装方法。
5. 了解汽车座椅的结构和工作原理。
6. 掌握汽车座椅的装配方法。
7. 了解车门及其附件的结构和工作原理。
8. 掌握车门附件及车门总成的装配方法。
9. 了解轮胎总成的基本理论知识。
10. 掌握轮胎的装配方法。

知识与技能点清单

序号	学习目标	知识点	技能点
1	了解行李舱的作用和结构	1. 行李舱的作用 2. 行李舱的机械结构 3. 行李舱门的电控结构	了解行李舱的作用和结构
2	掌握汽车行李舱系统的装配过程	1. 长安逸动行李舱的结构 2. 行李舱铰链的安装 3. 行李舱扭簧的安装 4. 行李舱锁的安装 5. 行李舱密封条的安装	掌握汽车行李舱系统的装配过程
3	了解汽车方向盘的结构	1. 方向盘的定义和作用 2. 方向盘的造型 3. 方向盘的构成 4. 方向盘的骨架、发泡和缝皮	了解汽车方向盘的结构
4	掌握方向盘的安装方法	方向盘总成的装配	掌握方向盘的安装方法
5	了解汽车座椅的结构和工作原理	1. 汽车座椅的功能 2. 汽车座椅的组成 3. 座椅滑轨装置、调角器装置、高度调节装置的工作原理	了解汽车座椅的结构和工作原理
6	掌握汽车座椅的装配过程	1. 前排座椅的装配 2. 后排座椅的装配	掌握汽车前、后排座椅的装配方法
7	了解车门及其附件的结构和工作原理	1. 车门的结构 2. 玻璃升降器的工作原理	了解车门的结构及工作原理
8	掌握车门附件及总成的装配方法	1. 玻璃升降器的装配 2. 车门玻璃的装配 3. 车门后视镜的装配 4. 车门密封条的装配 5. 车门锁总成的装配 6. 车门限位器和铰链的装配 7. 车门内饰板的安装	掌握车门玻璃、升降器、车门锁等主要部件的装配方法
9	了解车轮总成的基本理论知识	1. 车轮的作用和分类 2. 轮辋的结构形式和规格代号 3. 轮胎的结构	了解轮辋及轮胎的结构和规格代号
10	掌握轮胎的装配方法	车轮总成的装配	掌握轮胎的装配方法

项目 7 尾线装配工位

学习任务

7.1 行李舱系统总成装配

☞ 教学准备

教学情境准备	**教师活动**：在老师的指导下对整个班级进行分组，并由各小组讨论，选举出组长。教师安排组长负责班组管理，如负责分配分解任务，负责班组团队建设、班内的协调工作等。 **学生活动**：组长根据查阅的作业指导书、互联网及相关资料的学习，通过班组讨论进行分解、分配任务，并由组长担任装配质量检查员。按照制定的任务分解单和标准操作工序在班组内进行装配训练，查找存在的问题与不足，提出改进的措施或意见并记录。
教学目标准备	**素养点**： ① 能够小组合作，能够良好地自我表达，能够与他人进行有效的沟通和交流。 ② 能够阅读相关的教学资料，通过查阅资料能够使用工具。 ③ 能够独立工作，并保持周围环境干净整洁。 **知识点**： 汽车行李舱的作用和结构。 **技能点**： 汽车行李舱系统的装配过程。
资料设备清单	① 长安逸动车辆一台。 ② 汽车总装模拟生产线。 ③ 世达 128 件工具套装、工具车等。 ④ 长安逸动车辆行李舱系统装配作业指导书。

☞ 任务描述

角色扮演	**学生活动**：学生分组，四人一组。分布于汽车行李舱系统的装配工位之上，扮演装配工人、小组长（质检员），在模拟生产线上重现装配流程。 **教师活动**：教师观察学生的装配过程，观察同学的表现。
全员换位评价	学生在班组内进行轮岗（包括组长，即质量检查岗）训练。通过轮岗训练，要求学生能够熟练掌握本班组内的不同岗位上多个任务的操作能力以及本班组装配质量的检查能力。
全员分组练习	**教师活动**：教师通过观察找出表现优异的同学，作为借鉴和示范，要求各小组接受任务并练习。 **学生活动**：学生按照示范，遵循教师的提示与强调，分组在汽车模拟生产线上进行任务接受并练习，进行轮岗训练。
提交检查评估表	**教师活动**：教师要求学生根据自己对任务的完成情况进行评估并提出改进意见。 **学生活动**：学生在任务工单上进行自评和互评。

🔖 任务分析

教师活动：教师提供任务工单、长安逸动车辆装配作业指导书，指导学生独立完成装配步骤的分析。
学生活动：根据教师提供的资料进行查阅，确定分工位的装配步骤和注意事项并明确分工与协作。
装配流程有5个：
1. 长安逸动行李舱的结构。
2. 行李舱铰链的安装。
3. 行李舱扭簧的安装。
4. 行李舱锁的安装。
5. 行李舱密封条的安装。

🔖 理论学习

7.1.1 汽车行李舱系统总成概述

一、行李舱的作用

汽车行李舱是装载物品的空间，由行李舱组件与车身地板钣金件构成。行李舱基本位于轿车车身的后部，因此又俗称为后备箱。三厢车的乘客室与行李舱是分开的，而两厢车的行李舱则与乘客室合二为一，如图7-1-1所示。

微课视频
汽车行李舱系统
概述

图 7-1-1　汽车行李舱

二、汽车行李舱使用的注意事项

1）如果在没有关闭行李舱门的情况下驾驶车辆，可能会导致行李舱门气压举升器和其他部件的损坏。如果在行李舱门处于开启状态驾驶车辆，会导致危险废气进入车内，严重伤害车内乘客甚至导致死亡。假如必须在行李舱门处于开启的状态下驾驶车辆，应保持通风口和所有车窗处于开启状态，以便室外新鲜空气进入室内。

2）如果电动行李舱门打开约6小时，ECU会进入睡眠模式以保存蓄电池电能，且行李舱门不会自动关闭。此时需手动关闭行李舱门，再用电动操作系统操作行李舱门。

3）发动机不运转时可以操作电动行李舱门。但电动操作消耗大量的车辆电能。为了避免蓄电池放电，不要过度操作电动行李舱门，例如：重复操作电动行李舱门约10次以上。为了避免蓄电池放电，电动行李舱门也不要长时间停留在打开位置。

4）顶起车辆进行更换轮胎或维修车辆作业时，不要操作电动行李舱门。这会导致电动行李舱门不能正常工作。

三、行李舱门的机械结构

行李舱开启器装在行李舱门上，结构如图7-1-2所示，主要由轭铁、插棒式铁心、电磁线圈和支架组成。轴连接行李舱门锁，当电磁线圈通电时，插棒式铁心将轴拉入并打开行李舱门。线路断路器用以防止电磁线圈因电流过大而过热。

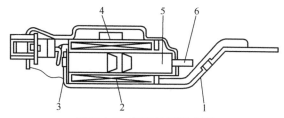

图 7-1-2　行李舱门开启器

1—支架　2—电磁线圈　3—轭铁　4—线路断路器　5—插棒式铁心　6—轴

行李舱门开启器开关一般来说位于仪表板下面，拉动此开关便能打开行李舱门。不同车的行李舱门开启器开关有所不同，图 7-1-3 中所示的行李舱门开启器开关操作时，先用钥匙顺时针旋转打开行李舱门开启器主开关，然后再使用行李舱门开启器开关打开行李舱。

四、行李舱门的电控结构

使用钥匙、遥控器或中央门锁操纵开关闭锁或开锁所有车门时，行李舱门也被闭锁或开锁。如果按下遥控器上的行李舱门开锁按钮，仅行李舱门开锁。一旦行李舱门在打开后被关闭，行李舱门会自动闭锁。如果行李舱门被开锁，可通过按压把手开关并向上拉打开行李舱门。因此，电动行李舱门一般来说配备如下功能：

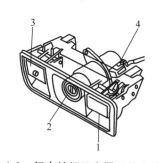

图 7-1-3　行李舱门开启器开关安装位置

1—行李舱门开启器开关　2—钥匙门
3—燃油箱盖开启器开关
4—行李舱门开启器主开关

1）电动行李舱门主控制按钮。
2）电源 ON/OFF 按钮。
3）电动行李舱门把手开关。
4）电动行李舱门副控制按钮。

五、行李舱照明灯

打开行李舱盖时，行李舱照明灯同时亮灯，便于在夜间确认物品。为了防止蓄电池亏电，一般来说，在约 30min 后，行李舱灯自动熄灭。

7.1.2　汽车行李舱系统的装配

一、长安逸动行李舱的结构

长安逸动行李舱系统的结构如图 7-1-4 所示。

二、行李舱铰链的安装

1）打开行李舱至最大开度。
2）用十字螺钉旋具安装行李舱内衬如图 7-1-5 所示位置处十字推钉，装配行李舱盖内衬。

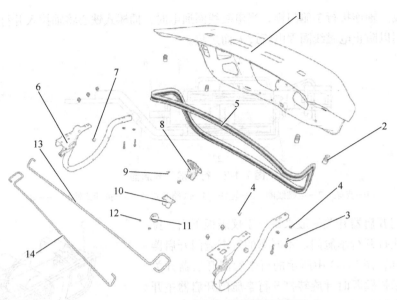

图 7-1-4 长安逸动行李舱系统结构示意图

1—行李舱盖焊接总成　2—前罩缓冲垫　3—六角法兰面螺栓　4—平垫圈　5—行李舱密封条　6—行李舱铰链总成　7—行李舱铰链缓冲垫　8—行李舱锁总成　9—内六角大盘头螺栓　10—行李舱锁体总成　11—行李舱锁销总成　12—内六角花形半沉头螺钉　13—行李舱扭簧（左）　14—行李舱扭簧（右）

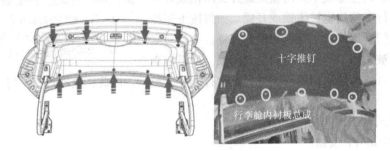

图 7-1-5 安装行李舱盖内衬

3）用十字螺钉旋具安装如图 7-1-6 所示位置处十字推钉，装配铰链装饰盖板 1、2。

4）使用棘轮扳手安装六角法兰面螺栓以及平垫圈组合件，如图 7-1-7 所示。

5）右侧安装同左侧。

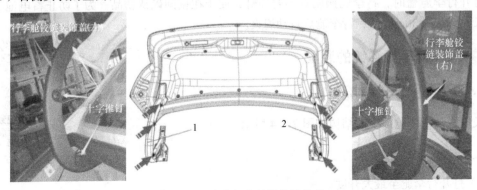

图 7-1-6 安装行李舱铰链装饰件

三、行李舱扭簧安装

1）打开行李舱至最大开度。

2）先安装行李舱扭簧（左），将扭簧（左）的右侧固定端挂入行李舱铰链总成（右）的固定支架孔中，如图 7-1-8 所示。

3）将扭簧左端卡入左侧行李舱铰链固定支架，使用一字螺钉旋具卡住左侧扭簧，下压螺钉旋具使扭簧转动一定角度，移动铰链活动支架，卡住扭簧，如图 7-1-9 所示。

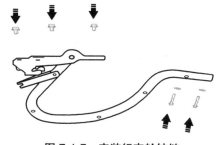

图 7-1-7　安装行李舱铰链

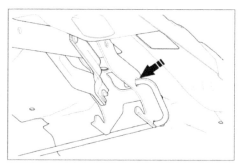

图 7-1-8　安装行李舱扭簧操作一

图 7-1-9　安装行李舱扭簧操作二

4）右侧行李舱扭簧安装同左侧。

5）将两根扭簧卡入中间扭簧卡子，如图 7-1-10 所示。

四、安装行李舱锁

1）打开行李舱至最大开度。

2）使用内六角螺钉旋具安装 2 颗螺栓，如图 7-1-11 所示。

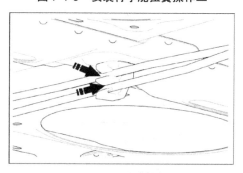

图 7-1-10　安装行李舱扭簧操作三

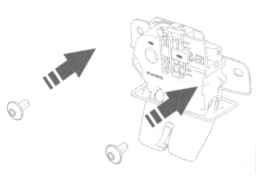

图 7-1-11　行李舱锁安装

五、行李舱密封条安装

1）打开行李舱至最大开度。

2）对齐行李舱密封条装配标记点与车辆中心位置,从中间向两侧开始装配行李舱密封条,如图 7-1-12 所示。

3）将行李舱密封条与车身紧密接合。

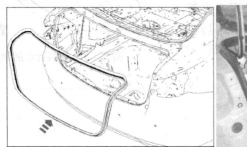

图 7-1-12　行李舱密封条安装

☞ 任务计划

独立查阅信息	**教师活动**：教师提供长安逸动车辆的作业指导书。 **学生活动**：学生独立查阅教师提供的作业指导书,提炼整理关键信息。
小组制定工作计划并展示	**教师活动**：教师要求学生小组合作制定"汽车行李舱系统总成装配"的工作计划,把每一个分系统的装调细节和注意事项写出来,包括为什么干、怎么干、安全、环保、工具、时间、质量检查标准等。 **学生活动**：学生分小组讨论,小组合作完成工作计划的制定。

☞ 任务决策

装调员工与小组长沟通工作计划	**教师活动**：教师选出一个学生代表（这个学生是以往决策出现问题较大的）和自己进行任务决策,教师暂时担任小组长（质检员）的角色。 **学生活动**：被选出的学生与教师进行决策对话,让其他学生观察,并进行口头评价、补充、改进。
提交任务决策	**学生活动**：每个学生制定自己的任务决策,在任务工单上表述出来。 **教师活动**：教师对每个学生的任务决策进行确认。

☞ 任务实施

示范操作	**教师活动**：教师亲自示范操作,或者播放相关微课视频。 **学生活动**：学生观察教师的示范操作,或者观察微课视频中的示范操作。
操作实施	**教师活动**：教师将学生分组,并要求学生分工明确,严格强调安全和事故预防要求等。实施过程中教师进行巡视指导。 **学生活动**：学生分为 5 组（5 个装配工位）,分工操作。每组 4 人,每组每次安排 2 名学生操作,所有学生轮流,每个学生都要完成一次操作。当 2 名学生进行操作时,同组的另外 1 名学生担任小组长的角色,分别对其进行评价和监督。同组的第 4 名学生负责查阅作业指导书等相关资料。

项目 7　尾线装配工位

☞ 任务检查

5S 与检查工作结果：
教师活动： 教师提供任务检查单。要求学生分组，小组合作完成任务检查及 5S，在表单上进行标注。教师要求学生小组成员对工作过程和工作计划进行监督和评估，记录优缺点及改进建议，并口头表述。教师要重点引导学生对队友的支持性意见的表达，并训练学生接纳他人建议。
学生活动： 学生分组，小组合作完成任务检查及 5S，并在任务检查单上标注。学生按照教师的规定对小组其他成员的工作过程友善地提出改进建议。

☞ 任务评价

总结知识点、技能点和素养点：
教师活动： 教师归纳整理理论体系，以一页 PPT 展示知识点、技能点和素养点。
学生活动： 学生认真反思、倾听，构建适合自己学习的知识体系。学生对照学习目标进行自我评价。

7.2　方向盘总成装配

☞ 教学准备

教学情境准备	**教师活动：** 在老师的指导下对整个班级进行分组，并由各小组讨论，选举出组长。教师安排组长负责班组管理，如负责分配分解任务，负责班组团队建设、班内的协调工作等。 **学生活动：** 组长根据查阅的作业指导书、互联网及相关资料的学习，通过班组讨论进行分解、分配任务，并由组长担任装配质量检查员。按照制定的任务分解单和标准操作工序在班组内进行装配训练，查找存在的问题与不足，提出改进的措施或意见并记录。
教学目标准备	**素养点：** ① 能够小组合作，能够良好地自我表达，能够与他人进行有效的沟通和交流。 ② 能够阅读相关的教学资料，通过查阅资料能够使用工具。 ③ 能够独立工作，并保持周围环境干净整洁。 **知识点：** 汽车方向盘的结构。 **技能点：** 汽车方向盘的装配方法。
资料设备清单	① 长安逸动车辆一台。 ② 汽车总装模拟生产线。 ③ 世达 128 件工具套装、工具车等。 ④ 长安逸动车辆方向盘总成装配作业指导书。

☞ 任务描述

角色扮演	**学生活动：** 学生分组，四人一组。分布于汽车方向盘的装配工位之上，扮演装配工人、小组长（质检员），在模拟生产线上重现装配流程。 **教师活动：** 教师观察学生的装配过程，观察同学的表现。
全员换位评价	学生在班组内进行轮岗（包括组长，即质量检查岗）训练。通过轮岗训练，要求学生能够熟练掌握本班组内的不同岗位上多个任务的操作能力以及本班组装配质量的检查能力。
全员分组练习	**教师活动：** 教师通过观察找出表现优异的同学，作为借鉴和示范，要求各小组接受任务并练习。 **学生活动：** 学生按照示范，遵循教师的提示与强调，分组在汽车模拟生产线上进行任务接受并练习，进行轮岗训练。
提交检查评估表	**教师活动：** 教师要求学生根据自己对任务的完成情况进行评估并提出改进意见。 **学生活动：** 学生在任务工单上进行自评和互评。

⭐ 任务分析

教师活动：教师提供任务工单、长安逸动车辆装配作业指导书，指导学生独立完成装配步骤的分析。
学生活动：根据教师提供的资料进行查阅，确定分工位的装配步骤和注意事项并明确分工与协作。
装配流程有1个：
汽车方向盘总成的装配。

⭐ 理论学习

7.2.1 方向盘总成概述

一、方向盘造型概述

1）定义：方向盘为汽车、轮船、飞机等的操纵行驶方向的轮状装置。它通过花键与转向轴相连，将驾驶人作用到方向盘边缘上的力转变为转矩后传递给转向轴。驾驶人通过方向盘控制车辆直行或改变方向。方向盘上装有喇叭按钮、车速控制开关和安全气囊，具备安全功能，保护驾驶人。方向盘内部由成形的金属骨架构成，外面包覆柔软材料。汽车碰撞时，方向盘骨架应该发生变形，以吸收碰撞的能量。

微课视频
方向盘总成装配

2）作用：方向盘是车中与驾驶人接触时间最长，被使用频率最高，也是反映使用者需求最密集的地方。它的设计直接影响使用者的情绪，操作和安全。

3）造型：方向盘的造型一般为圆形，高端运动车型会把底部的圆弧改平，如图7-2-1所示。这种设计形式目前也被应用到了普通车型上。

4）方向盘的造型特点：方向盘的设计需适应人体生理特点，如按压面凸型，握把背面凹凸设计，适宜的硬度及粗糙度，如图7-2-2所示。

图7-2-1 方向盘底部造型

图7-2-2 方向盘凹凸造型

5）方向盘尺寸：尺寸的设计标准应是驾驶人的手掌能全部握住方向盘。太大的直径会减少手的夹持力，降低灵活性。直径过细也对操作者有影响，一般来说，盘径为365~385mm，握把直径为30~50mm。

6）方向盘色彩：色调协调，颜色缓和，易辨识，色彩简单。常见方向盘多以灰色，黑色和银白色为主色调。配以镀铬装饰。

二、方向盘的构成

方向盘属于转向操纵机构。由骨架、发泡、缝皮及附件构成。如图7-2-3所示。其结构分解如图 7-2-4 所示。

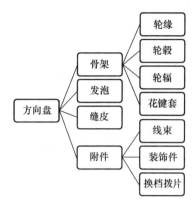

图 7-2-3　方向盘的构成

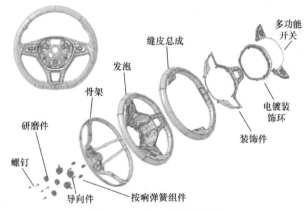

图 7-2-4　方向盘整体结构

三、方向盘的骨架

方向盘骨架由轮缘、轮辐、轮毂构成，如图 7-2-5 所示。轮毂细牙花键与转向轴连接。

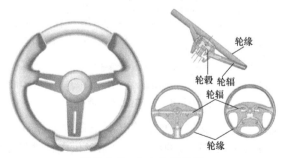

图 7-2-5　方向盘的构造

不同方向盘使用的骨架是不同的。有二辐条骨架、三辐条骨架、四辐条骨架等，如图 7-2-6 所示。骨架主体多采用镁铝合金材质一次压铸成型，但是与车相连的花键套的制作却有区别：

1）骨架花键有采用一次拉刀成型的。
2）钢质材料嵌入骨架中。
3）轮毂部分根据造型要求、气囊布置、喇叭按响方式等有不同的结构设计。

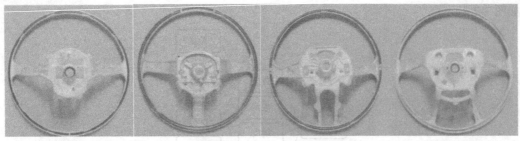

a) 二辐条骨架　　　b) 三辐条骨架　　　c) 四辐条骨架　　　d) 四辐条骨架

图 7-2-6　方向盘骨架

4) 骨架的强度要符合碰撞与扭转等安全要求。

四、方向盘的发泡

方向盘生产的发泡工艺,是在金属骨架外面,用反应注射成形方法形成一层具有自结皮的聚氨酯发泡材料,这种发泡结构能够形成带有天然皮革花纹及韧性的表皮,在这层表皮下逐渐过渡到具有弹性的泡沫体。这种方向盘即为 PU 方向盘,是目前主流的方向盘生产技术。发泡工艺过程如图 7-2-7 所示。

图 7-2-7　方向盘生产发泡工艺过程

五、方向盘的缝皮

方向盘的缝皮按包覆材料可分为全皮方向盘、皮木混合方向盘、带内衬和加热丝方向盘,如图 7-2-8 所示。

a) 全皮方向盘　　　b) 皮木混合方向盘　　　c) 带内衬和加热丝方向盘

图 7-2-8　方向盘缝皮种类

方向盘加热的原理是靠电阻丝发热。通常情况下是在包裹方向盘的真皮里面垫一层电阻丝,电源线通过方向盘下方与转轴相连接的部位给电阻丝供电,进行加热。并且大部分带有方向盘加热功能的车型都重点为方向盘 3 点和 9 点方向,也就是手握的区域加热,这样既简化了技术,又节约了成本。

方向盘缝皮按辐条数量和功能分为 3 辐普通型缝皮、4 辐普通型缝皮、3 辐多功能缝皮、4 辐多功能缝皮等,如图 7-2-9 所示。

方向盘缝皮按线迹形式分为 TL 法、半机械法、一字形法、人字形法、特殊法等,如图 7-2-10 所示。

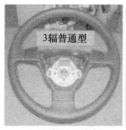   

a) 3辐普通型缝皮　　b) 4辐普通型缝皮　　c) 3辐多功能缝皮　　d) 4辐多功能缝皮

图 7-2-9　方向盘缝皮分类

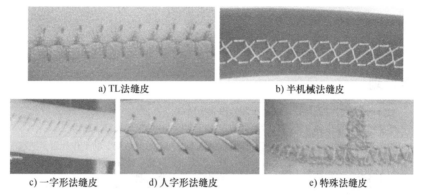

a) TL法缝皮　　b) 半机械法缝皮

c) 一字形法缝皮　　d) 人字形法缝皮　　e) 特殊法缝皮

图 7-2-10　方向盘缝皮分类

7.2.2　方向盘总成的装配

1）左右晃动方向盘，直至方向盘安装到轮毂细牙花键上。
2）拧紧方向盘锁紧螺母，直至剩下 2~3 牙螺纹，如图 7-2-11 所示。
3）安装方向盘上与旋转插接器连接的接插件，如图 7-2-12 所示。

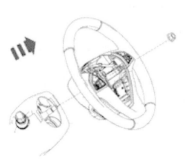  

图 7-2-11　方向盘安装　　　　　　图 7-2-12　安装插接器

4）安装驾驶人安全气囊与装饰面罩，如图 7-2-13 所示。

注意： 安装方向盘前，确保车轮处于正前方位置。安装方向盘时保证方向盘三角标识指向转向管柱上的标记位置。如图 7-2-14 所示。

图 7-2-13　安装安全气囊和装饰面罩

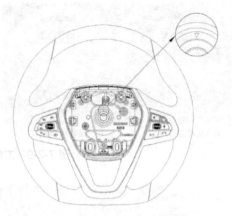

图 7-2-14　三角标识对齐

☞ 任务计划

独立查阅信息	**教师活动**：教师提供长安逸动车辆的作业指导书。 **学生活动**：学生独立查阅教师提供的作业指导书，提炼整理关键信息。
小组制定工作计划并展示	**教师活动**：教师要求学生小组合作制定"汽车方向盘总成装配"的工作计划，把每一个分系统的装调细节和注意事项写出来，包括为什么干、怎么干、安全、环保、工具、时间、质量检查标准等。 **学生活动**：学生分小组讨论，小组合作完成工作计划的制定。

☞ 任务决策

装调员工与小组长沟通工作计划	**教师活动**：教师选出一个学生代表（这个学生是以往决策出现问题较大的）和自己进行任务决策，教师暂时担任小组长（质检员）的角色。 **学生活动**：被选出的学生与教师进行决策对话，让其他学生观察，并进行口头评价、补充、改进。
提交任务决策	**学生活动**：每个学生制定自己的任务决策，在任务工单上表述出来。 **教师活动**：教师对每个学生的任务决策进行确认。

☞ 任务实施

示范操作	**教师活动**：教师亲自示范操作，或者播放相关微课视频。 **学生活动**：学生观察教师的示范操作，或者观察微课视频中的示范操作。
操作实施	**教师活动**：教师将学生分组，并要求学生分工明确，严格强调安全和事故预防要求等。实施过程中教师进行巡视指导。 **学生活动**：学生每组 4 人，每组每次安排 2 名学生操作，所有学生轮流，每个学生都要完成一次操作。当 2 名学生进行操作时，同组的另外 1 名学生担任小组长的角色，分别对其进行评价和监督。同组的第 4 名学生负责查阅作业指导书等相关资料。

☞ 任务检查

5S 与检查工作结果：

教师活动：教师提供任务检查单。要求学生分组，小组合作完成任务检查及 5S，在表单上进行标注。教师要求学生小组成员对工作过程和工作计划进行监督和评估，记录优缺点及改进建议，并口头表述。教师要重点引导学生对队友的支持性意见的表达，并训练学生接纳他人建议。

学生活动：学生分组，小组合作完成任务检查及 5S，并在任务检查单上标注。学生按照教师的规定对小组其他成员的工作过程友善地提出改进建议。

☞ 任务评价

总结知识点、技能点和素养点：
教师活动：教师归纳整理理论体系，以一页 PPT 展示知识点、技能点和素养点。
学生活动：学生认真反思、倾听，构建适合自己学习的知识体系。学生对照学习目标进行自我评价。

7.3 汽车座椅装配

☞ 教学准备

教学情境准备	**教师活动**：在老师的指导下对整个班级进行分组，并由各小组讨论，选举出组长。教师安排组长负责班组管理，如负责分配分解任务，负责班组团队建设、班内的协调工作等。 **学生活动**：组长根据查阅的作业指导书、互联网及相关资料的学习，通过班组讨论进行分解、分配任务，并由组长担任装配质量检查员。按照制定的任务分解单和标准操作工序在班组内进行装配训练，查找存在的问题与不足，提出改进的措施或意见并记录。
教学目标准备	**素养点：** ① 能够小组合作，能够良好地自我表达，能够与他人进行有效的沟通和交流。 ② 能够阅读相关的教学资料，通过查阅资料能够使用工具。 ③ 能够独立工作，并保持周围环境干净整洁。 **知识点：** 汽车座椅的结构和工作原理。 **技能点：** 汽车座椅的装配过程。
资料设备清单	① 长安逸动车辆一台。 ② 汽车总装模拟生产线。 ③ 世达 128 件工具套装、工具车等。 ④ 长安逸动车辆座椅装配作业指导书。

☞ 任务描述

角色扮演	**学生活动**：学生分组，四人一组。分布于汽车座椅的装配工位之上，扮演装配工人、小组长（质检员），在模拟生产线上重现装配流程。 **教师活动**：教师观察学生的装配过程，观察同学的表现。
全员换位评价	学生在班组内进行轮岗（包括组长，即质量检查岗）训练。通过轮岗训练，要求学生能够熟练掌握本班组内的不同岗位上多个任务的操作能力以及本班组装配质量的检查能力。
全员分组练习	**教师活动**：教师通过观察找出表现优异的同学，作为借鉴和示范，要求各小组接受任务并练习。 **学生活动**：学生按照示范，遵循教师的提示与强调，分组在汽车模拟生产线上进行任务接受并练习，进行轮岗训练。
提交检查评估表	**教师活动**：教师要求学生根据自己对任务的完成情况进行评估并提出改进意见。 **学生活动**：学生在任务工单上进行自评和互评。

☞ 任务分析

教师活动：教师提供任务工单、长安逸动车辆装配作业指导书，指导学生独立完成装配步骤的分析。
学生活动：根据教师提供的资料进行查阅，确定分工位的装配步骤和注意事项并明确分工与协作。
装配流程有 2 个：
1. 前排座椅的装配。
2. 后排座椅的装配。

☞ 理论学习

7.3.1 汽车座椅概述

微课视频
汽车座椅
概述

一、座椅的功能

1. 对乘员提供支撑

1）让乘员在乘坐期间保持固定的位置。

2）适应不同体重和高矮的乘员乘坐。

3）座椅调节装置能够使座椅在每一个位置都可以为乘员提供支撑。

2. 确定乘员的乘坐位置

（1）调整到良好的驾驶视野

很多驾驶人在开车之前，经常会忽略先行调整驾驶人座椅的位置。其实，正确的驾驶姿势可以有效保护驾驶人的安全，若是座椅位置不合适，就会影响驾驶人视线和操控的灵敏度，甚至导致交通事故，伤害到自己和他人。

因此开车前的第一件事就是要调整好驾驶人座椅的高度。正确的座椅高度应调整到驾驶人的视线不会被方向盘挡住，并可以清楚地看见所有的重要仪表及街道标志。在调整好座椅的高度后，还要调整座椅的前后位置。首先应将臀部尽量向后靠，以顶到坐垫及椅背之间最好，这样可使自己坐得更稳，不会晃动。坐稳之后应注意一下手、脚的位置，把左右手分别放在方向盘 9 点钟和 3 点钟的位置，此时不可以让自己的背部离开椅背，如果离开的话，表示你坐得太靠后，必须把座椅往前挪。另外两手要略微弯曲，这样万一发生事故时，能有效分散撞击力，避免力量集中在手臂各关节上。

（2）方便操作仪表及头部、腿部等有合适的空间

此外，左右脚的位置要在将踏板踩到底时，还必须能使腿保持弯曲。如果你踩踏板到底时，两腿是伸直的情况，一定要把座椅拉前一点。值得注意的是，不要让膝盖顶在转向柱上，要保持一定的距离，否则会使脚的动作受到影响，使反应不及时。

3. 让乘员感觉舒服

提供舒适的三要素为：座椅泡沫硬度、座椅固有的振动频率、座椅静态的压力分布。

4. 对乘员提供安全保护

安全带是一个非常有效的安全设施，能有效地缓解人向前的冲力。一旦发生撞击，不至于使冲击力过于集中在某个位置而伤害到乘客。

5. 附加功能

1）座椅上装加热垫，根据人的温度调节。

2）头枕带 DVD 视频。

3）前排左右座椅带安全气囊。

4）更先进的可以带写字台、笔记本电脑等。

二、座椅分类

1）按位置可以分为前排、后排座椅。

2）按调节方式可以分为手动和电动。

3）按面料可以分为真皮、针织、织绒等。

4）按结构形式可以分为靠背折叠式、分离式、长条以及独立座椅等几种。

5）靠背折叠式座椅坐垫是整体式或分开的，靠背可以折叠，这个功能可以增加后排行李舱的空间，使体积大或长的行李放入车中。

三、座椅的组成

一般汽车座椅的结构组成主要有骨架、泡沫、面套、附件等四部分。汽车驾驶人座椅的结构如图 7-3-1 所示，前排乘员座椅的结构与之基本相同。汽车后排座椅的结构如图 7-3-2 所示。

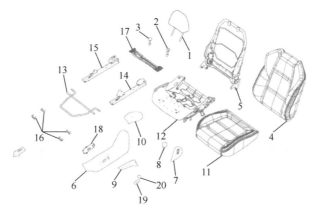

图 7-3-1　汽车驾驶人座椅结构

1—头枕　2、3—头枕导管　4—靠背泡沫　5—靠背骨架　6—驾驶人外侧护板　7—调角器手柄　8—调角器手柄盖　9—高度调节器手柄　10—座椅内侧护板　11—坐垫泡沫　12—座椅骨架　13、14、15—座椅滑轨　16—滑轨装饰件　17—电动滑轨过桥总成　18—电动6向开关本体　19—滑轨电动调节按钮盖　20—靠背电动调节按钮盖

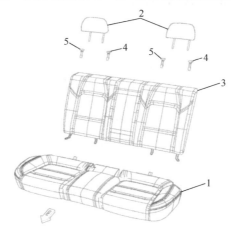

图 7-3-2　汽车后排座椅结构

1—三人座椅坐垫总成　2—头枕总成　3—座椅靠背泡沫　4、5—头枕导管

四、座椅滑轨装置

1. 座椅滑轨装置的定义

座椅滑轨是指调节座椅前后位置的装置。

2. 座椅滑轨装置的分类

按执行方式的不同可以分为电动滑轨和手动滑轨。

3. 座椅滑轨的结构与工作原理

1）手动滑轨。通过手动操纵锁止机构使上下轨分离，借用外力实现前后调节的装置，具体结构如图 7-3-3 所示。

2）电动滑轨。通过手动操纵控制元件，借助电动机传动部件实现前后调节的装置。电动滑轨分为记忆式和非记忆式，其结构如图 7-3-4 所示。

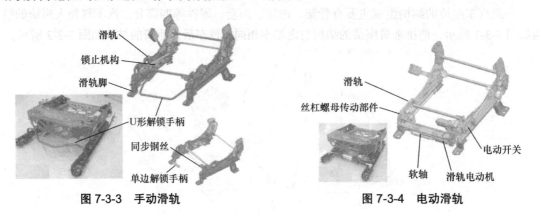

图 7-3-3　手动滑轨　　　　　　图 7-3-4　电动滑轨

五、调角器装置

1. 调角器装置的作用

使座椅的靠背沿固定的轴线角度旋转。

2. 调角器主要的种类

1）按锁止方式分为单锁止和双锁止调角器。

2）按操纵方式分为电动和手动调角器，如图 7-3-5 所示。

图 7-3-5　调角器示意图

六、座椅高度调节装置

1. 定义

高度调节装置主要用于座椅在高度方向上的调节，满足不同身高的驾驶人及乘员的舒适性要求的一种装置。

2. 分类

按操纵方式分为手动和电动。手动方式是以手压或上拉手柄（棘轮手柄式）实现高度方向的调节或旋转调节旋钮调节高度方向，如图 7-3-6 所示。电动方式是靠电动机驱动高度调节系统，实现座椅高度方向的调节。

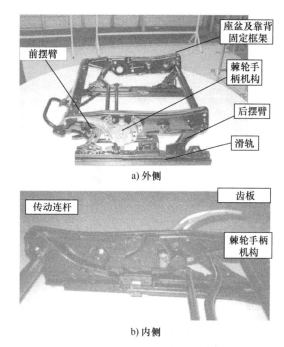

图 7-3-6 座椅高度调节装置

3. 高度调节装置的工作原理

齿板、传动连杆、后摆臂和固定框架组成一个四杆机构,前摆臂、固定框架、后摆臂及滑轨组成另外一个四杆机构,其中后摆臂为共用。棘轮手柄机构和齿板均与固定框架构成铰接副,棘轮手柄机构齿与齿板啮合为一组齿轮副,动作原理如下:

当下压或上拉棘轮手柄,齿轮副使齿板也摆动一定角度,在传动连杆的作用下,后摆臂摆动一定角度,后摆臂的摆动成为另一四杆机构的原动件,其摆动使该四杆机构相应动作,从而该四杆机构中的固定框架形成一定运动轨迹,达到高度调节的作用。

7.3.2 汽车座椅的装配

一、前排座椅的装配

1)将座椅底部的接插件与车身上的插接器连接,放下前排座椅,对准安装孔。

2)沿导轨移动座椅到最后位置,安装座椅前固定螺栓,力矩:25 N·m,如图 7-3-7 所示。

3)沿导轨移动座椅到最前位置,安装座椅后固定螺栓,力矩:25 N·m。

二、后排座椅的安装

1)从上往下安装座椅靠背,使其卡住车身挂钩。安装后排靠背左右四颗固定螺栓,紧固力矩 20N·m,如

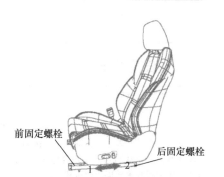

图 7-3-7 前排座椅的安装

图 7-3-8 所示。

2）将坐垫沿图 7-3-9 所示箭头方向慢慢向下用力使其安装在左右卡扣上，然后将坐垫压下。

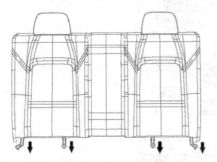

图 7-3-8　座椅靠背安装

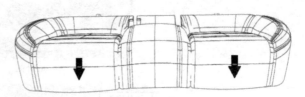

图 7-3-9　坐垫安装

📌 任务计划

独立查阅信息	**教师活动**：教师提供长安逸动车辆的作业指导书。 **学生活动**：学生独立查阅教师提供的作业指导书，提炼整理关键信息。
小组制定工作计划并展示	**教师活动**：教师要求学生小组合作制定"汽车座椅装配"的工作计划，把每一个分系统的装调细节和注意事项写出来，包括为什么干、怎么干、安全、环保、工具、时间、质量检查标准等。 **学生活动**：学生分小组讨论，小组合作完成工作计划的制定。

📌 任务决策

装调员工与小组长沟通工作计划	**教师活动**：教师选出一个学生代表（这个学生是以往决策出现问题较大的）和自己进行任务决策，教师暂时担任小组长（质检员）的角色。 **学生活动**：被选出的学生与教师进行决策对话，让其他学生观察，并进行口头评价、补充、改进。
提交任务决策	**学生活动**：每个学生制定自己的任务决策，在任务工单上表述出来。 **教师活动**：教师对每个学生的任务决策进行确认。

📌 任务实施

示范操作	**教师活动**：教师亲自示范操作，或者播放相关微课视频。 **学生活动**：学生观察教师的示范操作，或者观察微课视频中的示范操作。
操作实施	**教师活动**：教师将学生分组，并要求学生分工明确，严格强调安全和事故预防要求等。实施过程中教师进行巡视指导。 **学生活动**：学生分为 2 组（2 个装配工位），分工操作。每组 4 人，每组每次安排 2 名学生操作，所有学生轮流，每个学生都要完成一次操作。当 2 名学生进行操作时，同组的另外 1 名学生担任小组长的角色，分别对其进行评价和监督。同组的第 4 名学生负责查阅作业指导书等相关资料。

📌 任务检查

5S 与检查工作结果：

教师活动：教师提供任务检查单。要求学生分组，小组合作完成任务检查及 5S，在表单上进行标注。教师要求学生小组成员对工作过程和工作计划进行监督和评估，记录优缺点及改进建议，并口头表述。教师要重点引导学生对队友的支持性意见的表达，并训练学生接纳他人建议。

学生活动：学生分组，小组合作完成任务检查及 5S，并在任务检查单上标注。学生按照教师的规定对小组其他成员的工作过程友善地提出改进建议。

☞ 任务评价

总结知识点、技能点和素养点：
教师活动： 教师归纳整理理论体系，以一页 PPT 展示知识点、技能点和素养点。
学生活动： 学生认真反思、倾听，构建适合自己学习的知识体系。学生对照学习目标进行自我评价。

7.4 车门总成装配

☞ 教学准备

教学情境准备	**教师活动：** 在老师的指导下对整个班级进行分组，并由各小组讨论，选举出组长。教师安排组长负责班组管理，如负责分配分解任务，负责班组团队建设、班内的协调工作等。 **学生活动：** 组长根据查阅的作业指导书、互联网及相关资料的学习，通过班组讨论进行分解、分配任务，并由组长担任装配质量检查员。按照制定的任务分解单和标准操作工序在班组内进行装配训练，查找存在的问题与不足，提出改进的措施或意见并记录。
教学目标准备	**素养点：** ① 能够小组合作，能够良好地自我表达，能够与他人进行有效的沟通和交流。 ② 能够阅读相关的教学资料，通过查阅资料能够使用工具。 ③ 能够独立工作，并保持周围环境干净整洁。 **知识点：** 车门及其附件的结构和工作原理。 **技能点：** 车门总成及其部件的装配过程。
资料设备清单	① 长安逸动车辆一台。 ② 汽车总装模拟生产线。 ③ 世达 128 件工具套装、工具车等。 ④ 长安逸动车辆车门总成装配作业指导书。

☞ 任务描述

角色扮演	**学生活动：** 学生分组，四人一组。分布于车门总成的装配工位之上，扮演装配工人、小组长（质检员），在模拟生产线上重现装配流程。 **教师活动：** 教师观察学生的装配过程，观察同学的表现。
全员换位评价	学生在班组内进行轮岗（包括组长，即质量检查岗）训练。通过轮岗训练，要求学生能够熟练掌握本班组内的不同岗位上多个任务的操作能力以及本班组装配质量的检查能力。
全员分组练习	**教师活动：** 教师通过观察找出表现优异的同学，作为借鉴和示范，要求各小组接受任务并练习。 **学生活动：** 学生按照示范，遵循教师的提示与强调，分组在汽车模拟生产线上进行任务接受并练习，进行轮岗训练。
提交检查评估表	**教师活动：** 教师要求学生根据自己对任务的完成情况进行评估并提出改进意见。 **学生活动：** 学生在任务工单上进行自评和互评。

🖙 任务分析

教师活动：教师提供任务工单、长安逸动车辆装配作业指导书，指导学生独立完成装配步骤的分析。
学生活动：根据教师提供的资料进行查阅，确定分工位的装配步骤和注意事项并明确分工与协作。
装配流程有7个：
1. 玻璃升降器的装配。
2. 车门玻璃的装配。
3. 车门后视镜的装配。
4. 车门密封条的装配。
5. 车门锁总成的装配。
6. 车门限位器和铰链的装配。
7. 车门内饰板的安装。

🖙 理论学习

7.4.1 车门总成概述

一、车门的类型

汽车的车门主要是为驾驶人和乘客提供进出车辆的路径，并通过一定的结构设计和隔声材料隔绝车外环境的干扰；以及通过一定结构的设计，降低车辆在受到撞击时所产生的加速度和侵入量，从而减少和避免车内乘员受到伤害。随着消费者对汽车的美观要求的提升，各主机厂对汽车的造型要求越来越高，其中车门的造型与整车的造型有着很大的关系。车门结构和性能的好坏，主要体现在车门的防撞性能、车门的密封性能、车门开启和关闭时候的操作便利性等，其中防撞性能尤为重要，因为车辆发生侧碰时，时间很短，缓冲空间有限，容易对车内乘员造成伤害。

微课视频
车门总成概述

车门的结构形式主要有：旋转门、侧滑门、折叠门、对开门、鸥翼门和剪刀门，如图7-4-1～图7-4-6所示。其中，旋转门主要用于轿车及载货汽车，拉门主要用于面包车上，折叠门和外摆式车门主要用于大客车上。

图 7-4-1　旋转门

图 7-4-2　侧滑门

图 7-4-3　折叠门

图 7-4-4　对开门

图 7-4-5　鸥翼门

图 7-4-6　剪刀门

二、车门的结构

常用的车门主要是旋转式车门，车门主要是由车门内板冲压成型件、外板冲压成型件、窗框辊压工艺成型件以及嵌在内外板间的窗框导轨等组成，通过包边工艺以及焊接合成为白车门，这种结构的优点是：车门内外板主体部分均是整体冲压件，外观品质好，成型精度高，强度及刚度易满足要求；且窗框是分体式结构，窗框宽度不受冲压和焊接工艺的限制，因而可以设计得比较窄，有利于车身造型和驾驶人视野，由于辊压窗框的截面形状受工艺影响较小，可以自由地根据密封条或者造型需要进行设计。

车门结构组成（图 7-4-7）主要包括三角窗、车门内板、车门外板、车门玻璃、车门密封条、车门锁、内饰板、车门内手柄、内门锁操作手柄、玻璃升降操作手柄、车门开度限位器、车门铰链，另外在门内、外板之间还装有玻璃导轨及玻璃升降器等。

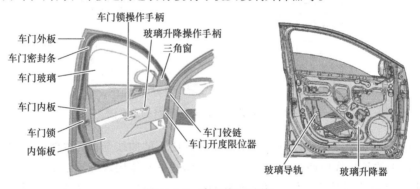

图 7-4-7　车门主要结构

三、车门的主要部件功能

车门的主要部件如图 7-4-8 所示。

1. 玻璃升降器

这是车门系统中实现车门玻璃升降运动的车门附件，是调节车门玻璃窗开度大小的专用部件，其功能是保证车门窗玻璃平稳升降，并顺利地开启和关闭；玻璃升降器分为绳轮式玻璃升降器与齿板式玻璃升降器。

（1）绳轮式玻璃升降器的工作原理

绳轮式玻璃升降器是指由直流电动机驱动，通过卷丝筒、绳索等的转动，使车窗玻璃上升或下降到所需位置的一种装置。升降器系统的系统图如图 7-4-9 所示。升降器的导轨总成 1 通过上下部分的安装支架分别固定在门内钣金上，卷丝机构 4 连同电动机 5 也固定在车门内钣金上，车窗玻璃通过自攻螺钉固定在滑块 2 上。

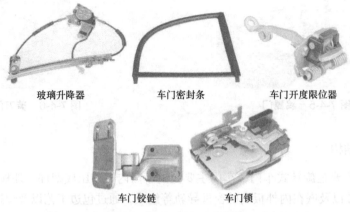

图 7-4-8 车门主要零部件

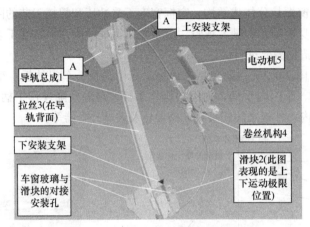

图 7-4-9 绳轮式玻璃升降器结构示意图

前/后玻璃导向槽是空间的平行曲线，导轨总成 1 的曲线与前/后玻璃导向槽的曲线平行，导轨总成 1 的延长线应通过玻璃重心，且玻璃的重心作用线与导轨总成 1 的夹角不应过大；电动机接收控制系统传递的信号做正或反转，使卷丝机构中丝筒旋转，收缩或放长拉丝 3，使滑块沿导轨总成上下运动，从而带动车窗玻璃沿前后玻璃导向槽作上下运动。如图 7-4-10 所示。

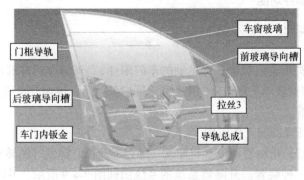

图 7-4-10 绳轮式玻璃升降器工作原理示意图

（2）齿板式玻璃升降器的工作原理

齿板式电动玻璃升降器是指由直流电动机驱动，通过电动机内齿轮、外部传动齿板以及由升降臂、固定臂、平衡臂组成的四杆机构的运动，使车窗玻璃上升或下降到所需位置的一种装置，结构如图7-4-11所示。

1）在车身上，固定臂5的延长线应通过轴销4，并与轴销4垂直，固定臂5两个固定点的轴线与轴销4平行。

2）固定臂5与长导轨总成7在空间平行。

3）前玻璃导槽与后玻璃导槽在空间平行。

4）在X轴方向，应尽量使玻璃和传动臂的重力作用线始终接近或重合于同一条直线上。

5）在Y轴方向，升降臂6和平衡臂3在运动过程中会产生变形，由于玻璃在上止点和下止点的频率较高，可在设计时把玻璃在上止点和下止点时升降臂6和平衡臂3的变形量调到较小，而在中间位置时变形量较大。

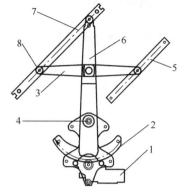

图7-4-11 齿板式电动玻璃升降器结构示意图
1—电动机 2—转动齿板 3—平衡臂 4—轴销 5—固定臂
6—升降臂 7—长导轨总成 8—滑轮组件

使用齿轮出轴电动机驱动齿板带动交叉的两个冲压件长短臂实现上下运动（类似于剪刀交叉臂的工作原理）。如图7-4-12所示，在使用时，玻璃升降器的电动机1固定在支架上，支架固定在门内钣金上，固定臂5水平固定在门钣金上，玻璃通过两个螺钉固定在升降器的长导轨总成7上。

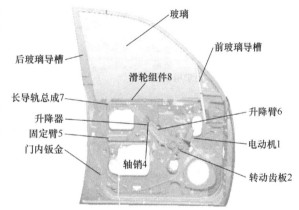

图7-4-12 齿板式电动玻璃升降器工作原理示意图

通过电动机的转动，带动转动齿板2旋转，使升降臂6围绕轴销4正向、反向旋转一定角度；同时平衡臂以中轴为转动点，滑轮组件8在固定臂和长导轨总成7中作往返运动，使长导轨总成作上下运动，带动玻璃沿前后端的导向槽上下运动（运动的周边环境与绳轮式玻璃升降器是一样的，只是升降器自身类别不一样）实现玻璃升降功能。

2. 车门密封条

主要用于车门的固定、防尘及密封。

3. 车门开度限位器

主要是限制车门打开的程度。一方面它可以限制车门的最大开度，防止车门开得过大，另一方面，它可在需要时使车门保持开启，不会自动关上。

4. 车门铰链的功能

将车门和车身连接起来并保持车门相对车身的位置，便于车门的开合。

5. 车门锁功能

将车门可靠地锁紧或安全地打开，当车门锁紧的时候不会因汽车振动、碰撞或者其他情况而将车门打开，导致意外发生。

7.4.2 车门总成的装配

一、玻璃升降器总成的安装

如图 7-4-13 所示，把图 7-4-13a 所示的玻璃导轨放置于车门内板上，并与车门内板安装孔对齐，然后拧紧固定螺栓（图 7-4-13b "箭头"指示处），其中螺栓拧紧力矩：$(9±2)$ N·m。

把图 7-4-13c 所示的玻璃升降器放置于车门内板上，并与车门内板安装孔对齐，然后拧紧玻璃升降器固定螺栓和固定螺母（图 7-4-13d "箭头"指示处），其中螺栓拧紧力矩：$(9±2)$ N·m。

a) 玻璃导轨安装

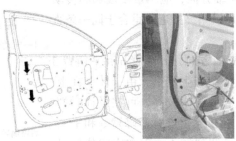
b) 玻璃导轨安装位置

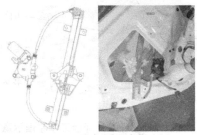
c) 玻璃升降器安装

d) 玻璃升降器安装位置

图 7-4-13 玻璃升降器总成

二、车门玻璃的安装

在安装车门玻璃之前，首先安装玻璃泥槽，如图 7-4-14a 所示，然后沿图 7-4-14b 中箭头所示方向旋转车门玻璃，放入车门内板和外板之间，并用固定螺栓拧紧，其中螺栓拧紧力矩为 $(9±2)$ N·m。

三、车门密封条的安装

如图 7-4-15 所示，将车门密封条按照图 7-4-15a 门框的所示位置进行安装，并用力按压，然后按照图 7-4-15b 箭头所示位置安装密封条固定卡扣，并把车门限位器通过固定螺栓 B 安装到车身上，其中螺栓拧紧力矩为 $(23±3)$ N·m。

四、门框密封条和车门内、外夹条的安装

1）把门框密封条 1 按照图 7-4-16a 所示位置卡在车身凸缘上，并用力压紧。

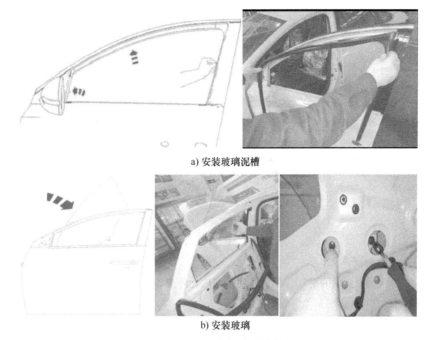

a) 安装玻璃泥槽

b) 安装玻璃

图 7-4-14 车门玻璃安装

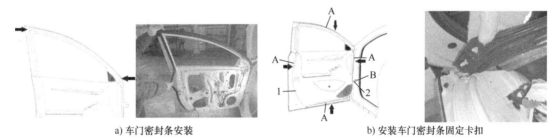

a) 车门密封条安装　　　　　　b) 安装车门密封条固定卡扣

图 7-4-15 车门密封条安装示意图

2）把车门内夹条按照图 7-4-16b 箭头所示方向进行安装，并用力压紧。

3）把车门外夹条按照图 7-4-16c 箭头所示方向进行安装，并用力压紧，并按照图 7-4-16d 安装车门外夹条端头卡子。

五、车门锁扣和锁总成的安装

1）将车门锁扣 1 与车身侧围安装面贴合，如图 7-4-17a 所示，并将箭头所示两个固定螺栓进行拧紧，其中螺栓拧紧力矩：(23 ± 3) N·m。

2）如图 7-4-17b 所示，将车门锁总成置于车门空腔中；并将车门锁的安装位置与车门内板三个安装孔对齐。

3）如图 7-4-17c 所示，在"箭头"指示处用固定螺栓将车门锁总成固定在车门内板上，并用力拧紧，其中螺栓拧紧力矩：(8 ± 1) N·m。

六、车门外开拉手总成和锁芯的安装

车门锁总成如图 7-4-18 所示。

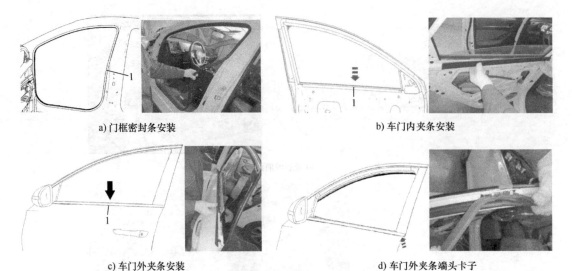

a) 门框密封条安装　　　　　　　　　b) 车门内夹条安装

c) 车门外夹条安装　　　　　　　　　d) 车门外夹条端头卡子

图 7-4-16　门框密封条和内、外夹条安装示意图

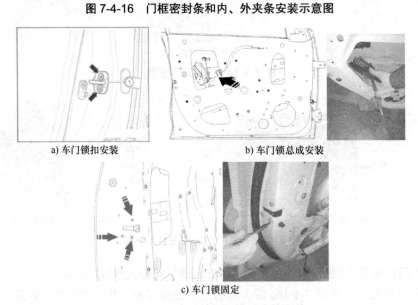

a) 车门锁扣安装　　　　　　　　　b) 车门锁总成安装

c) 车门锁固定

图 7-4-17　车门锁扣和锁总成的安装

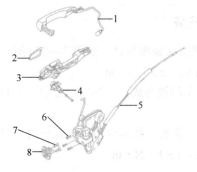

图 7-4-18　车门锁总成

1—左侧前门外拉手　2—左侧前门密封垫　3—左侧门把手座总成　4—左侧前门锁芯总成　5—左侧前门锁总成
6—螺栓 M6×16，力矩（8±2）N·m（共3个）　7—螺栓 M8×20，力矩（22±2）N·m（共2个）　8—侧门锁扣

1. 锁芯的安装

首先按照图 7-4-19a 所示,将锁芯与车门外开拉手的手柄盖卡在一起。

如图 7-4-19b 所示,使用工具安装车门外开拉手安装孔盖,并固定和拧紧锁芯安装螺栓。

2. 安装前门拉手支架

按图 7-4-19c 所示,将车门拉手座置于车门空腔中,并按图 7-4-19d 箭头所示方向安装外开拉手推杆;然后将拉手座的安装位置与车门外板安装孔对齐,从车门外表面安装拉手座的两颗固定螺栓并拧紧,如图 7-4-19d 和 e 所示。

3. 安装前门外开拉手

如图 7-4-19f 所示,将车门外开拉手沿箭头 B 方向推入到拉手座内。将前门外开拉手沿箭头 A 方向推入支撑杆的定位处,并如图 7-4-19g 所示连接上锁/解锁开关连接插头,安装完毕后,在车门打开的状态下进行功能检查。

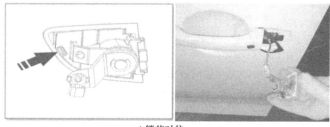

a) 锁芯对位

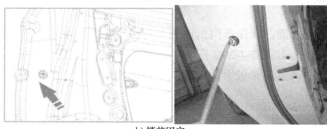

b) 锁芯固定

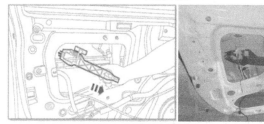

c) 车门拉手座对位

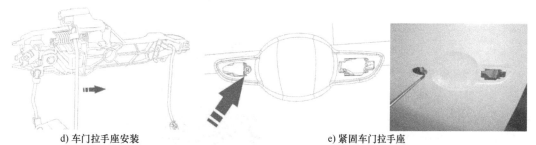

d) 车门拉手座安装　　　　　　e) 紧固车门拉手座

图 7-4-19　车门拉手和锁芯结构图

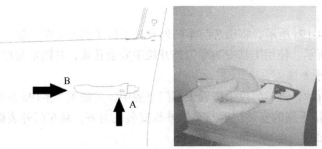

f）车门外开拉手安装

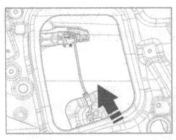

g）插头连接

图 7-4-19　车门拉手和锁芯结构图（续）

七、车门内饰板的安装

1）在安装车门内饰板之前，确保车门里面的电动车窗开关线束插头已经连接完好以及前门内拉手拉索已经安装完好。如图 7-4-20、图 7-4-21 箭头所示。

2）车门内饰板主要是通过内饰板上的卡扣与车身内板的钣金上的卡槽进行卡紧固定。如图 7-4-22a、b 所示。

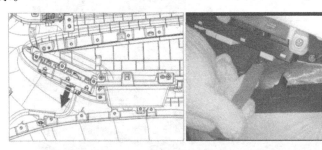

图 7-4-20　电动车窗开关线束插头安装

图 7-4-21　车门内拉手拉索

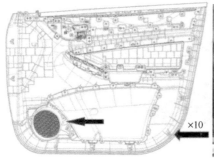 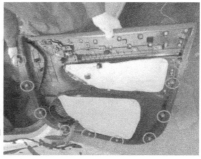

a) 车门内饰板上的卡扣

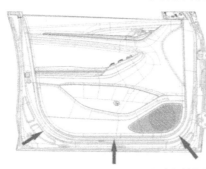 

b) 车门钣金上的卡槽

图 7-4-22 车门内饰板

如图 7-4-23a 箭头所示位置,将扣手盒底部用螺钉固定,并放入扣手盒螺钉盖板;在图 7-4-23b 箭头所指位置处,安装车门内开拉手固定螺钉,并卡入固定螺钉装饰盖板;在图 7-4-23c 所示位置处,卡入三角内饰板。

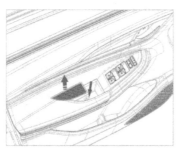 

a) 扣手盒安装

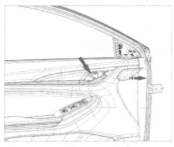 

b) 内开拉手装饰盖板

图 7-4-23 车门附件

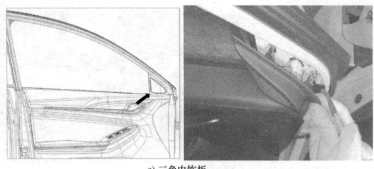

c) 三角内饰板

图 7-4-23　车门附件（续）

八、车门后视镜的安装

如图 7-4-24 所示，按照图 7-4-24a 中箭头所示方向放置外后视镜，然后再按图 7-4-24b 所示，使用 10mm 内六角套筒顺时针拧紧外后视镜的 3 颗螺母。

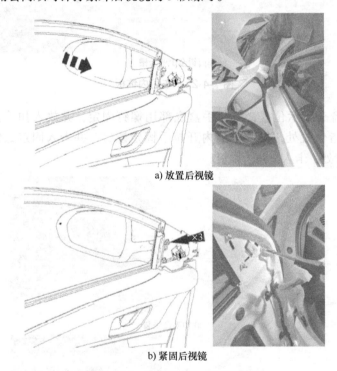

a) 放置后视镜

b) 紧固后视镜

图 7-4-24　车门后视镜安装示意图

九、车门限位器和车门铰链的安装

1. 车门的安装

如图 7-4-25a 所示，将车门铰链（车门处）安装面与车门内板贴合，并保证安装位置与车门安装孔对齐，然后安装车门铰链固定螺栓并拧紧（"箭头"指示处），螺栓拧紧力矩：(33 ± 3) N·m。

如图 7-4-25b 所示,将车门铰链(侧围处)与安装位置贴合并和安装孔对齐("箭头"指示处),然后用固定螺栓拧紧,螺栓拧紧力矩:$(33\pm3)\mathrm{N\cdot m}$。在安装过程中,实时对车门进行调整。

2. 车门限位器的安装

如图 7-4-25c 所示,将限位器安装位置和车身处的安装孔对齐,安装车门限位器固定螺栓(箭头 B 指示处),并按照一定力矩拧紧;安装车门限位器和车门处的螺栓(箭头 B 指示处),并按照一定力矩拧紧。螺栓(箭头 B)拧紧力矩:$(9\pm2)\mathrm{N\cdot m}$。螺栓(箭头 A)拧紧力矩:$(23\pm3)\mathrm{N\cdot m}$。

3. 安装接插件线束

如图 7-4-25d 所示,按图示箭头指示处安装线束连接插头。

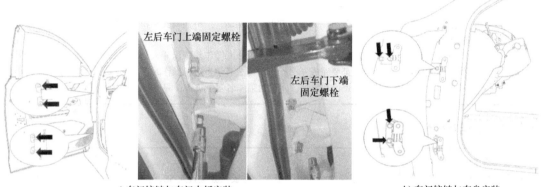

a) 车门铰链与车门内板安装   b) 车门铰链与车身安装

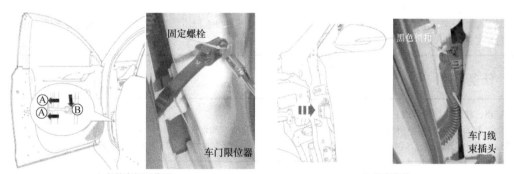

c) 安装车门限位器   d) 线束安装

图 7-4-25 车门铰链和限位器装配示意图

☞ 任务计划

独立查阅信息	**教师活动**:教师提供长安逸动车辆的作业指导书。 **学生活动**:学生独立查阅教师提供的作业指导书,提炼整理关键信息。
小组制定工作计划并展示	**教师活动**:教师要求学生小组合作制定"车门总成装配"的工作计划,把每一个分系统的装调细节和注意事项写出来,包括为什么干、怎么干、安全、环保、工具、时间、质量检查标准等。 **学生活动**:学生分小组讨论,小组合作完成工作计划的制定。

☞ 任务决策

装调员工与小组长沟通工作计划	**教师活动**：教师选出一个学生代表（这个学生是以往决策出现问题较大的）和自己进行任务决策，教师暂时担任小组长（质检员）的角色。 **学生活动**：被选出的学生与教师进行决策对话，让其他学生观察，并进行口头评价、补充、改进。
提交任务决策	**学生活动**：每个学生制定自己的任务决策，在任务工单上表述出来。 **教师活动**：教师对每个学生的任务决策进行确认。

☞ 任务实施

示范操作	**教师活动**：教师亲自示范操作，或者播放相关微课视频。 **学生活动**：学生观察教师的示范操作，或者观察微课视频中的示范操作。
操作实施	**教师活动**：教师将学生分组，并要求学生分工明确，严格强调安全和事故预防要求等。实施过程中教师进行巡视指导。 **学生活动**：学生分为 7 组（7 个装配工位），分工操作。每组 4 人，每组每次安排 2 名学生操作，所有学生轮流，每个学生都要完成一次操作。当 2 名学生进行操作时，同组的另外 1 名学生担任小组长的角色，分别对其进行评价和监督。同组的第 4 名学生负责查阅作业指导书等相关资料。

☞ 任务检查

5S 与检查工作结果：

教师活动：教师提供任务检查单。要求学生分组，小组合作完成任务检查及 5S，在表单上进行标注。教师要求学生小组成员对工作过程和工作计划进行监督和评估，记录优缺点及改进建议，并口头表述。教师要重点引导学生对队友的支持性意见的表达，并训练学生接纳他人建议。

学生活动：学生分组，小组合作完成任务检查及 5S，并在任务检查单上标注。学生按照教师的规定对小组其他成员的工作过程友善地提出改进建议。

☞ 任务评价

总结知识点、技能点和素养点：

教师活动：教师归纳整理理论体系，以一页 PPT 展示知识点、技能点和素养点。
学生活动：学生认真反思、倾听，构建适合自己学习的知识体系。学生对照学习目标进行自我评价。

7.5 车轮总成装配

☞ 教学准备

教学情境准备	**教师活动**：在老师的指导下对整个班级进行分组，并由各小组讨论，选举出组长。教师安排组长负责班组管理，如负责分配分解任务，负责班组团队建设、班内的协调工作等。 **学生活动**：组长根据查阅的作业指导书、互联网及相关资料的学习，通过班组讨论进行分解、分配任务，并由组长担任装配质量检查员。按照制定的任务分解单和标准操作工序在班组内进行装配训练，查找存在的问题与不足，提出改进的措施或意见并记录。

项目 7 尾线装配工位

(续)

教学目标准备	**素养点：** ① 能够小组合作，能够良好地自我表达，能够与他人进行有效的沟通和交流。 ② 能够阅读相关的教学资料，通过查阅资料能够使用工具。 ③ 能够独立工作，并保持周围环境干净整洁。 **知识点：** ① 车轮的作用和分类。 ② 车轮轮辋的结构形式和规格代号。 ③ 轮胎的结构。 **技能点：** 车轮总成的装配。
资料设备清单	① 长安逸动车辆一台。 ② 汽车总装模拟生产线。 ③ 世达 128 件工具套装、工具车等。 ④ 长安逸动车辆车轮总成装配作业指导书。

☞ 任务描述

角色扮演	**学生活动：** 学生分组，四人一组。分布于车轮总成的装配工位之上，扮演装配工人、小组长（质检员），在模拟生产线上重现装配流程。 **教师活动：** 教师观察学生的装配过程，观察同学的表现。
全员换位评价	学生在班组内进行轮岗（包括组长，即质量检查岗）训练。通过轮岗训练，要求学生能够熟练掌握本班组内的不同岗位上多个任务的操作能力以及本班组装配质量的检查能力。
全员分组练习	**教师活动：** 教师通过观察找出表现优异的同学，作为借鉴和示范，要求各小组接受任务并练习。 **学生活动：** 学生按照示范，遵循教师的提示与强调，分组在汽车模拟生产线上进行任务接受并练习，进行轮岗训练。
提交检查 评估表	**教师活动：** 教师要求学生根据自己对任务的完成情况进行评估并提出改进意见。 **学生活动：** 学生在任务工单上进行自评和互评。

☞ 任务分析

教师活动： 教师提供任务工单、长安逸动车辆装配作业指导书，指导学生独立完成装配步骤的分析。
学生活动： 根据教师提供的资料进行查阅，确定分工位的装配步骤和注意事项并明确分工与协作。
装配流程有 1 个：
车轮总成的装配。

☞ 理论学习

7.5.1 车轮总成概述

一、车轮总成的作用

汽车车轮总成由车轮和轮胎两大部分组成，是汽车行驶系统的重要部件，其主要功用是：

1）支撑整车重量。
2）缓和由路面传递的冲击载荷。
3）通过轮胎和路面之间的附着作用为汽车提供驱动力和制动力。
4）产生平衡汽车轴向离心力的侧向力，以便顺利转向，并通过轮胎产生的自动回正力矩，使车轮具有保持直线行驶的能力。

微课视频
车轮总成概述

车轮的组成如图 7-5-1 所示。

二、车轮的分类

1. 辐板式和辐条式

车轮按轮辐的构造分为辐板式和辐条式。辐板式车轮的结构如图 7-5-2 所示。

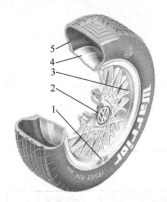
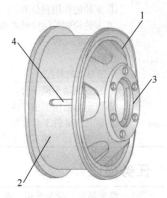

图 7-5-1　车轮的组成

1—平衡块　2—饰盖　3—气门芯　4—轮辋　5—轮胎

图 7-5-2　辐板式车轮

1—辐板　2—轮辋　3—轮毂　4—气门嘴伸出孔

轮辐是钢丝辐条或是和轮毂铸成一体的铸造辐条。前者仅用于赛车和高级轿车。后者应用于轿车和重型汽车。其结构如图 7-5-3 所示。

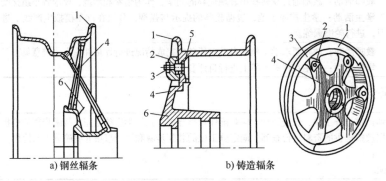

a) 钢丝辐条　　　　　　　b) 铸造辐条

图 7-5-3　辐条式车轮

1—轮辋　2—衬块　3—螺栓　4—辐条　5—配合锥面　6—轮毂

2. 单式和双式

按车桥一端安装的轮胎数目分为单式和双式。双式是采用同一轮毂安装两套轮辐和轮辋的一种方式。如图 7-5-4 所示。

三、车轮轮辋结构形式及规格代号

1. 轮辋的结构

车轮轮辋俗称轮圈，是在车轮上周边安装和支撑轮胎的部件，与轮辐组成车轮。轮辋和轮辐可以是整体式、永久连接式或可拆卸式。轮辋按结构可分为：深槽轮辋、平底轮辋、对开式轮辋、半深槽轮辋、深槽宽轮辋、平底宽轮辋、全斜底轮辋等，如图 7-5-5 所示。

常见的轮辋形式是：深槽轮辋、平底轮辋，如图 7-5-6 所示。深槽轮辋是整体的，其断面中部为一深凹槽,主要用于轿车及轻型越野汽车。它有带肩的凸缘,用以安放外胎的胎圈,其肩部通常略向中间倾斜,断面的中部制成深凹槽,以便于外胎的拆装。深槽轮辋的结构简单,刚度大,质量较小;平底轮辋也是整体的,结构形式很多,是我国载货汽车常用的一种形式。

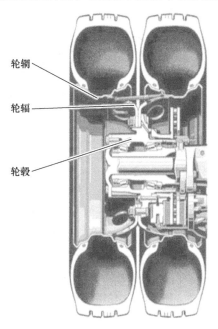

图 7-5-4 双式车轮

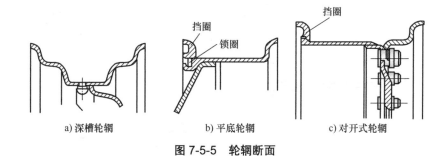

图 7-5-5 轮辋断面

2. 车轮轮辋的轮廓类型

车轮轮辋的轮廓类型包括深槽轮辋（DC）、深槽宽轮辋（WDC）、半深槽轮辋（SDC）、平底轮辋（FB）、平底宽轮辋（WFB）、全斜底轮辋（TB）、对开式轮辋（DT）。如图 7-5-7 所示。

3. 车轮轮辋的结构类型

车轮轮辋的结构类型包括一件式轮辋、两件式轮辋、三件式轮辋、四件式轮辋、五件式轮辋,其结构如图 7-5-8 所示。

图 7-5-6 轮辋形式

4. 车轮轮辋的规格代号

我国轮辋规格代号基本上与国际接轨。其名义宽度和名义直径用英寸表示。中间的联结符号（*或-）表示是否整体轮辋。例如：4.50E×16表示名义宽度为4.5英寸，名义直径为16英寸，轮缘代号为E的整体轮辋；6.5-20表示名义宽度为6.5英寸，名义直径为20英寸的多件式平底宽轮辋。在使用时，汽车的轮辋规格是很重要的。它决定汽车可以装用哪些轮胎。

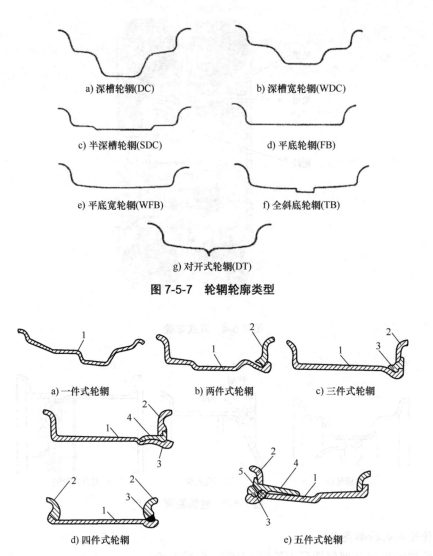

a) 深槽轮辋(DC)　　b) 深槽宽轮辋(WDC)
c) 半深槽轮辋(SDC)　　d) 平底轮辋(FB)
e) 平底宽轮辋(WFB)　　f) 全斜底轮辋(TB)
g) 对开式轮辋(DT)

图 7-5-7　轮辋轮廓类型

a) 一件式轮辋　　b) 两件式轮辋　　c) 三件式轮辋
d) 四件式轮辋　　e) 五件式轮辋

图 7-5-8　轮辋结构类型

四、轮胎

1. 轮胎的作用

1）和汽车悬架系统一起缓冲轮面的冲击，并衰减其振动，保证车辆具有良好的舒适性和平顺性。

2）保证车轮和地面之间有良好的附着性，提高车辆的动力性、制动性。

3）承受汽车的重量、动载荷和来自各方向的力和力矩，提高车辆的操纵稳定性。

4）提高车辆的通过性。

2. 对轮胎的要求

1）轮胎必须具有适宜的弹性、阻尼和承载能力。
2）胎面部分具有增强附着能力的花纹。
3）具有热稳定性、耐磨等。

3. 轮胎的类型

1）按结构分类：子午线轮胎、斜交轮胎。
2）按花纹分类：条形花纹轮胎、横向花纹轮胎、混合花纹轮胎、越野花纹轮胎。
3）按种类分类：轿车轮胎、轻型载货汽车轮胎、载货汽车及大客车轮胎等。

4. 轮胎的结构

轮胎结构主要由胎面、胎肩、胎侧、趾口、胎体、带束层、内衬层及其他部件组成，如图 7-5-9 所示。

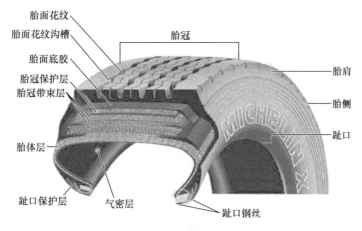

图 7-5-9　轮胎结构

轮胎各组成部分的作用为：

胎面：指轮胎与地面接触的轮胎行驶面。其作用是传递车辆牵引力和制动力、缓冲轮胎在行驶过程中所承受的冲击。要求具有良好的耐磨、耐刺扎性能，好的弹性和对地面的抓着性能。

胎肩：胎冠与胎侧之间的过渡区。胎肩厚度一般不超过胎面厚度的 1.35～1.60 倍，胎肩过厚容易产生肩空、肩裂问题。为此，通常在该部位制成各种花纹，并与胎面花纹沟槽连通，以便散热。胎肩花纹还能在汽车转弯时承受超负荷的压力，并有助于提高抓着力。

胎侧：胎肩至胎圈的部分。通常是指覆盖在外胎侧壁的橡胶。它主要是承受屈挠变形作用，保护胎体帘线不受损伤，因此应具有很好的耐屈挠、耐刺扎和耐老化性能。

气密层：保持轮胎的气密性，维持正常胎压，负责存放空气，相当于自行车的内胎。

胎体：轮胎中的帘布层。是轮胎的主要受力部件，给轮胎提供一定的刚性，耐冲击，在行驶中具有良好的耐屈挠性。

5. 普通斜交轮胎与子午线轮胎

普通斜交轮胎：帘布层和缓冲层的各相邻层帘线交叉，且与胎面中心线呈小于 90°角排列的充气轮胎。如图 7-5-10 所示。

子午线轮胎：帘布层线与胎面中心线呈 90°角或约 90°角排列的充气轮胎。如图 7-5-11 所示。

图 7-5-10　斜交轮胎　　　　　　图 7-5-11　子午线轮胎

6. 轮胎的磨损

分为正常磨损和使用不当磨损。如图 7-5-12 所示。

a) 气压太高或行驶条件苛刻　　b) 气压太低　　c) 车轮运行不平稳　　d) 悬架失效或定位参数不对　　e) 车轮发卡后强制制动

图 7-5-12　轮胎磨损形式及原因

7. 轮胎的换位

为了让轮胎均匀磨损，汽车行驶一段里程（6000～8000km）后，应进行换位。一般采用对角线换胎路线。如图 7-5-13 所示。

五、轮胎规格的表示方法

我国执行的轮胎标准规定了轮胎的规格、基本参数、主要尺寸、气压负荷对应关系等。轮胎的扁平率表征轮胎的断面宽度与断面高度的比值（百分比），如图 7-5-14 所示。常用的有 80、75、70、65、60、55。

图 7-5-13　轮胎换位示意图

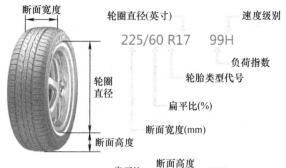

$$扁平比 = \frac{断面高度}{断面宽度} \times 100\%$$

图 7-5-14　轮胎扁平率及规格表示方法

7.5.2　车轮总成的装配

在装配车轮总成时，首先要举升车辆，然后将轮胎总成平稳地放在法兰盘上，按照对角方式以及顺时针方向拧紧螺栓，力矩大小为（110±10）N·m，如图 7-5-15 所示。特别要注意的是在安装过程中，不能一次性拧紧螺栓，要按对角的方式分几次拧紧。

微课视频
车轮总成的装配

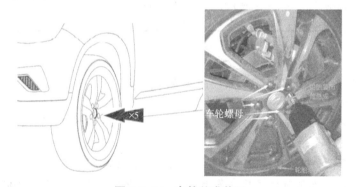

图 7-5-15　车轮总成装配

☞ 任务计划

独立查阅信息	**教师活动**：教师提供长安逸动车辆的作业指导书。 **学生活动**：学生独立查阅教师提供的作业指导书，提炼整理关键信息。
小组制定工作计划并展示	**教师活动**：教师要求学生小组合作制定"车轮总成装配"的工作计划，把每一个分系统的装调细节和注意事项写出来，包括为什么干、怎么干、安全、环保、工具、时间、质量检查标准等。 **学生活动**：学生分小组讨论，小组合作完成工作计划的制定。

☞ 任务决策

装调员工与小组长沟通工作计划	**教师活动**：教师选出一个学生代表（这个学生是以往决策出现问题较大的）和自己进行任务决策，教师暂时担任小组长（质检员）的角色。 **学生活动**：被选出的学生与教师进行决策对话，让其他学生观察，并进行口头评价、补充、改进。
提交任务决策	**学生活动**：每个学生制定自己的任务决策，在任务工单上表述出来。 **教师活动**：教师对每个学生的任务决策进行确认。

任务实施

示范操作	**教师活动**：教师亲自示范操作，或者播放相关微课视频。 **学生活动**：学生观察教师的示范操作，或者观察微课视频中的示范操作。
操作实施	**教师活动**：教师将学生分组，并要求学生分工明确，严格强调安全和事故预防要求等。实施过程中教师进行巡视指导。 **学生活动**：学生每组 4 人，每组每次安排 2 名学生操作，所有学生轮流，每个学生都要完成一次操作。当 2 名学生进行操作时，同组的另外 1 名学生担任小组长的角色，分别对其进行评价和监督。同组的第 4 名学生负责查阅作业指导书等相关资料。

任务检查

5S 与检查工作结果：
教师活动：教师提供任务检查单。要求学生分组，小组合作完成任务检查及 5S，在表单上进行标注。教师要求学生小组成员对工作过程和工作计划进行监督和评估，记录优缺点及改进建议，并口头表述。教师要重点引导学生对队友的支持性意见的表达，并训练学生接纳他人建议。
学生活动：学生分组，小组合作完成任务检查及 5S，并在任务检查单上标注。学生按照教师的规定对小组其他成员的工作过程友善地提出改进建议。

任务评价

总结知识点、技能点和素养点：
教师活动：教师归纳整理理论体系，以一页 PPT 展示知识点、技能点和素养点。
学生活动：学生认真反思、倾听，构建适合自己学习的知识体系。学生对照学习目标进行自我评价。

 课程育人

课程育人之七

尾线装配是对汽车质量的最后把关，学生应当具有自主创新的精神，理解科学技术是第一生产力，激发学生的创造热情。

20 世纪 70 年代初，我国能产 200 万吨的标准带钢热轧厂，用人工传统技术控制生产，每周仅产 500 吨，而采用新技术后，每周产量高达 5 万吨，整整提高了 100 倍。生产力的提高是离不开科学技术的，二者相互渗透，每一项新的发明都能够为改进生产方式提供基础，生产的发展都与科学相联系。

另外，科学技术的发展还使就业结构和劳动力结构发生了很大变化，使产业结构、传统产业和社会生活各方面也发生了巨大变化。这充分显示了科学技术在社会生活中的作用日益增加。

高新科技对经济的迅速崛起有巨大的推动作用。高科技领域内的任何突破，都能够带动经济向前迈动一大步。20 世纪 70 年代以来，微电子技术、新能源技术、计算机软件技术、海洋技术、生物工程技术、新良种培育技术这一系列高新技术产业蓬勃兴起，规模日益增大。这些技术有着很多的优点，推动社会经济迅速向前发展。袁隆平从 1960 年开始从事水稻的研究，到 1973 年培育出了"籼型杂交水稻"这个新品种，自 1979 年推广到 1988 年，净增产达 600 多亿千克。这不仅解决了产量低的问题，而且大幅度提高了产品质量，推动了生产的发展。这一高科技研究成果在国际上引起了强烈的反响。

项目 8
整车装配检测与调整工位

任务描述

了解整车装配检测与调整的操作方法,实施汽车完整性检查。

学习目标

1. 掌握车身外部检查的项目及操作方法。
2. 掌握车身内部检查的项目及操作方法。

知识与技能点清单

序号	学习目标	知识点	技能点
1	掌握车身外部检查的项目及操作方法	1. 整车符合性检验 2. 车辆外观检查 3. 外部安装元件检查	掌握车身外部检查的项目及操作方法
2	掌握车身内部检查的项目及操作方法	1. 内饰板件检查 2. 汽车电气设备检查 3. 踏板装配参数检查	掌握车身内部检查的项目及操作方法

8.1 整车外部检测与调整

☞ 教学准备

教学情境准备	**教师活动**：在老师的指导下对整个班级进行分组，并由各小组讨论，选举出组长。教师安排组长负责班组管理，如负责分配分解任务，负责班组团队建设、班内的协调工作等。 **学生活动**：组长根据查阅的作业指导书、互联网及相关资料的学习，通过班组讨论进行分解、分配任务，并由组长担任装配质量检查员。按照制定的任务分解单和标准操作工序在班组内进行装配训练，查找存在的问题与不足，提出改进的措施或意见并记录。
教学目标准备	**素养点**： ① 能够小组合作，能够良好地自我表达，能够与他人进行有效的沟通和交流。 ② 能够阅读相关的教学资料，通过查阅资料能够使用工具。 ③ 能够独立工作，并保持周围环境干净整洁。 **技能点**： ① 整车符合性检验。 ② 车辆外观检查。 ③ 外部安装元件检查。
资料设备清单	① 长安逸动车辆一台。 ② 汽车总装模拟生产线。 ③ 世达 128 件工具套装、工具车等。

☞ 任务描述

角色扮演	**学生活动**：学生分组，四人一组。分布于汽车检测工位之上，扮演装配工人、小组长（质检员），在模拟生产线上重现装配流程。 **教师活动**：教师观察学生的装配过程，观察同学的表现。
全员换位评价	学生在班组内进行轮岗（包括组长，即质量检查员）训练。通过轮岗训练，要求学生能够熟练掌握本班组内的不同岗位上多个任务的操作能力以及本班组装配质量的检查能力。
全员分组练习	**教师活动**：教师通过观察找出表现优异的同学，作为借鉴和示范，要求各小组接受任务并练习。 **学生活动**：学生按照示范，遵循教师的提示与强调，分组在汽车模拟生产线上进行任务接受并练习，进行轮岗训练。
提交检查评估表	**教师活动**：教师要求学生根据自己对任务的完成情况进行评估并提出改进意见。 **学生活动**：学生在任务工单上进行自评和互评。

☞ 任务分析

教师活动：教师提供任务工单、长安逸动车辆装配作业指导书，指导学生独立完成装配步骤的分析。
学生活动：根据教师提供的资料进行查阅，确定分工位的装配步骤和注意事项并明确分工与协作。
检测项目有 3 个：
1. 整车符合性检验。
2. 车辆外观检查。
3. 外部安装元件检查。

项目 8 整车装配检测与调整工位

☞ 理论学习

8.1.1 整车符合性检验

一、发动机型号及编号复核

复核发动机型号及编号，铭牌上各内容应清晰且无误。发动机的铭牌如图 8-1-1 所示。

微课视频
整车符合性检验及外观检查

图 8-1-1 发动机铭牌

二、车辆识别代号 VIN 码复核

车架上的 VIN 码如图 8-1-2 所示。VIN 码位于车架右前部和前风窗玻璃处。打印字高不小于 10mm，深度不小于 0.3mm，字迹清晰、完整，且易于拓印。

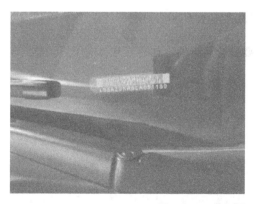 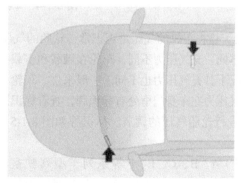

图 8-1-2 车辆识别代号 VIN 码位置

三、车辆技术参数符合性检查

车辆技术参数符合性检查的目的是为了确认生产的汽车是否符合制造规格、确认汽车是否与公告参数相符合。用卷尺测量车身的长度、宽度、高度、轴距等参数，注意测量时应在目测最大数值处开始测量。如图 8-1-3 所示。

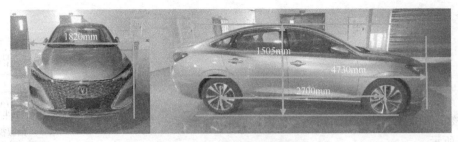

图 8-1-3　车辆技术参数检查

8.1.2　车辆外观检查

一、车辆协调性检查

1. 车身对称性检查

1）观察车身是否有严重的横向或纵向歪斜现象，再用高度尺（或钢卷尺）、水平尺检测是否超过规定值。车体外缘左右对称部位高度差不得大于 40cm，如图 8-1-4 所示，|A−B| ≤ 40cm。同时检查车架和车身是否变形、悬架是否断裂，如有异常，应予以调整，否则，车身歪斜会越来越严重，引起操纵不稳、行驶跑偏等问题。

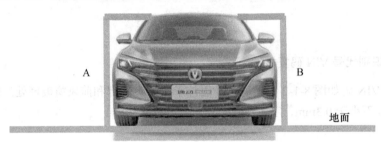

图 8-1-4　车身周正性检查方法

2）检查车轮的气压是否正常，轮胎的气压要符合规定值，如有异常，应予以调整。轮胎的型号不同，充气压力不同，车轮在满载和空载的情况下其充气压力也不同。一般来说，车轮的充气压力在车身门框处有标识牌，查看标识牌后进行轮胎气压的调节。标识牌如图 8-1-5 所示。

轮胎充气气压 kPa(psi)
CHARGE PRESSURE FOR TIRE

轮胎型号 TIRE SIZE	185/65R15	205/60R16	215/50R17
空载 NO LOAD	250(36)	210(30)	210(30)
满载 MAX LOAD	250(36)	230(33)	230(33)

3903011-W01-AB

图 8-1-5　轮胎充气气压标准

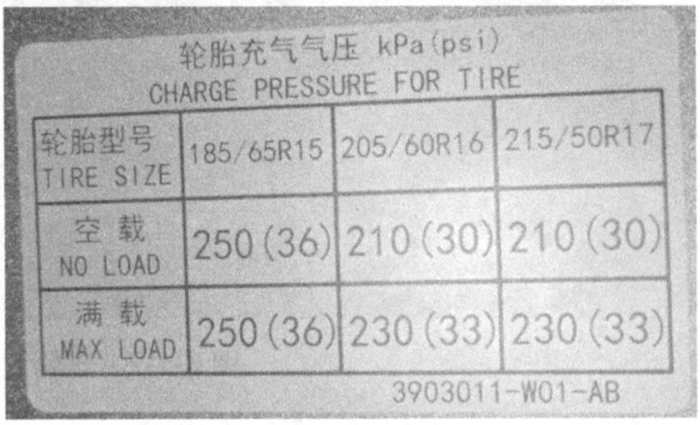

3）A、B、C、E、F 等系列车型驾驶室整体倾斜不超过 20mm，车架上的前钢板吊耳处左右高度差不超过 10mm。

4）其他车型驾驶室整体倾斜不超过 30mm，前钢板吊耳处左右高度差不超过 15mm。

5）驾驶室左右不对称度：A、F 型及以下平头车型小于等于 20mm；B、G 型及以上平头车型小于等于 25mm。

6）护栏装配情况以货厢边梁下端测量允许误差小于等于 15mm 为准。

2. 车辆前、后方 45° 角位置查看车身线条

如图 8-1-6 所示，从车辆前、后方 45° 角位置观察车身线条是否整齐。

图 8-1-6　从车辆前、后方 45° 角位置观察车身线条是否整齐

二、整车清洁情况检查

检查车身是否有污渍，如图 8-1-7 所示。

三、漆面检查

1. 检查方法

1）近距离查看车身漆面有无划痕（图 8-1-8a），刮伤、锈蚀（图 8-1-8b），掉漆（图 8-1-8c），生锈、流挂（图 8-1-8d）等现象。

2）对于补漆范围超过 10mm² 的部件，该部件应拆卸进行返漆处理。如图 8-1-9 所示。

2. 作业路径

1）车身周正性检查——车身对称性检查。

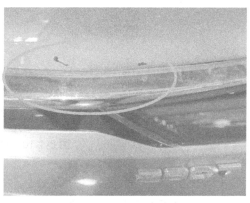

图 8-1-7　车身污渍

a）划痕

b）刮伤、锈蚀

c）掉漆

d）生锈、流挂

图 8-1-8　漆面损伤

2）车身周正性检查——车辆前、后方45°角位置查看车身线条。

3）车辆发动机舱盖、车顶、翼子板漆面检查。

4）车辆左侧车门漆面检查。

5）车辆后部漆面检查。

6）车辆右侧漆面检查。

其作业路径如图8-1-10所示。

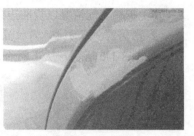

图8-1-9 补漆

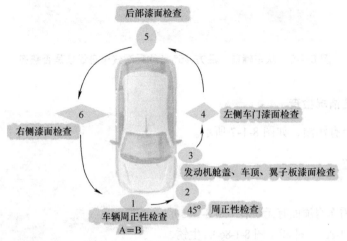

图8-1-10 车身漆面检查作业路径

四、装配间隙检查

近距离查看车身前照灯、发动机舱盖、前围、车门等部件的装配间隙是否均匀对称。如图8-1-11所示。

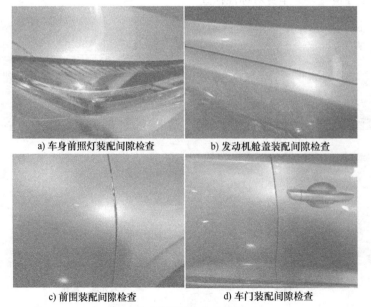

a）车身前照灯装配间隙检查　　b）发动机舱盖装配间隙检查

c）前围装配间隙检查　　d）车门装配间隙检查

图8-1-11 车身装配间隙检查

8.1.3 外部元件安装检查

一、前照灯检查

微课视频
外部元件安装检查

1)查看车辆左、右前照灯面罩有无色差,若有需更换。
2)查看前照灯外观有无破损、裂痕等。
3)查看前照灯安装是否紧固。
4)车辆点火,查看前照灯发光是否有异常。使用前照灯校正仪检测发光强度和光轴偏斜量。生产线上的前照灯校正仪如图 8-1-12 所示。
5)若前照灯发光有异常,则需返修、校正。

根据检测标准,调整光束照射位置时,以调整近光光束为主,因为质量合格的灯泡,在近光光束调整合格后,远光光束一般也会合格。若经过复核,此时远光光束照射方向不合格,则应更换灯泡。

对前照灯进行调整时,可拧动前照灯的上下、左右调整螺栓,或转动前照灯亮体,进行四个方向的调整。如图 8-1-13 所示为前照灯的调整部位。

图 8-1-12 汽车前照灯检测

a) 外侧调整式

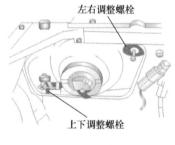
b) 内侧调整式

图 8-1-13 前照灯位置的调整示意图

二、刮水器片检查

1)将刮水器片拉起,用手指在清洁后的刮水器片上抚摸,若叶片出现裂纹,则此刮水器片不合格,需及时更换。
2)将刮水器开关置于各速度档位处,检查在不同速度档位下刮水器片是否保持一定速度。
3)刮水器关闭时,刮片应能自动返回到初始位置。
4)如果刮水器片在刮拭时出现左右摆动不均匀、有噪声、不正常跳动、刮水器胶条没有完全贴合风窗玻璃面、刮拭不干净、出现水膜、细小条纹和线状残留等现象,都表示刮水器片受损或不合格,需要更换刮水器片。刮水器片常见故障及原因见表 8-1-1。

表 8-1-1 刮水器片常见故障及可能原因

故障现象	故障示意图	可能原因
细长的弧形条纹，影响视线	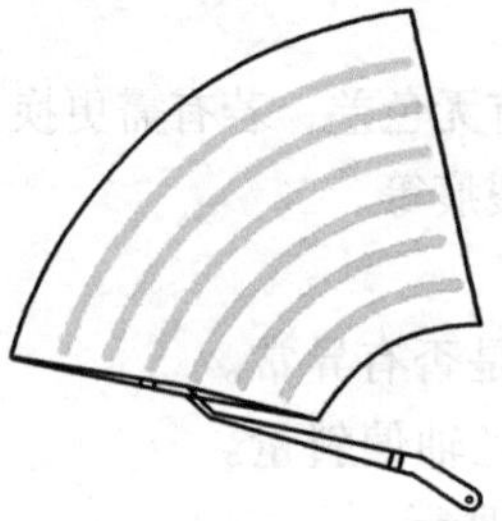	刮水器片胶条上有异物，或胶条刃口破损
刮水器片发出异响、抖动，胶条不能顺利地反转，出现竖条纹	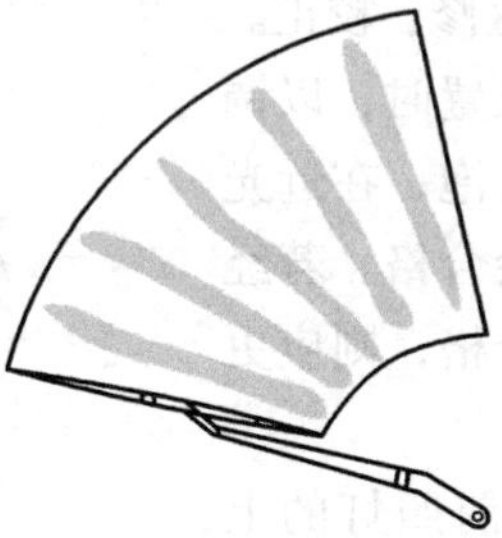	玻璃上有油或蜡，胶条变形或刮臂不合格
刮片刮过后，留下斑状水痕		胶条变形
胶条没有贴合到玻璃表面，不能均匀刮刷，形成片状或带状区域	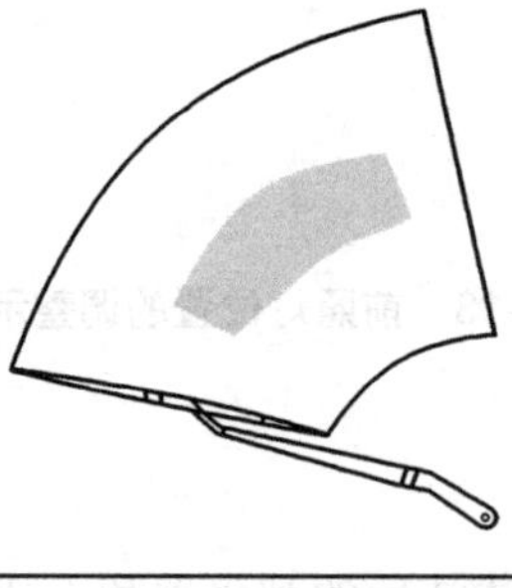	胶条变形，或刮片骨架变形，导致压力不足

三、发动机舱检查

1）打开发动机舱盖，检查发动机装饰罩总成外观质量是否完好，有无损坏。检查发动机装饰罩的安装是否牢固。如图 8-1-14 所示。

2）检查发动机舱内发动机主体、冷却液储液罐、洗涤壶、储液罐、空气滤清器、蓄电池、熔丝盒、制动液储液罐等部件的装配是否牢靠，外观质量是否完好，有无损伤。如图 8-1-15 所示。

图 8-1-14　发动机装饰罩装配检查　　　　图 8-1-15　发动机舱检查

3）检查发动机进气管路的接口部位是否安装牢靠，有无松脱、漏气等现象。检查蜗轮蜗杆卡箍是否安装到位，有无损坏。如图 8-1-16 所示。

4）检查散热器进、出水管的接口部位是否安装牢靠，卡箍的装配是否到位，卡箍是否卡到接口上。如图 8-1-17 所示。

5）检查用开口销、销钉等措施防松的螺纹紧固连接，紧固时是否用拧紧的方式保证孔、槽对正，然后穿销锁紧。如图 8-1-18 所示。

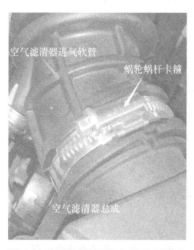
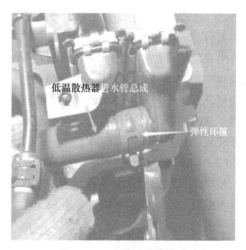

图 8-1-16　蜗轮蜗杆卡箍装配检查　　　　图 8-1-17　卡箍装配检查

四、油液检查

1. 机油液位检查

确认车辆处于冷车状态，拆下机油尺，检查油位是否在油标尺上的下限（最小值）和上限（最大值）标记之间，如图 8-1-19 所示。如果油位低于下限点，则需添加发动机机油。

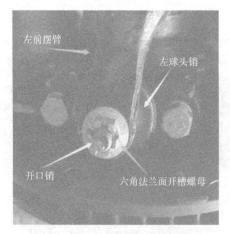

图 8-1-18 开口销装配检查

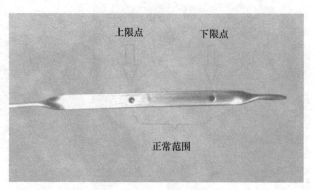

图 8-1-19 机油液位检查

2. 冷却液检查

（1）冷却液液位检查

在发动机冷却时，检查储液罐冷却液液位。正常的冷却液液位应处于储液罐"MAX"和"MIN"标志之间，如图 8-1-20 所示。当冷却液液位低于"MIN"标志时打开储液罐并加入适量冷却液，使其水位上升到"MAX"标志。然后，重新装好储液罐盖。

（2）冷却液泄漏检查

首先应检查发动机冷却液液位。然后查看进、出水管有无损伤，查看各管插头处有无冷却液外漏的迹象。冷却液往往带有颜色，外部渗漏部位较为明显，应重点检查各管插头、节温器、储液罐、冷却液泵结合面、散热器及散热器盖等部位是否有渗漏现象。

若外部无液体泄漏迹象，但发动机点火后出现发动机加速无力、排气管冒白烟或滴水、散热器有气泡、机油液面升高、机油呈乳白色等现象，说明冷却液有内部渗漏。这时，应当对车辆进行返修，更换冷却液泵、散热器等相应部件。

（3）储液罐盖的检查

检查储液罐盖的密封橡胶是否存在破损或者翻卷现象。若不符合要求，则进行返修更换。

图 8-1-20 冷却液液位检查

3. 刮水器清洗液检查

1）检查洗涤液的容量是否足够。

2）检查洗涤软管有无变形、弯折、损坏。

4. 制动液检查

1）观察制动液储液罐，制动液液位应在最高与最低刻度线之间。如图 8-1-21 所示。

2）外观检查制动液泄漏的痕迹。检查制动总泵周围有无渗液痕迹；检查车轮处制动分泵周围有无渗液痕迹。若有漏油，车辆需要返修。

若制动总泵漏油，一般是制动总泵活塞油封处泄漏，需更换制动总泵。若是制动分泵渗漏，则主要是分泵活塞与分泵内壁间隙出现问题，不均匀、有异物影响不正常磨损等，或者是密封皮碗出现问题，被异物割损、皮碗质量问题等。这时需要更换新的制动分泵，同时还需要更换新的制动油。更换新的制动油时，制动系统需要进行排气，操作如下：

① 一人位于驾驶室内踩压制动踏板，另一人位于车下分泵处排放旧制动液，如图 8-1-22 所示。

图 8-1-21　制动液液位检查

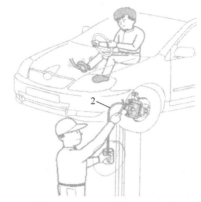

图 8-1-22　两人排放制动液

② 车下制动系统排气的顺序为右后轮—左后轮—右前轮—左前轮，如图 8-1-23 所示。

③ 车下人员将软管接到分泵排放塞上，如图 8-1-24 所示，再拧松放气塞 1/4 圈，如图 8-1-25 所示。

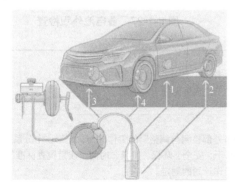

图 8-1-23　制动系统排气顺序

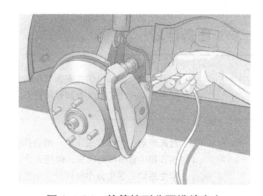

图 8-1-24　软管接到分泵排放塞上

④ 车上人员连续踏压制动踏板数次，放出旧的制动液，然后再拧紧排放塞。

⑤ 重复上述动作，直到观察到吸出的制动液中不再有气泡。

⑥ 补充制动液至液位在最大和最小刻度线之间，如图 8-1-26 所示。

五、蓄电池检查

1. 蓄电池电压检查

电压检查是通过蓄电池测量仪或万用表来测量蓄电池的电压。正常情况下，蓄电池的空载电压在 13V 左右，满载电压一般不会低于 12V。若蓄电池电压偏低，有可能就会出现车辆起动困难或无法起动的情况。

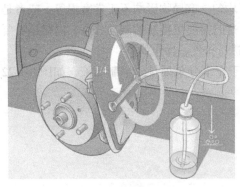

图 8-1-25 拧松放气塞 1/4 圈

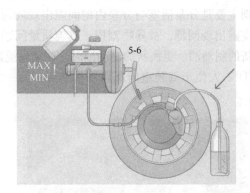

图 8-1-26 补充制动液至液位在最大和最小刻度线之间

2. 蓄电池外观检查

观察蓄电池的两侧是否出现比较明显的膨胀变形或出现鼓包的情况，如图 8-1-27 所示。一旦出现这种情况，则代表蓄电池的寿命已经过了一半，需要更换电池。

需要注意的是：蓄电池在使用一段时间后有轻微的膨胀变形是正常现象，但如果鼓包得比较明显则需要更换，以避免车辆出现无法起动的情况。

图 8-1-27 蓄电池外观检查

☞ 任务计划

独立查阅信息	**教师活动**：教师提供长安逸动车辆的作业指导书。 **学生活动**：学生独立查阅教师提供的作业指导书，提炼整理关键信息。
小组制定工作计划并展示	**教师活动**：教师要求学生小组合作制定"整车外部检测与调整"的工作计划，把每一个分系统的装调细节和注意事项写出来，包括为什么干、怎么干、安全、环保、工具、时间、质量检查标准等。 **学生活动**：学生分小组讨论，小组合作完成工作计划的制定。

☞ 任务决策

装调员工与小组长沟通工作计划	**教师活动**：教师选出一个学生代表（这个学生是以往决策出现问题较大的）和自己进行任务决策，教师暂时担任小组长（质检员）的角色。 **学生活动**：被选出的学生与教师进行决策对话，让其他学生观察，并进行口头评价、补充、改进。
提交任务决策	**学生活动**：每个学生制定自己的任务决策，在任务工单上表述出来。 **教师活动**：教师对每个学生的任务决策进行确认。

☞ 任务实施

示范操作	**教师活动**：教师亲自示范操作，或者播放相关微课视频。 **学生活动**：学生观察教师的示范操作，或者观察微课视频中的示范操作。
操作实施	**教师活动**：教师将学生分组，并要求学生分工明确，严格强调安全和事故预防要求等。实施过程中教师进行巡视指导。 **学生活动**：学生分为 3 组（3 个装配工位），分工操作。每组 4 人，每组每次安排 2 名学生操作，所有学生轮流，每个学生都要完成一次操作。当 2 名学生进行操作时，同组的另外 1 名学生担任小组长的角色，分别对其进行评价和监督。同组的第 4 名学生负责查阅作业指导书等相关资料。

☞ 任务检查

5S 与检查工作结果：

教师活动：教师提供任务检查单。要求学生分组，小组合作完成任务检查及 5S，在表单上进行标注。教师要求学生小组成员对工作过程和工作计划进行监督和评估，记录优缺点及改进建议，并口头表述。教师要重点引导学生对队友的支持性意见的表达，并训练学生接纳他人建议。

学生活动：学生分组，小组合作完成任务检查及 5S，并在任务检查单上标注。学生按照教师的规定对小组其他成员的工作过程友善地提出改进建议。

☞ 任务评价

总结知识点、技能点和素养点：

教师活动：教师归纳整理理论体系，以一页 PPT 展示知识点、技能点和素养点。

学生活动：学生认真反思、倾听，构建适合自己学习的知识体系。学生对照学习目标进行自我评价。

8.2 整车内部检测与调整

☞ 教学准备

教学情境准备	**教师活动**：在老师的指导下对整个班级进行分组，并由各小组讨论，选举出组长。教师安排组长负责班组管理，如负责分配分解任务，负责班组团队建设、班内的协调工作等。 **学生活动**：组长根据查阅的作业指导书、互联网及相关资料的学习，通过班组讨论进行分解、分配任务，并由组长担任装配质量检查员。按照制定的任务分解单和标准操作工序在班组内进行装配训练，查找存在的问题与不足，提出改进的措施或意见并记录。
教学目标准备	**素养点**： ① 能够小组合作，能够良好地自我表达，能够与他人进行有效的沟通和交流。 ② 能够阅读相关的教学资料，通过查阅资料能够使用工具。 ③ 能够独立工作，并保持周围环境干净整洁。 **技能点**： ① 内饰件检查。 ② 汽车电气设备检查。 ③ 踏板装配参数检查。
资料设备清单	① 长安逸动车辆一台。 ② 汽车总装模拟生产线。 ③ 世达 128 件工具套装、工具车等。

任务描述

角色扮演	**学生活动**：学生分组，四人一组。分布于汽车检测工位之上，扮演装配工人、小组长（质检员），在模拟生产线上重现装配流程。 **教师活动**：教师观察学生的装配过程，观察同学的表现。
全员换位评价	学生在班组内进行轮岗（包括组长，即质量检查岗）训练。通过轮岗训练，要求学生能够熟练掌握本班组内的不同岗位上多个任务的操作能力以及本班组装配质量的检查能力。
全员分组练习	**教师活动**：教师通过观察找出表现优异的同学，作为借鉴和示范，要求各小组接受任务并练习。 **学生活动**：学生按照示范，遵循教师的提示与强调，分组在汽车模拟生产线上进行任务接受并练习，进行轮岗训练。
提交检查评估表	**教师活动**：教师要求学生根据自己对任务的完成情况进行评估并提出改进意见。 **学生活动**：学生在任务工单上进行自评和互评。

任务分析

教师活动：教师提供任务工单、长安逸动车辆装配作业指导书，指导学生独立完成装配步骤的分析。
学生活动：根据教师提供的资料进行查阅，确定分工位的装配步骤和注意事项并明确分工与协作。
检测项目有 3 个：
1. 内饰件检查。
2. 汽车电气设备检查。
3. 踏板装配参数检查。

理论学习

8.2.1 内饰件检查

一、车顶扶手安装检查

检查车顶扶手是否完整齐全、安装是否牢靠，如图 8-2-1 所示，检查车顶扶手的安装状况。

微课视频
整车内部检查与调整

二、车门内饰板装配检查

检查车门内饰板与车门钣金安装是否贴合，安装是否牢靠，如图 8-2-2 所示，车门内饰板装配检查。

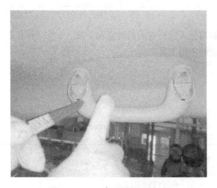

图 8-2-1　车顶扶手检查

图 8-2-2　车门内饰板检查

三、点烟器检查

1）检查点烟器是否被堵塞，是否能够正常使用，如图 8-2-3 所示。
2）检查点烟器插座内弹簧制动片是否变形，检查点烟器按进后能否固定。

四、遮阳板及化妆镜检查

1）检查遮阳板及化妆镜装配是否完整齐全、安装是否牢靠，如图 8-2-4 所示。

图 8-2-3　点烟器检查

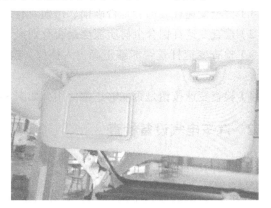

图 8-2-4　遮阳板及化妆镜挡板检查

2）检查遮阳板及化妆镜挡板能否正常开启和关闭。

五、眼镜盒检查

1）检查眼镜盒装配是否完整齐全，如图 8-2-5 所示。
2）检查眼镜盒安装是否牢靠。
3）检查眼镜盒是否能够正常开启和关闭。

六、内后视镜调整、防眩目功能检查

1）调节后视镜的上、下视角，观察后视镜是否能够正常工作，如图 8-2-6 所示。

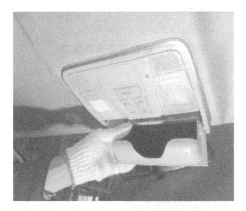

图 8-2-5　眼镜盒检查

图 8-2-6　内后视镜调整、防眩目功能检查

2）车辆点火，从后方进行灯光照射，检查内后视镜是否可以完成自动调节，是否仍然能够正常使用。

七、杂物箱检查

1）检查杂物箱的装配是否牢靠，如图 8-2-7 所示。
2）检查杂物箱是否能够正常开启和关闭。
3）检查杂物箱与周边部件的缝隙是否均匀对称。

八、变速器变速杆检查

1）检查变速杆装饰套是否破损、污损或有划痕。
2）检查变速杆铝合金材质镀层是否有划痕、掉漆或刮伤。
3）检查变速杆是否能够正确进入档位，换档是否有异响，若有通常为干涉产生，需检查装配。
4）检查变速按钮是否能够正常使用，如图 8-2-8 所示。

8.2.2 汽车电气设备检查

一、四门车窗操作检查

打开点火开关，调节汽车车窗升、降档控制开关，观察车窗是否能够正常工作，如图 8-2-9 所示。

图 8-2-7 杂物箱检查

图 8-2-8 变速器变速杆检查

二、后视镜调整检查

打开点火开关，调节后视镜的上、下和左、右视角，观察后视镜是否能够正常工作，如图 8-2-10 所示。

三、危险警告灯检查

危险警告灯是共用车前与车后的转向灯、以及车内的转向指示灯、闪光器。危险警告灯不经过点火开关控制，只要压下开关，车内、外转向灯均同时闪烁。检查危险警告灯是否能正常开启和闪烁，如图 8-2-11 所示。

 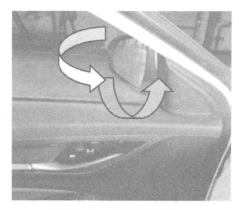

图 8-2-9　四门车窗操作检查　　　　图 8-2-10　后视镜调整检查

四、空调操作面板及出风口检查

1）左、中、右三个位置出风口逐一检查。

2）检查出风口是否能正常出风，如图 8-2-12 所示。

图 8-2-11　危险警告灯检查　　　　图 8-2-12　空调操作面板及出风口检查

3）上、下、左、右拨动出风口扇叶方向，检查扇叶是否能够正常调节出风口的风向。

五、前顶灯检查

车辆点火，检查前顶灯是否能够正常开启和关闭，如图 8-2-13 所示。

六、驾驶人座椅调节检查

长安逸动驾驶人座椅采用的是电动调节装置。车辆点火，调节座椅前、后高度及靠背角度，检查电动控制旋钮是否能够正常控制座椅动作，如图 8-2-14 所示。

七、驻车制动器及其指示灯检查

长安逸动配备的是电子驻车制动器。检查电子驻车制动器是否能够正常使用，在驻车时，屏幕上的驻车指示灯是否能够正常亮起，如图 8-2-15 所示。

图 8-2-13　前顶灯检查

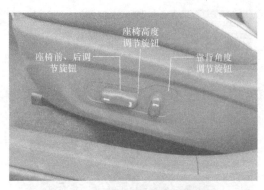

图 8-2-14　驾驶人座椅调节检查

a) 电子驻车制动器

b) 驻车指示灯

图 8-2-15　驻车制动器及其指示灯检查

八、全景天窗调节检查

长安逸动采用全景天窗。按下天窗控制开关，检查天窗是否能够正常翘起、打开或关闭，如图 8-2-16 所示。

a) 天窗控制开关

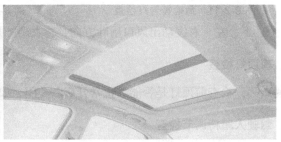

b) 全景天窗示意图

图 8-2-16　全景天窗调节检查

8.2.3　踏板装配参数检查

一、制动踏板自由行程检查

制动踏板的自由行程是为了保证不发生制动拖滞、彻底解除制动而设置的。制动踏板自由行程过大,会减弱制动效果,给行车带来危险,但如果自由行程过小,会使汽车制动拖滞,造成功率损耗,因此,需对制动踏板的行程余量进行检查。

在待测量制动踏板与驾驶室底板之间立一根直尺,用手向下按制动踏板至有阻力时,记下直尺的读数。然后放松踏板,再看直尺读数,两次读数之差即为踏板的自由行程,如图 8-2-17 所示。液压制动的踏板自由行程一般在 15~20mm,在调整时应按车型规定的数值进行调整。

如果制动踏板的自由行程不符合要求,应改变主缸推杆的长度来进行调整,如图 8-2-17 所示,拧松推杆的锁紧螺母 1,转动推杆至符合规定,最后将锁紧螺母拧紧。

二、离合器踏板自由行程检查

离合器踏板的自由行程是指离合器膜片弹簧内端与分离轴承之间的间隙在离合器踏板上的反映。离合器踏板从开始踩踏,到开始作用在离合器上形成切开动力传递之间,踩踏离合器踏板过程中有一部分是空载,没有做功,这部分就是离合器踏板的自由行程,如图 8-2-18 所示。

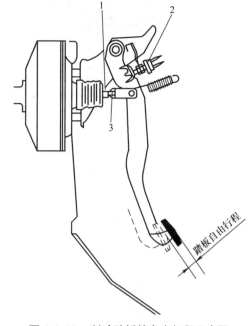

图 8-2-17 制动踏板的自由行程示意图
1—锁紧螺母 2—推杆 3—制动灯开关

假如踏板没有自由行程,即在放松离合器踏板处于结合状态,分离轴承仍与膜片弹簧内端保持接触,这样,将会加速分离轴承损坏。如果踏板自由行程过大,则使分离轴承推动膜片弹簧前移的行程缩短,压盘向后移动的距离也随之缩短,不能完全解除压盘对从动盘的压力,从而不能使离合器彻底分离,造成换档困难。车辆的离合器踏板的自由行程一般为 12~36mm,一般调整至 20mm 为佳。

检查时,用一个直尺抵在驾驶室底板上,先测量踏板完全放松时的高度,再用手轻按踏板,当感到阻力增大时再测量踏

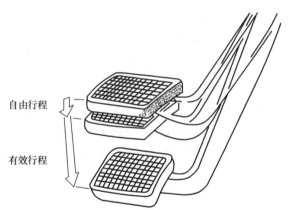

图 8-2-18 离合器踏板的自由行程示意图

板高度,两次测量的高度差即为离合器踏板的自由行程。离合器踏板自由行程的调整可通过调整螺母来进行。

调整时,对机械操纵的离合器可以旋转拉杆上的调整螺母,改变分离杠杆与分离轴承的间隙,以增大或减小踏板自由行程。调整完成后要用锁紧螺母锁紧。对于液压操纵的离合器,调整自由行程的部位在离合器总泵推杆处(图 8-2-19a),使总泵推杆与活塞之间有一定的间隙;或者改变离合器分泵推杆长度来实现(图 8-2-19b)。

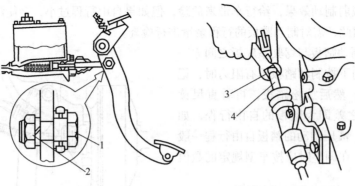

a) 调整离合器总泵推杆与活塞间隙　　b) 调整离合器分泵推杆长度

图 8-2-19　离合器踏板自由行程的调整

1—调整螺母　2—锁紧螺母　3—调整螺母　4—推杆

☞ 任务计划

独立查阅信息	教师活动：教师提供长安逸动车辆的作业指导书。 学生活动：学生独立查阅教师提供的作业指导书，提炼整理关键信息。
小组制定工作计划并展示	教师活动：教师要求学生小组合作制定"整车外部检测与调整"的工作计划，把每一个分系统的装调细节和注意事项写出来，包括为什么干、怎么干、安全、环保、工具、时间、质量检查标准等。 学生活动：学生分小组讨论，小组合作完成工作计划的制定。

☞ 任务决策

装调员工与小组长沟通工作计划	教师活动：教师选出一个学生代表（这个学生是以往决策出现问题较大的）和自己进行任务决策，教师暂时担任小组长（质检员）的角色。 学生活动：被选出的学生与教师进行决策对话，让其他学生观察，并进行口头评价、补充、改进。
提交任务决策	学生活动：每个学生制定自己的任务决策，在任务工单上表述出来。 教师活动：教师对每个学生的任务决策进行确认。

☞ 任务实施

示范操作	教师活动：教师亲自示范操作，或者播放相关微课视频。 学生活动：学生观察教师的示范操作，或者观察微课视频中的示范操作。
操作实施	教师活动：教师将学生分组，并要求学生分工明确，严格强调安全和事故预防要求等。实施过程中教师进行巡视指导。 学生活动：学生分为3组（3个装配工位），分工操作。每组4人，每组每次安排2名学生操作，所有学生轮流，每个学生都要完成一次操作。当2名学生进行操作时，同组的另外1名学生担任小组长的角色，分别对其进行评价和监督。同组的第4名学生负责查阅作业指导书等相关资料。

☞ 任务检查

5S 与检查工作结果：

教师活动： 教师提供任务检查单。要求学生分组，小组合作完成任务检查及 5S，在表单上进行标注。教师要求学生小组成员对工作过程和工作计划进行监督和评估，记录优缺点及改进建议，并口头表述。教师要重点引导学生对队友的支持性意见的表达，并训练学生接纳他人建议。

学生活动： 学生分组，小组合作完成任务检查及 5S，并在任务检查单上标注。学生按照教师的规定对小组其他成员的工作过程友善地提出改进建议。

☞ 任务评价

总结知识点、技能点和素养点：
教师活动：教师归纳整理理论体系，以一页 PPT 展示知识点、技能点和素养点。
学生活动：学生认真反思、倾听，构建适合自己学习的知识体系。学生对照学习目标进行自我评价。

 课程育人

课程育人之八

　　汽车检测是整车装配完成后对汽车装配质量的控制。人常说物竞天择，适者生存。当今世界，是一个开放的世界，发展浪潮波涛汹涌，创业意识势不可挡，一个企业要在竞争中乘风破浪，立于不败之地，必然依靠的是企业优良的产品质量。

　　金奖银奖不如客户的夸奖，金杯银杯不如客户的口碑，可见质量对一个企业的重要性，任何品牌、名牌，要想获得大家的青睐最根本的还是产品的质量。良好的、过硬的、稳定的质量，才是产品立足的基石。

　　企业要生存和发展下去，首先务必以产品或工作的质量取胜，以高质量的产品树立起社会上的信誉。因此，我们应当追求一丝不苟、精益求精的工匠精神，始终持续优质高效，只有这样，才能在激烈的竞争中立于不败之地。

参 考 文 献

[1] 甘守武，罗永前．汽车装配与调试 [M]．2 版．重庆：重庆大学出版社，2013．
[2] 任文强，李鑫，宋建民．汽车装配与调试技术 [M]．北京：北京理工大学出版社，2019．
[3] 刘敬忠．汽车装配与调试技术 [M]．北京：人民交通出版社，2015．
[4] 罗美菊，黎桂荣．汽车整车装配与调试 [M]．北京：电子工业出版社，2014．
[5] 么居标，王胜旭．汽车装配与调试 [M]．2 版．北京：高等教育出版社，2020．
[6] 王宏，袁慧彬．汽车装配与调试技术 [M]．成都：西南交通大学出版社，2013．
[7] 姚明傲，张伟．汽车装配与调试技术 [M]．2 版．北京：北京航空航天大学出版社，2020．
[8] 王蔚，王连生，吴旭．汽车发动机装配与调试 [M]．北京：中国铁道出版社，2018．
[9] 王军，冯茹，李伟．汽车自动变速器结构·原理·维修 [M]．北京：化学工业出版社，2020．
[10] 陈家瑞．汽车构造 [M]．3 版．北京：机械工业出版社，2019．
[11] 刘竞一，汪随风，杨建森．汽车底盘综合故障检修 [M]．重庆：重庆大学出版社，2016．
[12] 邢峰，杨平．汽车装配与检测 [M]．北京：机械工业出版社，2020．

高职高专汽车制造类立体化创新教材

汽车整车装配与调试任务工单

主　编　刘竞一　邓　璘　汪随风
参　编　徐凤娇　谢吉祥　张俊峰　曹怀宾
主　审　马明芳

机械工业出版社

目录

项目 1　汽车装配基础知识 ··· 1

项目 2　内饰件装配工位 ·· 4
　2.1　电气线束装配 ··· 4
　2.2　汽车天窗系统装配 ··· 7
　2.3　安全气囊系统和安全带装配 ··· 9
　2.4　制动系统操纵机构装配 ·· 12

项目 3　仪表总成装配工位 ·· 15
　3.1　变速器操纵系统装配 ··· 15
　3.2　泊车辅助系统装配 ·· 17
　3.3　仪表板与副仪表板装配 ·· 20
　3.4　空调系统装配 ·· 23

项目 4　底盘装配工位 ·· 26
　4.1　燃油供给分系统装配 ··· 26
　4.2　排气管消声器装配 ·· 29
　4.3　制动系统执行机构装配 ·· 32
　4.4　后悬架分系统装配 ·· 35

项目 5　动力总成装配工位 ·· 39
　5.1　前悬架总成装配 ··· 39
　5.2　变速器总成装配 ··· 42
　5.3　发动机总成装配 ··· 46
　5.4　冷却系统装配 ·· 49
　5.5　转向管柱总成装配 ·· 53

项目 6　外饰件装配工位 ··· 57
　6.1　刮水器分系统装配 ·· 57
　6.2　汽车照明与信号系统装配 ··· 60
　6.3　汽车保险杠装配 ··· 63

项目 7　尾线装配工位 ·· 66
　7.1　行李舱系统总成装配 ··· 66
　7.2　方向盘总成装配 ··· 69
　7.3　汽车座椅装配 ·· 71
　7.4　车门总成装配 ·· 74
　7.5　车轮总成装配 ·· 77

项目 8　整车检测与调整工位 ··· 81

项目 1
汽车装配基础知识

学习信息

一、能正确认识汽车冲压、焊装、涂装工艺流程

1. 在汽车制造业中，_____、_____、_____、_____合为四大核心技术（即四大工艺）。

2. _____是所有工序的第一步。

3. 将下列的工序名称和工序操作说明连线。

弯曲	将平面板料变成各种开口空心零件，或把空心件的形状、尺寸作进一步改变的冲压工序。
局部成形	使板料实现分离的冲压工序（包括冲孔、落料、修边、剖切等）。
冲裁	将板料沿曲线弯成一定的角度和形状的冲压工序。
拉深	用各种不同性质的局部变形来改变毛坯的冲压成形工序（包括翻边、胀形、校平和整形工序等）。

4. 请简述焊接的概念。

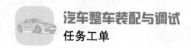

5. 汽车车身焊接主要有_____、_____、_____三种。其中_____主要应用于车身主体总成、车身侧围总成的焊接；_____主要应用于螺母的焊接；_____主要应用于车身总成的焊接。

6. 涂装的两个重要作用分别是_____和_____。

7. 请简述涂装的步骤。

二、能正确认识汽车总装生产线的布置形式及模块化生产的概念

1. 请简述常见的总装工艺布局形式有哪些。

2. 请简述模块化生产的概念。

3. _____是总装生产线上的基本单元，工位地址提供物料运送的位置，安排生产人员并完成装配任务。

4. _____是工位起点和终点之间的距离，也就是前一辆车和下一辆车的间隔距离。

5. _____是指车身从一个工位的起始点移动到终点的时间。

6. _____是完成工位作业内容所需要的时间。

三、能正确认识汽车总装工艺的基本概念和工艺流程

1. 涂装合格的车身进入总装车间装饰一线后，第一项工作是_____。在涂装作业过程中，将车门与车身装在一起整体涂装是为了_____，而到总装车间后将两者分开则是为了_____。

2. 请列举汽车总装车间典型的总装和分装工段。

四、能正确认识汽车总装输送系统、整车性能的检测及返修

1. 汽车总装输送系统主要由_____、_____和_____等组成。

2. 请简述电动单轨输送小车系统（EMS）的概念。

3. 请简述自导向输送小车（AGV）的概念。

4. 请列举汽车出厂前需要检测的主要内容。

5. 汽车制造工艺过程中任何一个制造环节的_____都是针对微小问题的维修，凡是较大的质量问题，其处理方法是_____。

6. 汽车总装的返修主要是装配调整的问题，例如：_____、_____、_____、_____、_____等。

项目 2
内饰件装配工位

2.1 电气线束装配

学习信息

一、了解汽车线束及其连接形式

1. 什么是汽车线束?

2. 请列举整车线束的分布。

二、掌握汽车线束的装配及调整方法

判断题。正确打√,错误打 ×,并改正错误。

1. 汽车线束在进行组装时应当尽量拉紧,以减少汽车线束在颠簸时的蹿动。(　　)
更正:

2. 临近位置应当布置型号和颜色均相同的插接器。(　　)
更正:

3. 插接器布置的位置应在隐蔽位置,以免影响美观。(　　)
更正:

4. 若装配线束过长,应当增加线束的固定点。(　　)
更正:

5. 线束如果从驾驶室内向室外通过钣金孔,外部线束必须高于过线孔。(　　)
更正:

6. 线束的安装应考虑其预留长度。(　　)
更正:

项目 2
内饰件装配工位

操作技能

一、工具准备

1. 在老师的指导下对整个班级进行分组，并由各小组讨论，选举出组长。组长负责班组管理，如负责分配分解任务，负责班组团队建设、班内的协调工作等（本环节重点是通过班组建设和班组内协调培养团队协作能力）。

2. 清点现场实训需要的设备情况（现场实训设备情况记录表）。

序号	工具或设备	用途

二、接受任务并制定计划

1. 任务

装配任务：电气线束总成装配。

2. 制定计划

组长根据查阅的电气线束作业指导书、互联网及相关学习资料的学习，通过班组讨论进行分解、分配任务，并由组长担任装配质量检查员。要求：应该符合维修手册及作业指导书要求；本组各人员之间工时平衡、分工明确、相互协作、不相互影响（附工艺卡片）（本环节重点培养学生能够根据维修手册的装配检验等要求把接受的装配任务进行分解、分配，即制定计划的能力）。

三、电气线束装配实训

1. 按照制定的任务分解单和标准操作工序在班组内进行装配训练（班组内合练），查找存在的问题与不足，提出改进的措施或意见并记录（班内合练记录单）（本环节重点培养学生的身体协调的能力以及根据标准操作卡进行标准化操作的能力）。

2. 在班组内进行装配训练时，要求组长（质量检查员）及时对装配质量进行检查，组长必须严格按照相关质量要求做好关键点质量检查（质量检查记录单）（本环节重点培养学生根据质量检验卡对装配质量进行检查的能力）。

3. 在进行装配训练时，要求学生根据相关教学资料（比如维修手册、互联网、学习资料等）、已有标准操作工序和自己操作的过程对缺失的标准操作工序及工位内容进行

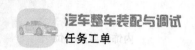

补写（本环节重点培养学生根据实际的装配作业过程编制作业指导书的能力）。

标准操作卡（操作方法卡）	
车型	班组
装配内容	
序号	操作步骤

四、轮岗训练

学生在班组内进行轮岗（包括组长，即质量检查岗）训练，通过5轮轮岗训练，要求学生能够熟练掌握本班组内的不同岗位上多个任务的操作能力以及本班组装配质量的检查能力（本环节重点是提高学生的多技能）。

五、检查评估

根据自己对任务的完成情况进行评估并提出改进意见。

任务检查单

一、请进行必要的最终任务检查

1. 是否检查任务实施过程：□是 □否
2. 装配过程是否有改进需要：□是 □否
   如有，处理意见为：
3. 检查装配间隙、拧紧力矩和干涉情况。
   （1）装配间隙是否达标：□是 □否
   （2）拧紧力矩是否合格：□是 □否
   （3）装配件是否存在干涉：□是 □否
   （4）其他不达标情况：

二、请进行必要的5S

是否5S车辆：□是 □否
是否5S工位：□是 □否
是否5S场地：□是 □否

三、根据事实的诊断与装配工作，完善改进计划

2.2 汽车天窗系统装配

学习信息

一、正确认识汽车天窗的分类及功用

1. 汽车天窗的形式有哪些？

2. 汽车天窗有什么作用？

二、正确认识汽车全景天窗的组成及功能

1. 请简述全景天窗的组成。

2. 请简述全景天窗有哪些主要功能？

操作技能

一、工具准备

1. 在老师的指导下对整个班级进行分组，并由各小组讨论，选举出组长。组长负责班组管理，如负责分配分解任务，负责班组团队建设、班内的协调工作等（本环节重点是通过班组建设和班组内协调培养团队协作能力）。

2. 清点现场实训需要的设备情况（现场实训设备情况记录表）。

序号	工具或设备	用途

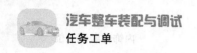

二、接受任务并制定计划

1. 任务

装配任务：汽车天窗系统总成装配。

2. 制定计划

组长根据查阅的汽车天窗系统作业指导书、互联网及相关学习资料的学习，通过班组讨论进行分解、分配任务，并由组长担任装配质量检查员。要求：应该符合维修手册及作业指导书要求；本组各人员之间工时平衡、分工明确、相互协作、不相互影响（附工艺卡片）（本环节重点培养学生能够根据维修手册的装配检验等要求把接受的装配任务进行分解、分配，即制定计划的能力）。

三、汽车天窗系统装配实训

1. 按照制定的任务分解单和标准操作工序在班组内进行装配训练（班组内合练），查找存在的问题与不足，提出改进的措施或意见并记录（班内合练记录单）（本环节重点培养学生的身体协调的能力以及根据标准操作卡进行标准化操作的能力）。

2. 在班组内进行装配训练时，要求组长（质量检查员）及时对装配质量进行检查，组长必须严格按照相关质量要求做好关键点质量检查（质量检查记录单）（本环节重点培养学生根据质量检验卡对装配质量进行检查的能力）。

3. 在进行装配训练时，要求学生根据相关教学资料（比如维修手册、互联网、学习资料等）、已有标准操作工序和自己操作的过程对缺失的标准操作工序及工位内容进行补写（本环节重点培养学生根据实际的装配作业过程编制作业指导书的能力）。

标准操作卡（操作方法卡）	
车型	班组
装配内容	
序号	操作步骤

四、轮岗训练

学生在班组内进行轮岗（包括组长，即质量检查岗）训练，通过5轮轮岗训练，要求学生能够熟练掌握本班组内的不同岗位上多个任务的操作能力以及本班组装配质量的检查能力（本环节重点是提高学生的多技能）。

五、检查评估

根据自己对任务的完成情况进行评估并提出改进意见。

任务检查单

一、请进行必要的最终任务检查
1. 是否检查任务实施过程：□是 □否
2. 装配过程是否有改进需要：□是 □否
如有，处理意见为：
3. 检查装配间隙、拧紧力矩和干涉情况。
（1）装配间隙是否达标：□是 □否
（2）拧紧力矩是否合格：□是 □否
（3）装配件是否存在干涉：□是 □否
（4）其他不达标情况：
二、请进行必要的 5S
是否 5S 车辆：□是 □否
是否 5S 工位：□是 □否
是否 5S 场地：□是 □否
三、根据事实的诊断与装配工作，完善改进计划

2.3 安全气囊系统和安全带装配

学习信息

能正确认识汽车安全气囊和安全带的结构和工作原理

1. 安全气囊系统包括_____、_____和各种_____。

2. 在车辆发生碰撞时，_____将碰撞信号发送给气囊控制器，气囊控制器能够根据碰撞的程度判断是否达到安全气囊起爆的最低要求，若达到最低要求，则发出点火指令，引爆安全气囊。

3. 轿车的安全带由_____、_____、_____、_____等部件组成。

4. 驾驶人及前排乘客座位的安全带设有_____，一旦车辆前方发生足够强度的正面碰撞时，该装置将起作用，将安全带织带回收，把前排乘客的身体紧紧地约束在座椅上，以最大限度地保护前排的乘客。

操作技能

一、工具准备

1. 在老师的指导下对整个班级进行分组，并由各小组讨论，选举出组长。组长负责班组管理，如负责分配分解任务，负责班组团队建设、班内的协调工作等（本环节重点是通过班组建设和班内协调培养团队协作能力）。

2. 清点现场实训需要的设备情况（现场实训设备情况记录表）。

序号	工具或设备	用途

二、接受任务并制定计划

1. 任务

装配任务：安全气囊系统和安全带装配。

2. 制定计划

组长根据查阅的安全气囊系统和安全带装配作业指导书、互联网及相关学习资料的学习，通过班组讨论进行分解、分配任务，并由组长担任装配质量检查员。要求：应该符合维修手册及作业指导书要求；本组各人员之间工时平衡、分工明确、相互协作、不相互影响（附工艺卡片）（本环节重点培养学生能够根据维修手册的装配检验等要求把接受的装配任务进行分解、分配，即制定计划的能力）。

三、汽车安全气囊系统和安全带装配实训

1. 按照制定的任务分解单和标准操作工序在班组内进行装配训练（班组内合练），查找存在的问题与不足，提出改进的措施或意见并记录（班内合练记录单）（本环节重点培养学生的身体协调的能力以及根据标准操作卡进行标准化操作的能力）。

2. 在班组内进行装配训练时，要求组长（质量检查员）及时对装配质量进行检查，组长必须严格按照相关质量要求做好关键点质量检查（质量检查记录单）（本环节重点培养学生根据质量检验卡对装配质量进行检查的能力）。

3. 在进行装配训练时，要求学生根据相关教学资料（比如维修手册、互联网、学习

资料等），已有标准操作工序和自己操作的过程对缺失的标准操作工序及工位内容进行补写（本环节重点培养学生根据实际的装配作业过程编制作业指导书的能力）。

标准操作卡（操作方法卡）	
车型	班组
装配内容	
序号	操作步骤

四、轮岗训练

学生在班组内进行轮岗（包括组长，即质量检查岗）训练，通过 5 轮轮岗训练，要求学生能够熟练掌握本班组内的不同岗位上多个任务的操作能力以及本班组装配质量的检查能力（本环节重点是提高学生的多技能）。

五、检查评估

根据自己对任务的完成情况进行评估并提出改进意见。

任务检查单

一、请进行必要的最终任务检查
1.是否检查任务实施过程：□是□否
2.装配过程是否有改进需要：□是□否
如有，处理意见为：
3.检查装配间隙、拧紧力矩和干涉情况。
（1）装配间隙是否达标：□是□否
（2）拧紧力矩是否合格：□是□否
（3）装配件是否存在干涉：□是□否
（4）其他不达标情况：
二、请进行必要的 5S
是否 5S 车辆：□是□否
是否 5S 工位：□是□否
是否 5S 场地：□是□否
三、根据事实的诊断与装配工作，完善改进计划

2.4 制动系统操纵机构装配

学习信息

能正确认识液压制动系统的结构和工作原理

1. 用以使行驶中的汽车降低速度甚至停车的制动系统称为_____。

2. 用以使已停驶的汽车驻留原地不动的制动系统则称为_____。

3. 在行车制动系统失效的情况下,保证汽车仍能实现减速或停车的制动系统称为_____。

4. 在行车过程中,辅助行车制动系统降低车速或保持车速稳定,但不能将车辆紧急制停的制动系统称为_____。

5. 上述各制动系统中,_____和_____是每一辆汽车都必须具备的_____。

6. 盘式制动器由_____、_____、_____、_____和_____构成。

7. 制动主缸的功用是什么?简述在踩下制动踏板时,制动主缸的工作原理。

8. 简述防抱死制动系统包含哪些功能。

9. 什么是滑移率?制动滑移率与车轮运动状态有什么关系?

10. 请简述盘式制动器的工作原理。

操作技能

一、工具准备

1. 在老师的指导下对整个班级进行分组,并由各小组讨论,选举出组长。组长负责班组管理,如负责分配分解任务,负责班组团队建设、班内的协调工作等(本环节重点是通过班组建设和班组内协调培养团队协作能力)。

2. 清点现场实训需要的设备情况(现场实训设备情况记录表)。

序号	工具或设备	用途

二、接受任务并制定计划

1. 任务

装配任务：制动操纵分系统装配。

2. 制定计划

组长根据查阅的制动操纵系统装配作业指导书、互联网及相关学习资料的学习，通过班组讨论进行分解、分配任务，并由组长担任装配质量检查员。要求：应该符合维修手册及作业指导书要求；本组各人员之间工时平衡、分工明确、相互协作、不相互影响（附工艺卡片）（本环节重点培养学生能够根据维修手册的装配检验等要求把接受的装配任务进行分解、分配，即制定计划的能力）。

三、制动操纵分系统装配实训

1. 按照制定的任务分解单和标准操作工序在班组内进行装配训练（班组内合练），查找存在的问题与不足，提出改进的措施或意见并记录（班内合练记录单）（本环节重点培养学生的身体协调的能力以及根据标准操作卡进行标准化操作的能力）。

2. 在班组内进行装配训练时，要求组长（质量检查员）及时对装配质量进行检查，组长必须严格按照相关质量要求做好关键点质量检查（质量检查记录单）（本环节重点培养学生根据质量检验卡对装配质量进行检查的能力）。

3. 在进行装配训练时，要求学生根据相关教学资料（比如维修手册、互联网、学习资料等）、已有标准操作工序和自己操作的过程对缺失的标准操作工序及工位内容进行补写（本环节重点培养学生根据实际的装配作业过程编制作业指导书的能力）。

标准操作卡（操作方法卡）	
车型	班组
装配内容	
序号	操作步骤

汽车整车装配与调试
任务工单

（续）

标准操作卡（操作方法卡）	
车型	班组
装配内容	
序号	操作步骤

四、轮岗训练

学生在班组内进行轮岗（包括组长，即质量检查岗）训练，通过5轮轮岗训练，要求学生能够熟练掌握本班组内的不同岗位上多个任务的操作能力以及本班组装配质量的检查能力（本环节重点是提高学生的多技能）。

五、检查评估

根据自己对任务的完成情况进行评估并提出改进意见。

任务检查单

一、请进行必要的最终任务检查
1. 是否检查任务实施过程：□是 □否
2. 装配过程是否有改进需要：□是 □否
如有，处理意见为：
3. 检查装配间隙、拧紧力矩和干涉情况。
（1）装配间隙是否达标：□是 □否
（2）拧紧力矩是否合格：□是 □否
（3）装配件是否存在干涉：□是 □否
（4）其他不达标情况：
二、请进行必要的5S
是否5S车辆：□是 □否
是否5S工位：□是 □否
是否5S场地：□是 □否
三、根据事实的诊断与装配工作，完善改进计划

项目 3
仪表总成装配工位

3.1 变速器操纵系统装配

学习信息

了解自动换档操纵系统的结构和工作原理

1. 自动变速器的控制机构有两种类型，一种是_____控制自动变速器，另外一种是_____控制自动变速器。
2. 电子控制式自动变速器由_____装置、_____装置和_____装置组成。
3. 自动变速器的换档时刻与_____、_____及_____和_____的选择相关。
4. 自动变速器换档操纵系统由_____总成、_____总成和_____总成组成。

操作技能

一、工具准备

1. 在老师的指导下对整个班级进行分组，并由各小组讨论，选举出组长。组长负责班组管理，如负责分配分解任务，负责班组团队建设、班内的协调工作等（本环节重点是通过班组建设和班组内协调培养团队协作能力）。
2. 清点现场实训需要的设备情况（现场实训设备情况记录表）。

序号	工具或设备	用途

(续)

序号	工具或设备	用途

二、接受任务并制定计划

1. 任务

装配任务：变速器操纵系统装配。

2. 制定计划

组长根据查阅的变速器操纵系统装配作业指导书、互联网及相关学习资料的学习，通过班组讨论进行分解、分配任务，并由组长担任装配质量检查员。要求：应该符合维修手册及作业指导书要求；本组各人员之间工时平衡、分工明确、相互协作、不相互影响（附工艺卡片）（本环节重点培养学生能够根据维修手册的装配检验等要求把接受的装配任务进行分解、分配，即制定计划的能力）。

三、变速器操纵系统装配实训

1. 按照制定的任务分解单和标准操作工序在班组内进行装配训练（班组内合练），查找存在的问题与不足，提出改进的措施或意见并记录（班内合练记录单）（本环节重点培养学生的身体协调的能力以及根据标准操作卡进行标准化操作的能力）。

2. 在班组内进行装配训练时，要求组长（质量检查员）及时对装配质量进行检查，组长必须严格按照相关质量要求做好关键点质量检查（质量检查记录单）（本环节重点培养学生根据质量检验卡对装配质量进行检查的能力）。

3. 在进行装配训练时，要求学生根据相关教学资料（比如维修手册、互联网、学习资料等）、已有标准操作工序和自己操作的过程对缺失的标准操作工序及工位内容进行补写（本环节重点培养学生根据实际的装配作业过程编制作业指导书的能力）。

标准操作卡（操作方法卡）		
车型		
装配内容	班组	
序号	操作步骤	

四、轮岗训练

学生在班组内进行轮岗（包括组长，即质量检查岗）训练，通过 5 轮轮岗训练，要求学生能够熟练掌握本班组内的不同岗位上多个任务的操作能力以及本班组装配质量的检查能力（本环节重点是提高学生的多技能）。

五、检查评估

根据自己对任务的完成情况进行评估并提出改进意见。

任务检查单

一、请进行必要的最终任务检查
1. 是否检查任务实施过程：□是 □否
2. 装配过程是否有改进需要：□是 □否
如有，处理意见为：
3. 检查装配间隙、拧紧力矩和干涉情况。
（1）装配间隙是否达标：□是 □否
（2）拧紧力矩是否合格：□是 □否
（3）装配件是否存在干涉：□是 □否
（4）其他不达标情况：
二、请进行必要的 5S
是否 5S 车辆：□是 □否
是否 5S 工位：□是 □否
是否 5S 场地：□是 □否
三、根据事实的诊断与装配工作，完善改进计划

3.2 泊车辅助系统装配

能正确认识泊车辅助系统的结构和工作原理

1. 简述全景泊车影像系统工作原理。

2. 倒车雷达主要由_____、_____、_____、_____构成。

3. 简述倒车雷达的工作原理。

4. 倒车影像是通过车辆尾部的摄像头拍摄车辆后方区域图像，再叠加由 DVD 处理的_____，在中控屏上显示车辆后方交通状况的泊车辅助工具。

操作技能

一、工具准备

1. 在老师的指导下对整个班级进行分组，并由各小组讨论，选举出组长。组长负责班组管理，如负责分配分解任务，负责班组团队建设、班内的协调工作等（本环节重点是通过班组建设和班组内协调培养团队协作能力）。

2. 清点现场实训需要的设备情况（现场实训设备情况记录表）。

序号	工具或设备	用途

二、接受任务并制定计划

1. 任务

装配任务：泊车辅助系统装配。

2. 制定计划

组长根据查阅的泊车辅助系统装配作业指导书、互联网及相关学习资料的学习，通过班组讨论进行分解、分配任务，并由组长担任装配质量检查员。要求：应该符合维修手册及作业指导书要求；本组各人员之间工时平衡、分工明确、相互协作、不相互影响（附工艺卡片）（本环节重点培养学生能够根据维修手册的装配检验等要求把接受的装配任务进行分解、分配，即制定计划的能力）。

三、汽车泊车辅助系统装配实训

1. 按照制定的任务分解单和标准操作工序在班组内进行装配训练（班组内合练），查找存在的问题与不足，提出改进的措施或意见并记录（班内合练记录单）（本环节重点培养学生的身体协调的能力以及根据标准操作卡进行标准化操作的能力）。

2. 在班组内进行装配训练时，要求组长（质量检查员）及时对装配质量进行检查，组长必须严格按照相关质量要求做好关键点质量检查（质量检查记录单）（本环节重点培养学生根据质量检验卡对装配质量进行检查的能力）。

3. 在进行装配训练时，要求学生根据相关教学资料（比如维修手册、互联网、学习资料等）、已有标准操作工序和自己操作的过程对缺失的标准操作工序及工位内容进行

补写(本环节重点培养学生根据实际的装配作业过程编制作业指导书的能力)。

标准操作卡(操作方法卡)	
车型	班组
装配内容	
序号	操作步骤

四、轮岗训练

学生在班组内进行轮岗(包括组长,即质量检查岗)训练,通过 5 轮轮岗训练,要求学生能够熟练掌握本班组内的不同岗位上多个任务的操作能力以及本班组装配质量的检查能力(本环节重点是提高学生的多技能)。

五、检查评估

根据自己对任务的完成情况进行评估并提出改进意见。

任务检查单

一、请进行必要的最终任务检查
1. 是否检查任务实施过程:□是□否
2. 装配过程是否有改进需要:□是□否
如有,处理意见为:
3. 检查装配间隙、拧紧力矩和干涉情况。
(1)装配间隙是否达标:□是□否
(2)拧紧力矩是否合格:□是□否
(3)装配件是否存在干涉:□是□否
(4)其他不达标情况:
二、请进行必要的 5S
是否 5S 车辆:□是□否
是否 5S 工位:□是□否
是否 5S 场地:□是□否
三、根据事实的诊断与装配工作,完善改进计划

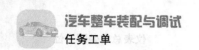

3.3 仪表板与副仪表板装配

能正确认识仪表板及副仪表板的结构

1. 请写出下图中 1~11 所对应的部件名称。

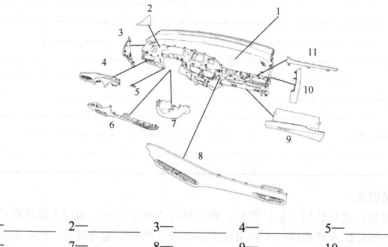

1—_____ 2—_____ 3—_____ 4—_____ 5—_____
6—_____ 7—_____ 8—_____ 9—_____ 10—_____
11—_____

2. 请写出下图中 1~7 所对应的部件名称。

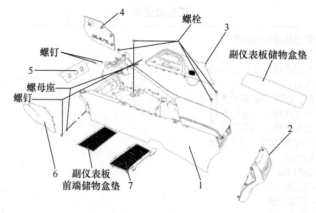

1—_____ 2—_____ 3—_____ 4—_____ 5—_____
6—_____ 7—_____

项目 3 仪表总成装配工位

操作技能

一、工具准备

1. 在老师的指导下对整个班级进行分组，并由各小组讨论，选举出组长。组长负责班组管理，如负责分配分解任务，负责班组团队建设、班内的协调工作等（本环节重点是通过班组建设和班组内协调培养团队协作能力）。

2. 清点现场实训需要的设备情况（现场实训设备情况记录表）。

序号	工具或设备	用途

二、接受任务并制定计划

1. 任务

装配任务：仪表板与副仪表板装配。

2. 制定计划

组长根据查阅的仪表板及副仪表板装配作业指导书、互联网及相关学习资料的学习，通过班组讨论进行分解、分配任务，并由组长担任装配质量检查员。要求：应该符合维修手册及作业指导书要求；本组各人员之间工时平衡、分工明确、相互协作、不相互影响（附工艺卡片）（本环节重点培养学生能够根据维修手册的装配检验等要求把接受的装配任务进行分解、分配，即制定计划的能力）。

三、仪表板及副仪表板装配实训

1. 按照制定的任务分解单和标准操作工序在班组内进行装配训练（班组内合练），查找存在的问题与不足，提出改进的措施或意见并记录（班内合练记录单）（本环节重点培养学生的身体协调的能力以及根据标准操作卡进行标准化操作的能力）。

2. 在班组内进行装配训练时，要求组长（质量检查员）及时对装配质量进行检查，组长必须严格按照相关质量要求做好关键点质量检查（质量检查记录单）（本环节重点培养学生根据质量检验卡对装配质量进行检查的能力）。

3. 在进行装配训练时，要求学生根据相关教学资料（比如维修手册、互联网、学习资料等）、已有标准操作工序和自己操作的过程对缺失的标准操作工序及工位内容进行补写（本环节重点培养学生根据实际的装配作业过程编制作业指导书的能力）。

标准操作卡（操作方法卡）		
车型		班组
装配内容		
序号	操作步骤	

四、轮岗训练

学生在班组内进行轮岗（包括组长，即质量检查岗）训练，通过5轮轮岗训练，要求学生能够熟练掌握本班组内的不同岗位上多个任务的操作能力以及本班组装配质量的检查能力（本环节重点是提高学生的多技能）。

五、检查评估

根据自己对任务的完成情况进行评估并提出改进意见。

任务检查单

一、请进行必要的最终任务检查
1. 是否检查任务实施过程：□是□否
2. 装配过程是否有改进需要：□是□否
如有，处理意见为：
3. 检查装配间隙、拧紧力矩和干涉情况。
（1）装配间隙是否达标：□是□否
（2）拧紧力矩是否合格：□是□否
（3）装配件是否存在干涉：□是□否
（4）其他不达标情况：
二、请进行必要的5S
是否5S 车辆：□是□否
是否5S 工位：□是□否
是否5S 场地：□是□否
三、根据事实的诊断与装配工作，完善改进计划

3.4 空调系统装配

学习信息

了解空调系统的结构和工作原理

1. 制冷系统用以_____，并降低车内的湿度。

2. 水暖式暖风系统一般由_____、_____、_____、_____及相应的管路组成。

3. 请简述汽车空调通风系统的作用。

4. 请写出下图中 1~11 所对应的部件名称。

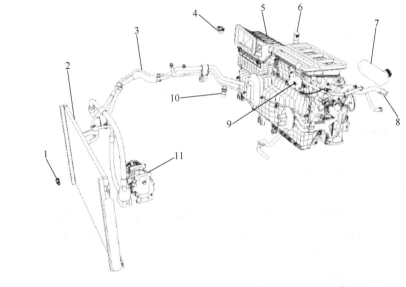

1—_____ 2—_____ 3—_____ 4—_____ 5—_____
6—_____ 7—_____ 8—_____ 9—_____ 10—_____
11—_____

5. 从空调压缩机出来的高压高温制冷剂蒸汽流入_____。

6. 暖通空调总成位于仪表板内，由暖通空调_____、暖通空调鼓风机_____、粉尘过滤器、_____、_____、_____、混合风门控制电动机以及各种空气偏转风门、通风风道构成。

7. 空调压缩机是由_____通过传动带带动压缩机离合器带轮进行驱动的。

操作技能

一、工具准备

1. 在老师的指导下对整个班级进行分组，并由各小组讨论，选举出组长。组长负责班组管理，如负责分配分解任务，负责班组团队建设、班内的协调工作等。（本环节重点是通过班组建设和班组内协调培养团队协作能力）。

2. 清点现场实训需要的设备情况（现场实训设备情况记录表）。

序号	工具或设备	用途

二、接受任务并制定计划

1. 任务

装配任务：空调系统装配。

2. 制定计划

组长根据查阅的空调系统装配作业指导书、互联网及相关学习资料的学习，通过班组讨论进行分解、分配任务，并由组长担任装配质量检查员。要求：应该符合维修手册及作业指导书要求；本组各人员之间工时平衡、分工明确、相互协作、不相互影响（附工艺卡片）（本环节重点培养学生能够根据维修手册的装配检验等要求把接受的装配任务进行分解、分配，即制定计划的能力）。

三、汽车空调系统装配实训

1. 按照制定的任务分解单和标准操作工序在班组内进行装配训练（班组内合练），查找存在的问题与不足，提出改进的措施或意见并记录（班内合练记录单）（本环节重点培养学生的身体协调的能力以及根据标准操作卡进行标准化操作的能力）。

2. 在班组内进行装配训练时，要求组长（质量检查员）及时对装配质量进行检查，组长必须严格按照相关质量要求做好关键点质量检查（质量检查记录单）（本环节重点培养学生根据质量检验卡对装配质量进行检查的能力）。

3. 在进行装配训练时，要求学生根据相关教学资料（比如维修手册、互联网、学习资料等），已有标准操作工序和自己操作的过程对缺失的标准操作工序及工位内容进行补写（本环节重点培养学生根据实际的装配作业过程编制作业指导书的能力）。

标准操作卡（操作方法卡）	
车型	班组
装配内容	
序号	操作步骤

四、轮岗训练

学生在班组内进行轮岗（包括组长，即质量检查岗）训练，通过5轮轮岗训练，要求学生能够熟练掌握本班组内的不同岗位上多个任务的操作能力以及本班组装配质量的检查能力（本环节重点是提高学生的多技能）。

五、检查评估

根据自己对任务的完成情况进行评估并提出改进意见。

任务检查单

一、请进行必要的最终任务检查
1. 是否检查任务实施过程：□是□否
2. 装配过程是否有改进需要：□是□否
如有，处理意见为：
3. 检查装配间隙、拧紧力矩和干涉情况。
（1）装配间隙是否达标：□是□否
（2）拧紧力矩是否合格：□是□否
（3）装配件是否存在干涉：□是□否
（4）其他不达标情况：
二、请进行必要的5S
是否5S车辆：□是□否
是否5S工位：□是□否
是否5S场地：□是□否
三、根据事实的诊断与装配工作，完善改进计划

项目 4
底盘装配工位

4.1 燃油供给分系统装配

学习信息

一、了解汽车燃油系统的作用和功能

燃油系统包含燃油箱_____总成、_____总成、_____总成、_____及支架总成、燃油供给管路及连接件等，用以储存、输送及清洁燃油。

二、掌握汽车燃油系统及其附件的装配方法

燃油泵将汽油从_____中泵出，通过汽油滤清器及管路输送至油轨，油泵安装在_____中，通过锁紧螺母固定。

操作技能

一、工具准备

1. 在老师的指导下对整个班级进行分组，并由各小组讨论，选举出组长。组长负责班组管理，如负责分配分解任务，负责班组团队建设、班内的协调工作等（本环节重点是通过班组建设和班组内协调培养团队协作能力）。

2. 清点现场实训需要的设备情况（现场实训设备情况记录表）。

序号	工具或设备	用途

(续)

序号	工具或设备	用途

二、接受任务并制定计划

1. 任务

装配任务：燃油供给分系统装配。

2. 制定计划

组长根据查阅的燃油供给分系统装配作业指导书、互联网及相关学习资料的学习，通过班组讨论进行分解、分配任务，并由组长担任装配质量检查员。要求：应该符合维修手册及作业指导书要求；本组各人员之间工时平衡、分工明确、相互协作、不相互影响（附工艺卡片）（本环节重点培养学生能够根据维修手册的装配检验等要求把接受的装配任务进行分解、分配，即制定计划的能力）。

三、燃油供给分系统装配实训

1. 按照制定的任务分解单和标准操作工序在班组内进行装配训练（班组内合练），查找存在的问题与不足，提出改进的措施或意见并记录（班内合练记录单）（本环节重点培养学生的身体协调的能力以及根据标准操作卡进行标准化操作的能力）。

2. 在班组内进行装配训练时，要求组长（质量检查员）及时对装配质量进行检查，组长必须严格按照相关质量要求做好关键点质量检查（质量检查记录单）（本环节重点培养学生根据质量检验卡对装配质量进行检查的能力）。

3. 在进行装配训练时，要求学生根据相关教学资料（比如维修手册、互联网、学习资料等）、已有标准操作工序和自己操作的过程对缺失的标准操作工序及工位内容进行补写（本环节重点培养学生根据实际的装配作业过程编制作业指导书的能力）。

标准操作卡（操作方法卡）		
车型	班组	
装配内容		
序号	操作步骤	

（续）

标准操作卡（操作方法卡）	
车型	班组
装配内容	
序号	操作步骤

四、轮岗训练

学生在班组内进行轮岗（包括组长，即质量检查岗）训练，通过5轮轮岗训练，要求学生能够熟练掌握本班组内的不同岗位上多个任务的操作能力以及本班组装配质量的检查能力（本环节重点是提高学生的多技能）。

五、检查评估

根据自己对任务的完成情况进行评估并提出改进意见。

任务检查单

一、请进行必要的最终任务检查
1. 是否检查任务实施过程：□是□否
2. 装配过程是否有改进需要：□是□否
如有，处理意见为：
3. 检查装配间隙、拧紧力矩和干涉情况。
（1）装配间隙是否达标：□是□否
（2）拧紧力矩是否合格：□是□否
（3）装配件是否存在干涉：□是□否
（4）其他不达标情况：
二、请进行必要的5S
是否5S 车辆：□是□否
是否5S 工位：□是□否
是否5S 场地：□是□否
三、根据事实的诊断与装配工作，完善改进计划

项目 4 底盘装配工位

4.2 排气管消声器装配

了解排气管消声器的结构和工作原理

1. 涡轮增压器的作用是什么?

2. 三元催化器是安装在汽车排气系统中最重要的机外净化装置,它可以将汽车尾气中的_____、_____和_____等有害气体通过氧化和还原作用转变为无害的二氧化碳、水和氮气。

3. 写出下图中 1~4 所示部件的名称。

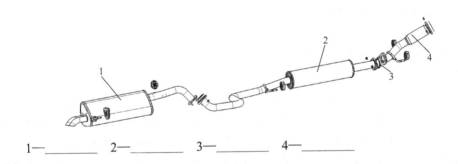

1—_____ 2—_____ 3—_____ 4—_____

一、工具准备

1. 在老师的指导下对整个班级进行分组,并由各小组讨论,选举出组长。组长负责班组管理,如负责分配分解任务,负责班组团队建设、班内的协调工作等(本环节重点是通过班组建设和班组内协调培养团队协作能力)。

2. 清点现场实训需要的设备情况(现场实训设备情况记录表)。

序号	工具或设备	用途

二、接受任务并制定计划

1. 任务

装配任务：排气管消声器装配。

2. 制定计划

组长根据查阅的排气管消声器的装配作业指导书、互联网及相关学习资料的学习，通过班组讨论进行分解、分配任务，并由组长担任装配质量检查员。要求：应该符合维修手册及作业指导书要求；本组各人员之间工时平衡、分工明确、相互协作、不相互影响（附工艺卡片）（本环节重点培养学生能够根据维修手册的装配检验等要求把接受的装配任务进行分解、分配，即制定计划的能力）。

三、排气管消声器的装配实训

1. 按照制定的任务分解单和标准操作工序在班组内进行装配训练（班组内合练），查找存在的问题与不足，提出改进的措施或意见并记录（班内合练记录单）（本环节重点培养学生的身体协调的能力以及根据标准操作卡进行标准化操作的能力）。

2. 在班组内进行装配训练时，要求组长（质量检查员）及时对装配质量进行检查，组长必须严格按照相关质量要求做好关键点质量检查（质量检查记录单）（本环节重点培养学生根据质量检验卡对装配质量进行检查的能力）。

3. 在进行装配训练时，要求学生根据相关教学资料（比如维修手册、互联网、学习资料等）、已有标准操作工序和自己操作的过程对缺失的标准操作工序及工位内容进行补写（本环节重点培养学生根据实际的装配作业过程编制作业指导书的能力）。

标准操作卡（操作方法卡）		
车型	班组	
装配内容		
序号	操作步骤	

四、轮岗训练

学生在班组内进行轮岗（包括组长，即质量检查岗）训练，通过5轮轮岗训练，要求学生能够熟练掌握本班组内的不同岗位上多个任务的操作能力以及本班组装配质量的检查能力（附轮岗训练记录单）（本环节重点是提高学生的多技能）。

五、检查评估

根据自己对任务的完成情况进行评估并提出改进意见。

任务检查单

一、请进行必要的最终任务检查
1. 是否检查任务实施过程：□是□否
2. 装配过程是否有改进需要：□是□否
如有，处理意见为：
3. 检查装配间隙、拧紧力矩和干涉情况。
（1）装配间隙是否达标：□是□否
（2）拧紧力矩是否合格：□是□否
（3）装配件是否存在干涉：□是□否
（4）其他不达标情况：
二、请进行必要的5S
是否5S车辆：□是□否
是否5S工位：□是□否
是否5S场地：□是□否
三、根据事实的诊断与装配工作，完善改进计划

4.3 制动系统执行机构装配

学习信息

一、了解轮速传感器的结构和工作原理

轮速传感器的作用是_____。

二、了解电子驻车制动系统的结构和工作原理

1.电子驻车制动系统简称_____系统。该系统去掉了传统的手拉式或脚踩式驻车操纵机构，改为用一个_____对驻车制动器进行控制。

2.在调节驻车制动拉索之前，应当将_____放到底。

3.请写出下图中1~5所对应的部件名称。

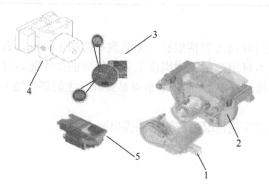

1—_____ 2—_____ 3—_____ 4—_____ 5—_____

操作技能

一、工具准备

1.在老师的指导下对整个班级进行分组，并由各小组讨论，选举出组长。组长负责班组管理，如负责分配分解任务，负责班组团队建设、班内的协调工作等（本环节重点是通过班组建设和班组内协调培养团队协作能力）。

2.清点现场实训需要的设备情况（现场实训设备情况记录表）。

序号	工具或设备	用途

二、接受任务并制定计划

1. 任务

装配任务：驻车制动操纵系统。

2. 制定计划

组长根据查阅的驻车制动操纵系统装配作业指导书、互联网及相关学习资料的学习，通过班组讨论进行分解、分配任务，并由组长担任装配质量检查员。要求：应该符合维修手册及作业指导书要求；本组各人员之间工时平衡、分工明确、相互协作、不相互影响（附工艺卡片）（本环节重点培养学生能够根据维修手册的装配检验等要求把接受的装配任务进行分解、分配，即制定计划的能力）。

三、驻车制动操纵系统装配实训

1. 按照制定的任务分解单和标准操作工序在班组内进行装配训练（班组内合练），查找存在的问题与不足，提出改进的措施或意见并记录（班内合练记录单）（本环节重点培养学生的身体协调的能力以及根据标准操作卡进行标准化操作的能力）。

2. 在班组内进行装配训练时，要求组长（质量检查员）及时对装配质量进行检查，组长必须严格按照相关质量要求做好关键点质量检查（质量检查记录单）（本环节重点培养学生根据质量检验卡对装配质量进行检查的能力）。

3. 在进行装配训练时，要求学生根据相关教学资料（比如维修手册、互联网、学习资料等）、已有标准操作工序和自己操作的过程对缺失的标准操作工序及工位内容进行补写（本环节重点培养学生根据实际的装配作业过程编制作业指导书的能力）。

标准操作卡（操作方法卡）	
车型	班组
装配内容	

序号	操作步骤

（续）

标准操作卡（操作方法卡）		
车型		班组
装配内容		
序号	操作步骤	

四、轮岗训练

学生在班组内进行轮岗（包括组长，即质量检查岗）训练，通过5轮轮岗训练，要求学生能够熟练掌握本班组内的不同岗位上多个任务的操作能力以及本班组装配质量的检查能力（本环节重点是提高学生的多技能）。

五、检查评估

根据自己对任务的完成情况进行评估并提出改进意见。

任务检查单

一、请进行必要的最终任务检查
1. 是否检查任务实施过程：□是□否
2. 装配过程是否有改进需要：□是□否
如有，处理意见为：
3. 检查装配间隙、拧紧力矩和干涉情况。
（1）装配间隙是否达标：□是□否
（2）拧紧力矩是否合格：□是□否
（3）装配件是否存在干涉：□是□否
（4）其他不达标情况：
二、请进行必要的5S
是否5S 车辆：□是□否
是否5S 工位：□是□否
是否5S 场地：□是□否
三、根据事实的诊断与装配工作，完善改进计划

4.4 后悬架分系统装配

一、了解车桥的结构和工作原理

1. 车桥又称车轴，是汽车中连接左右（前/中或后）车轮，并通过_____与车架连接的部件。

2. 支持桥既无转向功能又无驱动功能，前置前驱轿车的_____为典型的支持桥。

3. 请写出下图中 1~5 所对应的部件名称。

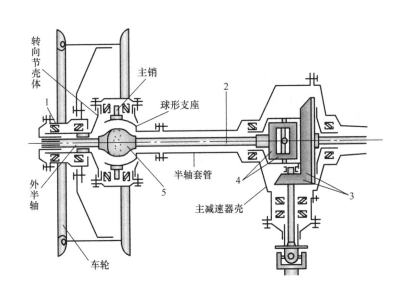

1—_____ 2—_____ 3—_____ 4—_____ 5—_____

二、了解汽车悬架系统的种类和结构

1. 汽车悬架系统由三大部分构成：_____、_____和_____。

2. 所谓多连杆式悬架，就是悬架系统的连接杆系在_____个以上，甚至更多。

3. 下图后悬架结构形式为_____悬架。

请写出下图中 1~5 所对应的部件名称。

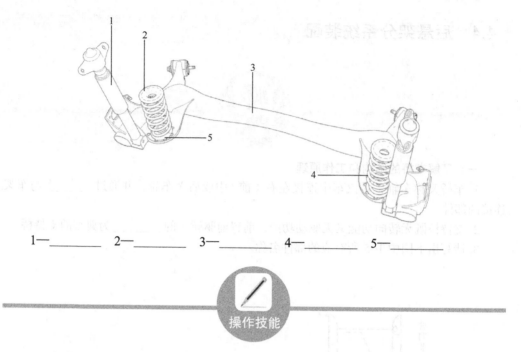

1—_____ 2—_____ 3—_____ 4—_____ 5—_____

操作技能

一、工具准备

1. 在老师的指导下对整个班级进行分组，并由各小组讨论，选举出组长。组长负责班组管理，如负责分配分解任务，负责班组团队建设、班内的协调工作等（本环节重点是通过班组建设和班组内协调培养团队协作能力）。

2. 清点现场实训需要的设备情况（现场实训设备情况记录表）。

序号	工具或设备	用途

二、接受任务并制定计划

1. 任务

装配任务：后悬架分系统装配。

2. 制定计划

组长根据查阅的后悬架分系统装配作业指导书、互联网及相关学习资料的学习，通过班组讨论进行分解、分配任务，并由组长担任装配质量检查员。要求：应该符合维修手册及作业指导书要求；本组各人员之间工时平衡、分工明确、相互协作、不相互影响（附工艺卡片）（本环节重点培养学生能够根据维修手册的装配检验等要求把接受的装配任务进行分解、分配，即制定计划的能力）。

三、后悬架分系统装配实训

1. 按照制定的任务分解单和标准操作工序在班组内进行装配训练（班组内合练），查找存在的问题与不足，提出改进的措施或意见并记录（班内合练记录单）（本环节重点培养学生的身体协调的能力以及根据标准操作卡进行标准化操作的能力）。

2. 在班组内进行装配训练时，要求组长（质量检查员）及时对装配质量进行检查，组长必须严格按照相关质量要求做好关键点质量检查（质量检查记录单）（本环节重点培养学生根据质量检验卡对装配质量进行检查的能力）。

3. 在进行装配训练时，要求学生根据相关教学资料（比如维修手册、互联网、学习资料等）、已有标准操作工序和自己操作的过程对缺失的标准操作工序及工位内容进行补写（本环节重点培养学生根据实际的装配作业过程编制作业指导书的能力）。

标准操作卡（操作方法卡）	
车型	班组
装配内容	
序号	操作步骤

四、轮岗训练

学生在班组内进行轮岗（包括组长，即质量检查岗）训练，通过5轮轮岗训练，要求学生能够熟练掌握本班组内的不同岗位上多个任务的操作能力以及本班组装配质量的检查能力（本环节重点是提高学生的多技能）。

五、检查评估

根据自己对任务的完成情况进行评估并提出改进意见。

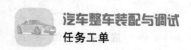

任务检查单

一、请进行必要的最终任务检查
1. 是否检查任务实施过程：□是 □否
2. 装配过程是否有改进需要：□是 □否
如有，处理意见为：
3. 检查装配间隙、拧紧力矩和干涉情况。
（1）装配间隙是否达标：□是 □否
（2）拧紧力矩是否合格：□是 □否
（3）装配件是否存在干涉：□是 □否
（4）其他不达标情况：

二、请进行必要的5S
是否5S 车辆：□是 □否
是否5S 工位：□是 □否
是否5S 场地：□是 □否

三、根据事实的诊断与装配工作，完善改进计划

项目 5
动力总成装配工位

5.1 前悬架总成装配

学习信息

一、了解汽车前悬架总成的基本结构

下图前悬架结构形式为_____悬架。

请写出下图中 1~7 所对应的部件名称。

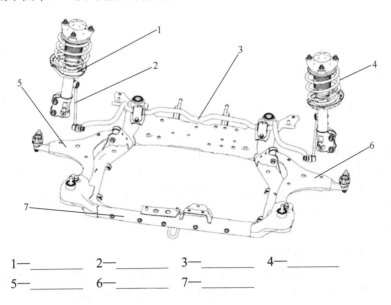

1—_____ 2—_____ 3—_____ 4—_____
5—_____ 6—_____ 7—_____

二、掌握汽车前悬架分系统装配的基本流程

1. 稳定杆是汽车悬架系统的一部分,有时也称为防横摇稳定杆或防侧倾杆,在实际应用中,稳定杆的作用是_____。

2. 汽车的前支柱系统主要包括_____和_____两部分。

3. _____也是发动机托架。发动机通过左、右支架被装配至_____上。

操作技能

一、工具准备

1. 在老师的指导下对整个班级进行分组，并由各小组讨论，选举出组长。组长负责班组管理，如负责分配分解任务，负责班组团队建设、班内的协调工作等（本环节重点是通过班组建设和班组内协调培养团队协作能力）。

2. 清点现场实训需要的设备情况（现场实训设备情况记录表）。

序号	工具或设备	用途

二、接受任务并制定计划

1. 任务

装配任务：前悬架分系统装配。

2. 制定计划

组长根据查阅的前悬架分系统装配操作作业指导书、互联网及相关学习资料的学习，通过班组讨论进行分解、分配任务，并由组长担任装配质量检查员。要求：应该符合维修手册及作业指导书要求；本组各人员之间工时平衡、分工明确、相互协作、不相互影响（附工艺卡片）（本环节重点培养学生能够根据维修手册的装配检验等要求把接受的装配任务进行分解、分配，即制定计划的能力）。

三、前悬架分系统装配实训

1. 按照制定的任务分解单和标准操作工序在班组内进行装配训练（班组内合练），查找存在的问题与不足，提出改进的措施或意见并记录（班内合练记录单）（本环节重点培养学生的身体协调的能力以及根据标准操作卡进行标准化操作的能力）。

2. 在班组内进行装配训练时，要求组长（质量检查员）及时对装配质量进行检查，组长必须严格按照相关质量要求做好关键点质量检查（质量检查记录单）（本环节重点培养学生根据质量检验卡对装配质量进行检查的能力）。

3. 在进行装配训练时，要求学生根据相关教学资料（比如维修手册、互联网、学习资料等）、已有标准操作工序和自己操作的过程对缺失的标准操作工序及工位内容进行

补写（本环节重点培养学生根据实际的装配作业过程编制作业指导书的能力）。

标准操作卡（操作方法卡）	
车型	班组
装配内容	
序号	操作步骤

四、轮岗训练

学生在班组内进行轮岗（包括组长，即质量检查岗）训练，通过5轮轮岗训练，要求学生能够熟练掌握本班组内的不同岗位上多个任务的操作能力以及本班组装配质量的检查能力（附轮岗训练记录单）（本环节重点是提高学生的多技能）。

五、检查评估

根据自己对任务的完成情况进行评估并提出改进意见。

任务检查单

一、请进行必要的最终任务检查
1. 是否检查任务实施过程：□是□否
2. 装配过程是否有改进需要：□是□否
如有，处理意见为：
3. 检查装配间隙、拧紧力矩和干涉情况。
（1）装配间隙是否达标：□是□否
（2）拧紧力矩是否合格：□是□否
（3）装配件是否存在干涉：□是□否
（4）其他不达标情况：
二、请进行必要的5S
是否5S 车辆：□是□否
是否5S 工位：□是□否
是否5S 场地：□是□否
三、根据事实的诊断与装配工作，完善改进计划

5.2 变速器总成装配

学习信息

一、了解汽车变速器的基本类型

汽车自动变速器按行星齿轮传动机构不同可以分为_____和_____。

二、了解辛普森式和拉维娜式自动变速器的基本结构和工作原理

1.图中的机构是什么？1~7表示的零件是什么？

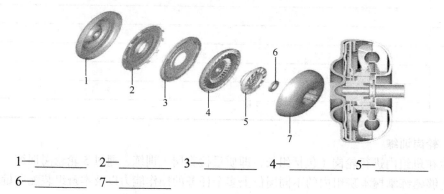

1—_____ 2—_____ 3—_____ 4—_____ 5—_____
6—_____ 7—_____

2.图中的机构是什么？1~6表示的零件是什么？

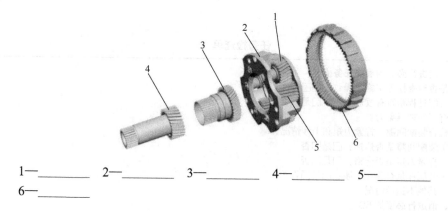

1—_____ 2—_____ 3—_____ 4—_____ 5—_____
6—_____

3.请写出图中1~9表示的零件结构名称。

项目 5 动力总成装配工位

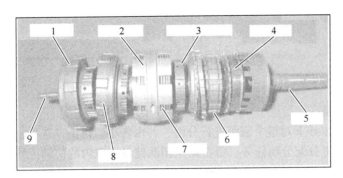

1—_____ 2—_____ 3—_____ 4—_____ 5—_____
6—_____ 7—_____ 8—_____ 9—_____

4. AT 中换档执行机构包括哪些？它们各自的作用是什么？

5. 请写出右图中 1~5 表示的零件结构名称。

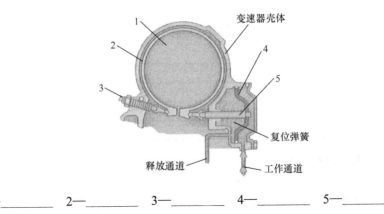

1—_____ 2—_____ 3—_____ 4—_____ 5—_____

6. 请写出右图中 1~4 表示的零件结构名称。

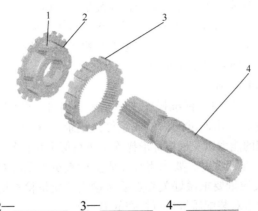

1—_____ 2—_____ 3—_____ 4—_____

操作技能

一、工具准备

1. 在老师的指导下对整个班级进行分组,并由各小组讨论,选举出组长。组长负责班组管理,如负责分配分解任务,负责班组团队建设、班内的协调工作等(本环节重点是通过班组建设和班组内协调培养团队协作能力)。

2. 清点现场实训需要的设备情况(现场实训设备情况记录表)。

序号	工具或设备	用途

二、接受任务并制定计划

1. 任务

分装线装配任务:变速器总成装配。

2. 制定计划

组长根据查阅的自动变速器分装作业指导书、互联网及相关学习资料的学习,通过班组讨论进行分解、分配任务,并由组长担任装配质量检查员。要求:应该符合维修手册及作业指导书要求;本组各人员之间工时平衡、分工明确、相互协作、不相互影响(附任务分解单)(本环节重点培养学生能够根据维修手册的装配检验等要求把接受的装配任务进行分解、分配,即制定计划的能力)。

三、自动变速器拆装实训

1. 按照制定的任务分解单和标准操作工序在班组内进行装配训练(班组内合练),查找存在的问题与不足,提出改进的措施或意见并记录(班组合练记录单)(本环节重点培养学生的身体协调的能力以及根据标准操作卡进行标准化操作的能力)。

2. 在班组内进行装配训练时,要求组长(质量检查员)及时对装配质量进行检查,组长必须严格按照相关质量要求做好关键点质量检查(质量检查记录单)(本环节重点培养学生根据质量检验卡对装配质量进行检查的能力)。

3. 在进行装配训练时，要求学生根据相关教学资料（比如维修手册、互联网、学习资料等）、已有标准操作工序和自己操作的过程对缺失的标准操作工序及工位内容进行补写（本环节重点培养学生根据实际的装配作业过程编制作业指导书的能力）。

标准操作卡（操作方法卡）	
车型	班组
装配内容	
序号	操作步骤

四、轮岗训练

学生在班组内进行轮岗（包括组长，即质量检查岗）训练，通过5轮轮岗训练，要求学生能够熟练掌握本班组内的不同岗位上多个任务的操作能力以及本班组装配质量的检查能力（附轮岗训练记录单）（本环节重点是提高学生的多技能）。

五、检查评估

根据自己对任务的完成情况进行评估并提出改进意见。

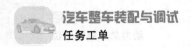

任务检查单

一、请进行必要的最终任务检查
1. 是否检查任务实施过程：□是 □否
2. 装配过程是否有改进需要：□是 □否
如有，处理意见为：
3. 检查装配间隙、拧紧力矩和干涉情况。
（1）装配间隙是否达标：□是 □否
（2）拧紧力矩是否合格：□是 □否
（3）装配件是否存在干涉：□是 □否
（4）其他不达标情况：
二、请进行必要的5S
是否5S 车辆：□是 □否
是否5S 工位：□是 □否
是否5S 场地：□是 □否
三、根据事实的诊断与装配工作，完善改进计划

5.3 发动机总成装配

一、掌握发动机的结构和工作原理

1. 内燃机按照冷却方式不同可以分为_____发动机和_____发动机。

2. 发动机每一次将热能转化为机械能都必须经过_____、_____、_____和_____这样一系列连续过程，称为一个工作循环。

3. 配气机构的功用是按照发动机每一气缸内所进行的工作循环和发火次序的要求，定时开启和关闭_____和_____，使可燃混合气或空气进入气缸，并使_____从气缸内排出，实现换气过程。

4. 名词解释。
（1）上止点：_____。
（2）下止点：_____。
（3）活塞行程：_____。
（4）气缸工作容积：_____。
（5）燃烧室容积：_____。
（6）发动机工作容积：_____。
（7）压缩比：_____。

5. 请简述发动机的工作原理。

二、掌握汽车动力总成的装配方式

1. 在实际的生产流水线中，动力总成的装配包括了_____总成、_____总成、_____总成、_____总成等，同时与_____合装。

2. 驱动轴将动力从_____传递到_____。

3. 去掉_____上的防尘堵盖，将驱动轴装配护套装配到_____的驱动轴装配孔中，然后将驱动轴总成插入到_____传动轴孔中，并将传动轴放平，旋入_____中。

4. 转向力由方向盘经_____传递到_____小齿轮轴，通过_____传递到_____左右横拉杆上，再由左右横拉杆传递到_____，再至_____。

5. 机械式转向器安装在_____上。

操作技能

一、工具准备

1. 在老师的指导下对整个班级进行分组，并由各小组讨论，选举出组长。组长负责班组管理，如负责分配分解任务，负责班组团队建设、班内的协调工作等（本环节重点是通过班组建设和班组内协调培养团队协作能力）。

2. 清点现场实训需要的设备情况（现场实训设备情况记录表）。

序号	工具或设备	用途

二、接受任务并制定计划

1. 任务

分装线装配任务：发动机总成装配。

2. 制定计划

组长根据查阅的发动机总成装配作业指导书、互联网及相关学习资料的学习，通过班组讨论进行分解、分配任务，并由组长担任装配质量检查员。要求：应该符合维修

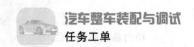

手册及作业指导书要求；本组各人员之间工时平衡、分工明确、相互协作、不相互影响（附任务分解单）（本环节重点培养学生能够根据维修手册的装配检验等要求把接受的装配任务进行分解、分配，即制定计划的能力）。

三、发动机拆装实训

1. 按照制定的任务分解单和标准操作工序在班组内进行装配训练（班组内合练），查找存在的问题与不足，提出改进的措施或意见并记录（班内合练记录单）（本环节重点培养学生的身体协调的能力以及根据标准操作卡进行标准化操作的能力）。

2. 在班组内进行装配训练时，要求组长（质量检查员）及时对装配质量进行检查，组长必须严格按照相关质量要求做好关键点质量检查（质量检查记录单）（本环节重点培养学生根据质量检验卡对装配质量进行检查的能力）。

3. 在进行装配训练时，要求学生根据相关教学资料（比如维修手册、互联网、学习资料等）、已有标准操作工序和自己操作的过程对缺失的标准操作工序及工位内容进行补写（本环节重点培养学生根据实际的装配作业过程编制作业指导书的能力）。

标准操作卡（操作方法卡）	
车型	班组
装配内容	
序号	操作步骤

四、轮岗训练

学生在班组内进行轮岗（包括组长，即质量检查岗）训练，通过 5 轮轮岗训练，要求学生能够熟练掌握本班组内的不同岗位上多个任务的操作能力以及本班组装配质量的检查能力（附轮岗训练记录单）（本环节重点是提高学生的多技能）。

五、检查评估

根据自己对任务的完成情况进行评估并提出改进意见。

任务检查单

一、请进行必要的最终任务检查
1. 是否检查任务实施过程：□是 □否
2. 装配过程是否有改进需要：□是 □否
如有，处理意见为：
3. 检查装配间隙、拧紧力矩和干涉情况。
（1）装配间隙是否达标：□是 □否
（2）拧紧力矩是否合格：□是 □否
（3）装配件是否存在干涉：□是 □否
（4）其他不达标情况：
二、请进行必要的 5S
是否 5S 车辆：□是 □否
是否 5S 工位：□是 □否
是否 5S 场地：□是 □否
三、根据事实的诊断与装配工作，完善改进计划

5.4 冷却系统装配

学习信息

了解发动机冷却系统的结构和工作原理

1. 发动机冷却系的作用是什么？

2. 发动机的冷却方式有哪几种？分别是如何对发动机进行冷却的？

3. 电子辅助冷却液泵的作用是什么？

4. 写出右图水冷系中 1~9 机件结构的名称。

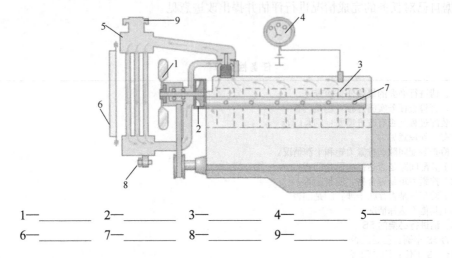

1—_____ 2—_____ 3—_____ 4—_____ 5—_____
6—_____ 7—_____ 8—_____ 9—_____

5. 简述小循环工作过程。

6. 简述大循环工作过程。

7. 简述混合循环工作过程。

操作技能

一、工具准备

1. 在老师的指导下对整个班级进行分组，并由各小组讨论，选举出组长。组长负责班组管理，如负责分配分解任务，负责班组团队建设、班内的协调工作等（本环节重点是通过班组建设和班组内协调培养团队协作能力）。

2. 清点现场实训需要的设备情况（现场实训设备情况记录表）。

序号	工具或设备	用途

二、接受任务并制定计划

1. 任务

装配任务：发动机冷却系统装配。

2. 制定计划

组长根据查阅的发动机冷却系统装配作业指导书、互联网及相关学习资料的学习，通过班组讨论进行分解、分配任务，并由组长担任装配质量检查员。要求：应该符合维修手册及作业指导书要求；本组各人员之间工时平衡、分工明确、相互协作、不相互影响（附工艺卡片）（本环节重点培养学生能够根据维修手册的装配检验等要求把接受的装配任务进行分解、分配，即制定计划的能力）。

三、发动机冷却系统装配实训

1. 按照制定的任务分解单和标准操作工序在班组内进行装配训练（班组内合练），查找存在的问题与不足，提出改进的措施或意见并记录（班内合练记录单）（本环节重点培养学生的身体协调的能力以及根据标准操作卡进行标准化操作的能力）。

2. 在班组内进行装配训练时，要求组长（质量检查员）及时对装配质量进行检查，组长必须严格按照相关质量要求做好关键点质量检查（质量检查记录单）（本环节重点培养学生根据质量检验卡对装配质量进行检查的能力）。

3. 在进行装配训练时，要求学生根据相关教学资料（比如维修手册、互联网、学材等）、已有标准操作工序和自己操作的过程对缺失的标准操作工序及工位内容进行补写（本环节重点培养学生根据实际的装配作业过程编制作业指导书的能力）。

标准操作卡（操作方法卡）	
车型	班组
装配内容	
序号	操作步骤

四、轮岗训练

学生在班组内进行轮岗（包括组长，即质量检查岗）训练，通过5轮轮岗训练，要求学生能够熟练掌握本班组内的不同岗位上多个任务的操作能力以及本班组装配质量的检查能力（本环节重点是提高学生的多技能）。

五、检查评估

根据自己对任务的完成情况进行评估并提出改进意见。

任务检查单

一、请进行必要的最终任务检查
1. 是否检查任务实施过程：□是 □否
2. 装配过程是否有改进需要：□是 □否
如有，处理意见为：
3. 检查装配间隙、拧紧力矩和干涉情况。
（1）装配间隙是否达标：□是 □否
（2）拧紧力矩是否合格：□是 □否
（3）装配件是否存在干涉：□是 □否
（4）其他不达标情况：
二、请进行必要的5S
是否5S 车辆：□是 □否
是否5S 工位：□是 □否
是否5S 场地：□是 □否
三、根据事实的诊断与装配工作，完善改进计划

5.5 转向管柱总成装配

学习信息

了解电动助力转向管柱的结构和工作原理

1. EPS 是_____的缩写。

2. 电动式电控动力转向系统有三种类型：_____助力式_____助力式和_____助力式。

3. 请写出下图中 1~5 所对应的部件名称。

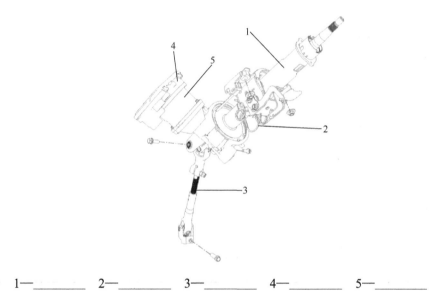

1—_____ 2—_____ 3—_____ 4—_____ 5—_____

4. 简述 CEPS 的控制原理。

5. 简述转向盘转矩传感器的安装位置及作用。

操作技能

一、工具准备

1. 在老师的指导下对整个班级进行分组，并由各小组讨论，选举出组长。组长负责班组管理，如负责分配分解任务，负责班组团队建设、班内的协调工作等（本环节重点是通过班组建设和班组内协调培养团队协作能力）。

2. 清点现场实训需要的设备情况（现场实训设备情况记录表）。

序号	工具或设备	用途

二、接受任务并制定计划

1. 任务

装配任务：转向管柱分系统装配。

2. 制定计划

组长根据查阅的电动助力转向管柱装配作业指导书、互联网及相关学习资料的学习，通过班组讨论进行分解、分配任务，并由组长担任装配质量检查员。要求：应该符合维修手册及作业指导书要求；本组各人员之间工时平衡、分工明确、相互协作、不相互影响（附工艺卡片）（本环节重点培养学生能够根据维修手册的装配检验等要求把接受的装配任务进行分解、分配，即制定计划的能力）。

三、转向管柱分系统装配实训

1. 按照制定的任务分解单和标准操作工序在班组内进行装配训练（班组内合练），查找存在的问题与不足，提出改进的措施或意见并记录（班内合练记录单）（本环节重点培养学生的身体协调的能力以及根据标准操作卡进行标准化操作的能力）。

2. 在班组内进行装配训练时，要求组长（质量检查员）及时对装配质量进行检查，组长必须严格按照相关质量要求做好关键点质量检查（质量检查记录单）（本环节重点培养学生根据质量检验卡对装配质量进行检查的能力）。

3. 在进行装配训练时，要求学生根据相关教学资料（比如维修手册、互联网、学习资料等）、已有标准操作工序和自己操作的过程对缺失的标准操作工序及工位内容进行补写（本环节重点培养学生根据实际的装配作业过程编制作业指导书的能力）。

标准操作卡（操作方法卡）	
车型	班组
装配内容	
序号	操作步骤

四、轮岗训练

学生在班组内进行轮岗（包括组长，即质量检查岗）训练，通过 5 轮轮岗训练，要求学生能够熟练掌握本班组内的不同岗位上多个任务的操作能力以及本班组装配质量的检查能力（本环节重点是提高学生的多技能）。

五、检查评估

根据自己对任务的完成情况进行评估并提出改进意见。

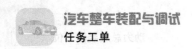

任务检查单

一、请进行必要的最终任务检查
1. 是否检查任务实施过程：□是 □否
2. 装配过程是否有改进需要：□是 □否
如有，处理意见为：
3. 检查装配间隙、拧紧力矩和干涉情况。
（1）装配间隙是否达标：□是 □否
（2）拧紧力矩是否合格：□是 □否
（3）装配件是否存在干涉：□是 □否
（4）其他不达标情况：
二、请进行必要的5S
是否5S车辆：□是 □否
是否5S工位：□是 □否
是否5S场地：□是 □否
三、根据事实的诊断与装配工作，完善改进计划

项目 6 外饰件装配工位

6.1 刮水器分系统装配

学习信息

了解刮水器系统的组成和工作原理

1. 刮水器系统由_____、_____、_____和_____组成。
洗涤器则是由_____、_____和_____等组成。
2. 永磁式电动机是通过改变_____的串联的绕组数来调速。
3. 刮水器的高低速是通过电动机内部三个电刷的互换来改变的。电动机两个并联匝数越多，速度越_____，反之则越_____。
4. 电枢绕组反向电动势一定时，转速和正、负电刷之间串联的电枢线圈个数成_____比。
5. 请写出右图刮水器电路中 1~13 的结构名称。

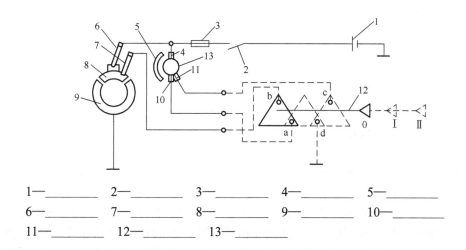

1—_____ 2—_____ 3—_____ 4—_____ 5—_____
6—_____ 7—_____ 8—_____ 9—_____ 10—_____
11—_____ 12—_____ 13—_____

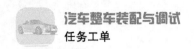

6. 根据第 5 题中的图示写出刮水器在低速档、高速档和复位档时的电流走向。

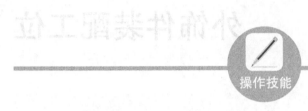

一、工具准备

1. 在老师的指导下对整个班级进行分组,并由各小组讨论,选举出组长。组长负责班组管理,如负责分配分解任务,负责班组团队建设、班内的协调工作等(本环节重点是通过班组建设和班组内协调培养团队协作能力)。

2. 清点现场实训需要的设备情况(现场实训设备情况记录表)。

序号	工具或设备	用途

二、接受任务并制定计划

1. 任务

装配任务:刮水器分系统装配。

2. 制定计划

组长根据查阅的刮水器分系统装配作业指导书、互联网及相关学习资料的学习,通过班组讨论进行分解、分配任务,并由组长担任装配质量检查员。要求:应该符合维修手册及作业指导书要求;本组各人员之间工时平衡、分工明确、相互协作、不相互影响

（附工艺卡片）（本环节重点培养学生能够根据维修手册的装配检验等要求把接受的装配任务进行分解、分配，即制定计划的能力）。

三、刮水器分系统装配实训

1. 按照制定的任务分解单和标准操作工序在班组内进行装配训练（班组内合练），查找存在的问题与不足，提出改进的措施或意见并记录（班内合练记录单）（本环节重点培养学生的身体协调的能力以及根据标准操作卡进行标准化操作的能力）。

2. 在班组内进行装配训练时，要求组长（质量检查员）及时对装配质量进行检查，组长必须严格按照相关质量要求做好关键点质量检查（质量检查记录单）（本环节重点培养学生根据质量检验卡对装配质量进行检查的能力）。

3. 在进行装配训练时，要求学生根据相关教学资料（比如维修手册、互联网、学习资料等）、已有标准操作工序和自己操作的过程对缺失的标准操作工序及工位内容进行补写（本环节重点培养学生根据实际的装配作业过程编制作业指导书的能力）。

标准操作卡（操作方法卡）	
车型	班组
装配内容	
序号	操作步骤

四、轮岗训练

学生在班组内进行轮岗（包括组长，即质量检查岗）训练，通过 5 轮轮岗训练，要求学生能够熟练掌握本班组内的不同岗位上多个任务的操作能力以及本班组装配质量的检查能力（附轮岗训练记录单）（本环节重点是提高学生的多技能）。

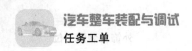

五、检查评估

根据自己对任务的完成情况进行评估并提出改进意见。

任务检查单

一、请进行必要的最终任务检查
1. 是否检查任务实施过程：□是 □否
2. 装配过程是否有改进需要：□是 □否
如有，处理意见为：
3. 检查装配间隙、拧紧力矩和干涉情况。
（1）装配间隙是否达标：□是 □否
（2）拧紧力矩是否合格：□是 □否
（3）装配件是否存在干涉：□是 □否
（4）其他不达标情况：
二、请进行必要的 5S
是否 5S 车辆：□是 □否
是否 5S 工位：□是 □否
是否 5S 场地：□是 □否
三、根据事实的诊断与装配工作，完善改进计划

6.2 汽车照明与信号系统装配

了解汽车照明系统的组成和分类

1. 下列照明灯哪些属于信号装置？（　　　）
A. 前照灯　　　　B. 牌照灯　　　　C. 尾灯　　　　D. 雾灯
2. 前照灯由灯泡、反射镜、_____三部分组成。
3. 充气灯泡充入的气体有氮气以及_____性气体氪、氙、氩等。

一、工具准备

1. 在老师的指导下对整个班级进行分组，并由各小组讨论，选举出组长。组长负责班组管理，如负责分配分解任务，负责班组团队建设、班内的协调工作等（本环节重点

项目 6 外饰件装配工位

是通过班组建设和班组内协调培养团队协作能力）。

2.清点现场实训需要的设备情况（现场实训设备情况记录表）。

序号	工具或设备	用途

二、接受任务并制定计划

1. 任务

装配任务：照明系统装配。

2. 制定计划

组长根据查阅的车身照明与信号系统作业指导书、互联网及相关学习资料的学习，通过班组讨论进行分解、分配任务，并由组长担任装配质量检查员。要求：应该符合维修手册及作业指导书要求；本组各人员之间工时平衡、分工明确、相互协作、不相互影响（附工艺卡片）（本环节重点培养学生能够根据维修手册的装配检验等要求把接受的装配任务进行分解、分配，即制定计划的能力）。

三、照明与信号系统装配实训

1. 按照制定的任务分解单和标准操作工序在班组内进行装配训练（班组内合练），查找存在的问题与不足，提出改进的措施或意见并记录（班内合练记录单）（本环节重点培养学生的身体协调的能力以及根据标准操作卡进行标准化操作的能力）。

2. 在班组内进行装配训练时，要求组长（质量检查员）及时对装配质量进行检查，组长必须严格按照相关质量要求做好关键点质量检查（质量检查记录单）（本环节重点培养学生根据质量检验卡对装配质量进行检查的能力）。

3. 在进行装配训练时，要求学生根据相关教学资料（比如维修手册、互联网、学习资料等）、已有标准操作工序和自己操作的过程对缺失的标准操作工序及工位内容进行补写（本环节重点培养学生根据实际的装配作业过程编制作业指导书的能力）。

标准操作卡（操作方法卡）		
车型		班组
装配内容		
序号	操作步骤	

四、轮岗训练

学生在班组内进行轮岗（包括组长，即质量检查岗）训练，通过5轮轮岗训练，要求学生能够熟练掌握本班组内的不同岗位上多个任务的操作能力以及本班组装配质量的检查能力（本环节重点是提高学生的多技能）。

五、检查评估

根据自己对任务的完成情况进行评估并提出改进意见。

任务检查单

一、请进行必要的最终任务检查
1. 是否检查任务实施过程：□是□否
2. 装配过程是否有改进需要：□是□否
如有，处理意见为：
3. 检查装配间隙、拧紧力矩和干涉情况。
（1）装配间隙是否达标：□是□否
（2）拧紧力矩是否合格：□是□否
（3）装配件是否存在干涉：□是□否
（4）其他不达标情况：
二、请进行必要的5S
是否5S 车辆：□是□否
是否5S 工位：□是□否
是否5S 场地：□是□否
三、根据事实的诊断与装配工作，完善改进计划

项目 6 外饰件装配工位

6.3 汽车保险杠装配

学习信息

了解汽车保险杠的作用及结构

1. 汽车保险杠分为前保险杠和后保险杠，属于_____件。

2. 现在轿车大多数采用塑料保险杠，塑料保险杠由外板、缓冲材料和横梁三部分组成，其中外板和缓冲材料用_____制成，横梁用厚度为 1.5mm 左右的冷轧薄板冲压成 U 形槽。

3. 从_____上看，保险杠在汽车发生碰撞事故时能起到缓冲作用，保护前、后车体；从_____上看，保险杠可以很自然地与车体结合在一起，具有很好的装饰性，成为装饰轿车的重要部件。

操作技能

一、工具准备

1. 在老师的指导下对整个班级进行分组，并由各小组讨论，选举出组长。组长负责班组管理，如负责分配分解任务，负责班组团队建设、班内的协调工作等（本环节重点是通过班组建设和班组内协调培养团队协作能力）。

2. 清点现场实训需要的设备情况（现场实训设备情况记录表）。

序号	工具或设备	用途

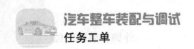

二、接受任务并制定计划

1. 任务

装配任务：汽车保险杠装配。

2. 制定计划

组长根据查阅的保险杠作业指导书、互联网及相关学习资料的学习，通过班组讨论进行分解、分配任务，并由组长担任装配质量检查员。要求：应该符合维修手册及作业指导书要求；本组各人员之间工时平衡、分工明确、相互协作、不相互影响（附工艺卡片）（本环节重点培养学生能够根据维修手册的装配检验等要求把接受的装配任务进行分解、分配，即制定计划的能力）。

三、汽车保险杠装配实训

1. 按照制定的任务分解单和标准操作工序在班组内进行装配训练（班组内合练），查找存在的问题与不足，提出改进的措施或意见并记录（班内合练记录单）（本环节重点培养学生的身体协调的能力以及根据标准操作卡进行标准化操作的能力）。

2. 在班组内进行装配训练时，要求组长（质量检查员）及时对装配质量进行检查，组长必须严格按照相关质量要求做好关键点质量检查（质量检查记录单）（本环节重点培养学生根据质量检验卡对装配质量进行检查的能力）。

3. 在进行装配训练时，要求学生根据相关教学资料（比如维修手册、互联网、学习资料等）、已有标准操作工序和自己操作的过程对缺失的标准操作工序及工位内容进行补写（本环节重点培养学生根据实际的装配作业过程编制作业指导书的能力）。

标准操作卡（操作方法卡）	
车型	班组
装配内容	

序号	操作步骤

四、轮岗训练

学生在班组内进行轮岗（包括组长，即质量检查岗）训练，通过 5 轮轮岗训练，要求学生能够熟练掌握本班组内的不同岗位上多个任务的操作能力以及本班组装配质量的检查能力（本环节重点是提高学生的多技能）。

五、检查评估

根据自己对任务的完成情况进行评估并提出改进意见。

任务检查单

一、请进行必要的最终任务检查
1. 是否检查任务实施过程：□是□否
2. 装配过程是否有改进需要：□是□否
如有，处理意见为：
3. 检查装配间隙、拧紧力矩和干涉情况。
（1）装配间隙是否达标：□是□否
（2）拧紧力矩是否合格：□是□否
（3）装配件是否存在干涉：□是□否
（4）其他不达标情况：

二、请进行必要的 5S
是否 5S 车辆：□是□否
是否 5S 工位：□是□否
是否 5S 场地：□是□否

三、根据事实的诊断与装配工作，完善改进计划

项目 7
尾线装配工位

7.1 行李舱系统总成装配

学习信息

了解行李舱的作用和结构

1. 汽车行李舱是装载物品的空间,由行李舱组件与车身地板钣金件构成。行李舱基本位于轿车车身的后部,因此又俗称为_____。

2. 行李舱门开启器开关一般来说位于_____下面,拉动此开关便能打开行李舱门。

3. 在没有关闭行李舱门的情况下驾驶车辆,可能会导致行李舱门_____和其他部件的损坏。

操作技能

一、工具准备

1. 在老师的指导下对整个班级进行分组,并由各小组讨论,选举出组长。组长负责班组管理,如负责分配分解任务,负责班组团队建设、班内的协调工作等(本环节重点是通过班组建设和班组内协调培养团队协作能力)。

2. 清点现场实训需要的设备情况(现场实训设备情况记录表)。

序号	工具或设备	用途

（续）

序号	工具或设备	用途

二、接受任务并制定计划

1. 任务

装配任务：汽车行李舱装配。

2. 制定计划

组长根据查阅的汽车行李舱装配作业指导书、互联网及相关学习资料的学习，通过班组讨论进行分解、分配任务，并由组长担任装配质量检查员。要求：应该符合维修手册及作业指导书要求；本组各人员之间工时平衡、分工明确、相互协作、不相互影响（附工艺卡片）（本环节重点培养学生能够根据维修手册的装配检验等要求把接受的装配任务进行分解、分配，即制定计划的能力）。

三、汽车行李舱装配实训

1. 按照制定的任务分解单和标准操作工序在班组内进行装配训练（班组内合练），查找存在的问题与不足，提出改进的措施或意见并记录（班内合练记录单）（本环节重点培养学生的身体协调的能力以及根据标准操作卡进行标准化操作的能力）。

2. 在班组内进行装配训练时，要求组长（质量检查员）及时对装配质量进行检查，组长必须严格按照相关质量要求做好关键点质量检查（质量检查记录单）（本环节重点培养学生根据质量检验卡对装配质量进行检查的能力）。

3. 在进行装配训练时，要求学生根据相关教学资料（比如维修手册、互联网、学习资料等）、已有标准操作工序和自己操作的过程对缺失的标准操作工序及工位内容进行补写（本环节重点培养学生根据实际的装配作业过程编制作业指导书的能力）。

标准操作卡（操作方法卡）	
车型	班组
装配内容	
序号	操作步骤

（续）

标准操作卡（操作方法卡）	
车型	班组
装配内容	
序号	操作步骤

四、轮岗训练

学生在班组内进行轮岗（包括组长，即质量检查岗）训练，通过 5 轮轮岗训练，要求学生能够熟练掌握本班组内的不同岗位上多个任务的操作能力以及本班组装配质量的检查能力（附轮岗训练记录单）（本环节重点是提高学生的多技能）。

五、检查评估

根据自己对任务的完成情况进行评估并提出改进意见。

任务检查单

一、请进行必要的最终任务检查
1. 是否检查任务实施过程：□是□否
2. 装配过程是否有改进需要：□是□否
如有，处理意见为：
3. 检查装配间隙、拧紧力矩和干涉情况。
（1）装配间隙是否达标：□是□否
（2）拧紧力矩是否合格：□是□否
（3）装配件是否存在干涉：□是□否
（4）其他不达标情况：
二、请进行必要的5S
是否5S 车辆：□是□否
是否5S 工位：□是□否
是否5S 场地：□是□否
三、根据事实的诊断与装配工作，完善改进计划

7.2 方向盘总成装配

学习信息

一、了解汽车方向盘的定义和作用

1. 驾驶人通过_____控制车辆直行或改变方向。

2. 方向盘尺寸的设计标准应是驾驶人的手掌能全部握住方向盘。太大的直径会减少手的夹持力，降低灵活性。直径过细也对操作者有影响，一般来说，盘径为_____mm，握把直径为_____mm。

二、了解汽车方向盘的结构

1. 方向盘属于转向_____机构。由_____、_____、_____构成。

2. 方向盘骨架由_____、_____和_____构成。

3. 方向盘加热的原理是靠_____发热。通常情况下是在包裹方向盘的真皮里面垫一层_____，电源线通过方向盘下方与转轴相连接的部位给_____供电，进行加热。并且大部分带有方向盘加热功能的车型都重点为方向盘_____点和_____点方向，也就是手握的区域加热，这样既简化了技术，又节约了成本。

三、掌握方向盘的安装方法

安装方向盘前，确保车轮处于_____位置。安装方向盘时保证方向盘_____指向转向管柱上的标记位置。

操作技能

一、工具准备

1. 在老师的指导下对整个班级进行分组，并由各小组讨论，选举出组长。组长负责班组管理，如负责分配分解任务，负责班组团队建设、班内的协调工作等（本环节重点是通过班组建设和班组内协调培养团队协作能力）。

2. 清点现场实训需要的设备情况（现场实训设备情况记录表）。

序号	工具或设备	用途

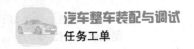

二、接受任务并制定计划

1. 任务

装配任务：方向盘总成装配。

2. 制定计划

组长根据查阅的方向盘总成装配作业指导书、互联网及相关学习资料的学习，通过班组讨论进行分解、分配任务，并由组长担任装配质量检查员。要求：应该符合维修手册及作业指导书要求；本组各人员之间工时平衡、分工明确、相互协作、不相互影响（附工艺卡片）（本环节重点培养学生能够根据维修手册的装配检验等要求把接受的装配任务进行分解、分配，即制定计划的能力）。

三、方向盘总成装配实训

（1）按照制定的任务分解单和标准操作工序在班组内进行装配训练（班组内合练），查找存在的问题与不足，提出改进的措施或意见并记录（班内合练记录单）（本环节重点培养学生的身体协调的能力以及根据标准操作卡进行标准化操作的能力）。

（2）在班组内进行装配训练时，要求组长（质量检查员）及时对装配质量进行检查，组长必须严格按照相关质量要求做好关键点质量检查（质量检查记录单）（本环节重点培养学生根据质量检验卡对装配质量进行检查的能力）。

（3）在进行装配训练时，要求学生根据相关教学资料（比如维修手册、互联网、学习资料等）、已有标准操作工序和自己操作的过程对缺失的标准操作工序及工位内容进行补写（本环节重点培养学生根据实际的装配作业过程编制作业指导书的能力）。

标准操作卡（操作方法卡）	
车型	班组
装配内容	
序号	操作步骤

四、轮岗训练

学生在班组内进行轮岗（包括组长，即质量检查岗）训练，通过5轮轮岗训练，要求学生能够熟练掌握本班组内的不同岗位上多个任务的操作能力以及本班组装配质量的检查能力（本环节重点是提高学生的多技能）。

五、检查评估

根据自己对任务的完成情况进行评估并提出改进意见。

任务检查单

一、请进行必要的最终任务检查
1. 是否检查任务实施过程：□是□否
2. 装配过程是否有改进需要：□是□否
如有，处理意见为：
3. 检查装配间隙、拧紧力矩和干涉情况。
（1）装配间隙是否达标：□是□否
（2）拧紧力矩是否合格：□是□否
（3）装配件是否存在干涉：□是□否
（4）其他不达标情况：
二、请进行必要的 5S
是否 5S 车辆：□是□否
是否 5S 工位：□是□否
是否 5S 场地：□是□否
三、根据事实的诊断与装配工作，完善改进计划

7.3 汽车座椅装配

学习信息

了解汽车座椅的结构和工作原理

1. 座椅由哪些结构组成？

2. 座椅滑轨的作用是什么？分为哪两种类型？

3. 什么是座椅的调角器装置？

4. 座椅的高度调节装置的作用是什么？

5. 写出右图中座椅的高度调节装置 1~8 的结构名称。并写出座椅高度调节器的工作原理。

1—_____

2—_____

3—_____

4—_____

5—_____

6—_____

7—_____

8—_____

操作技能

一、工具准备

1. 在老师的指导下对整个班级进行分组，并由各小组讨论，选举出组长。组长负责班组管理，如负责分配分解任务，负责班组团队建设、班内的协调工作等（本环节重点是通过班组建设和班内协调培养团队协作能力）。

2. 清点现场实训需要的设备情况（现场实训设备情况记录表）。

序号	工具或设备	用途

二、接受任务并制定计划

1. 任务

装配任务：汽车座椅装配。

2. 制定计划

组长根据查阅的汽车座椅装配作业指导书、互联网及相关学习资料的学习，通过班组讨论进行分解、分配任务，并由组长担任装配质量检查员。要求：应该符合维修手册及作业指导书要求；本组各人员之间工时平衡、分工明确、相互协作、不相互影响（附工艺卡片）（本环节重点培养学生能够根据维修手册的装配检验等要求把接受的装配任务进行分解、分配，即制定计划的能力）。

三、汽车座椅装配实训

1. 按照制定的任务分解单和标准操作工序在班组内进行装配训练（班组内合练），查找存在的问题与不足，提出改进的措施或意见并记录（班内合练记录单）（本环节重点培养学生的身体协调的能力以及根据标准操作卡进行标准化操作的能力）。

2. 在班组内进行装配训练时，要求组长（质量检查员）及时对装配质量进行检查，组长必须严格按照相关质量要求做好关键点质量检查（质量检查记录单）（本环节重点培养学生根据质量检验卡对装配质量进行检查的能力）。

3. 在进行装配训练时，要求学生根据相关教学资料（比如维修手册、互联网、学习资料等）、已有标准操作工序和自己操作的过程对缺失的标准操作工序及工位内容进行补写（本环节重点培养学生根据实际的装配作业过程编制作业指导书的能力）。

标准操作卡（操作方法卡）	
车型	班组
装配内容	

序号	操作步骤

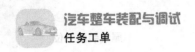

四、轮岗训练

学生在班组内进行轮岗(包括组长,即质量检查岗)训练,通过5轮轮岗训练,要求学生能够熟练掌握本班组内的不同岗位上多个任务的操作能力以及本班组装配质量的检查能力(本环节重点是提高学生的多技能)。

五、检查评估

根据自己对任务的完成情况进行评估并提出改进意见。

任务检查单

一、请进行必要的最终任务检查
1. 是否检查任务实施过程:□是□否
2. 装配过程是否有改进需要:□是□否
 如有,处理意见为:
3. 检查装配间隙、拧紧力矩和干涉情况。
 (1)装配间隙是否达标:□是□否
 (2)拧紧力矩是否合格:□是□否
 (3)装配件是否存在干涉:□是□否
 (4)其他不达标情况:
二、请进行必要的5S
是否5S 车辆:□是□否
是否5S 工位:□是□否
是否5S 场地:□是□否
三、根据事实的诊断与装配工作,完善改进计划

7.4 车门总成装配

学习信息

了解车门的结构及其主要部件的功能和工作原理

1. 汽车车门的类型有哪些?

2. 请简述汽车车门的组成。

3. 请简述绳轮式玻璃升降器的工作原理。

4. 写出图中 1~7 所示部件的名称，并写出其工作原理。

1—_____
2—_____
3—_____
4—_____
5—_____
6—_____
7—_____

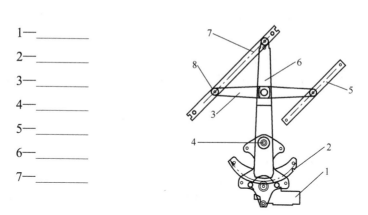

操作技能

一、工具准备

1. 在老师的指导下对整个班级进行分组，并由各小组讨论，选举出组长。组长负责班组管理，如负责分配分解任务，负责班组团队建设、班内的协调工作等（本环节重点是通过班组建设和班组内协调培养团队协作能力）。

2. 清点现场实训需要的设备情况（现场实训设备情况记录表）。

序号	工具或设备	用途

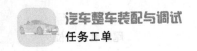

二、接受任务并制定计划

1. 任务

装配任务：车门总成装配。

2. 制定计划

组长根据查阅的车门总成装配作业指导书、互联网及相关学习资料的学习，通过班组讨论进行分解、分配任务，并由组长担任装配质量检查员。要求：应该符合维修手册及作业指导书要求；本组各人员之间工时平衡、分工明确、相互协作、不相互影响（附工艺卡片）（本环节重点培养学生能够根据维修手册的装配检验等要求把接受的装配任务进行分解、分配，即制定计划的能力）。

三、车门总成装配实训

1. 按照制定的任务分解单和标准操作工序在班组内进行装配训练（班组内合练），查找存在的问题与不足，提出改进的措施或意见并记录（班内合练记录单）（本环节重点培养学生的身体协调的能力以及根据标准操作卡进行标准化操作的能力）。

2. 在班组内进行装配训练时，要求组长（质量检查员）及时对装配质量进行检查，组长必须严格按照相关质量要求做好关键点质量检查（质量检查记录单）（本环节重点培养学生根据质量检验卡对装配质量进行检查的能力）。

3. 在进行装配训练时，要求学生根据相关教学资料（比如维修手册、互联网、学习资料等）、已有标准操作工序和自己操作的过程对缺失的标准操作工序及工位内容进行补写（本环节重点培养学生根据实际的装配作业过程编制作业指导书的能力）。

标准操作卡（操作方法卡）	
车型	班组
装配内容	
序号	操作步骤

四、轮岗训练

学生在班组内进行轮岗（包括组长，即质量检查岗）训练，通过 5 轮轮岗训练，要求学生能够熟练掌握本班组内的不同岗位上多个任务的操作能力以及本班组装配质量的检查能力（本环节重点是提高学生的多技能）。

五、检查评估

根据自己对任务的完成情况进行评估并提出改进意见。

任务检查单

一、请进行必要的最终任务检查
1. 是否检查任务实施过程：□是□否
2. 装配过程是否有改进需要：□是□否
如有，处理意见为：
3. 检查装配间隙、拧紧力矩和干涉情况。
（1）装配间隙是否达标：□是□否
（2）拧紧力矩是否合格：□是□否
（3）装配件是否存在干涉：□是□否
（4）其他不达标情况：
二、请进行必要的 5S
是否 5S 车辆：□是□否
是否 5S 工位：□是□否
是否 5S 场地：□是□否
三、根据事实的诊断与装配工作，完善改进计划

7.5 车轮总成装配

了解轮辋及轮胎的结构和规格代号

1. 写出下图中 1~5 所示部件的名称。

1—_____
2—_____
3—_____
4—_____
5—_____

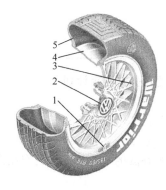

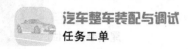

2. 6.5-20 表示_____的多件式平底宽轮辋。

3. 请简述轮胎扁平率的意义。

4. 轮胎规格的表示方法认识：请写出 1~6 所表示的意义。

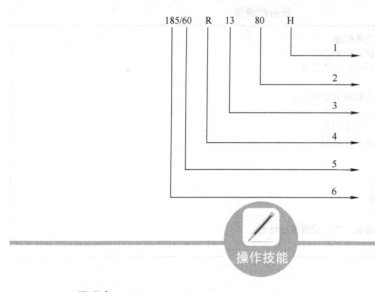

一、工具准备

1. 在老师的指导下对整个班级进行分组，并由各小组讨论，选举出组长。组长负责班组管理，如负责分配分解任务，负责班组团队建设、班内的协调工作等（本环节重点是通过班组建设和班组内协调培养团队协作能力）。

2. 清点现场实训需要的设备情况（现场实训设备情况记录表）。

序号	工具或设备	用途

二、接受任务并制定计划

1. 任务

装配任务：车轮总成装配。

2. 制定计划

组长根据查阅的车轮总成装配作业指导书、互联网及相关学习资料的学习，通过班组讨论进行分解、分配任务，并由组长担任装配质量检查员。要求：应该符合维修手册及作业指导书要求；本组各人员之间工时平衡、分工明确、相互协作、不相互影响（附工艺卡片）（本环节重点培养学生能够根据维修手册的装配检验等要求把接受的装配任务进行分解、分配，即制定计划的能力）。

三、车轮总成装配实训

（1）按照制定的任务分解单和标准操作工序在班组内进行装配训练（班组内合练），查找存在的问题与不足，提出改进的措施或意见并记录（班内合练记录单）（本环节重点培养学生的身体协调的能力以及根据标准操作卡进行标准化操作的能力）。

（2）在班组内进行装配训练时，要求组长（质量检查员）及时对装配质量进行检查，组长必须严格按照相关质量要求做好关键点质量检查（质量检查记录单）（本环节重点培养学生根据质量检验卡对装配质量进行检查的能力）。

（3）在进行装配训练时，要求学生根据相关教学资料（比如维修手册、互联网、学习资料等）、已有标准操作工序和自己操作的过程对缺失的标准操作工序及工位内容进行补写（本环节重点培养学生根据实际的装配作业过程编制作业指导书的能力）。

标准操作卡（操作方法卡）	
车型	班组
装配内容	
序号	操作步骤

四、轮岗训练

学生在班组内进行轮岗（包括组长，即质量检查岗）训练，通过5轮轮岗训练，要求学生能够熟练掌握本班组内的不同岗位上多个任务的操作能力以及本班组装配质量的检查能力（本环节重点是提高学生的多技能）。

五、检查评估

根据自己对任务的完成情况进行评估并提出改进意见。

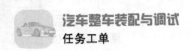

任务检查单

一、请进行必要的最终任务检查
1. 是否检查任务实施过程：□是 □否
2. 装配过程是否有改进需要：□是 □否
如有，处理意见为：
3. 检查装配间隙、拧紧力矩和干涉情况。
（1）装配间隙是否达标：□是 □否
（2）拧紧力矩是否合格：□是 □否
（3）装配件是否存在干涉：□是 □否
（4）其他不达标情况：

二、请进行必要的5S
是否 5S 车辆：□是 □否
是否 5S 工位：□是 □否
是否 5S 场地：□是 □否

三、根据事实的诊断与装配工作，完善改进计划

项目 8
整车检测与调整工位

一、掌握车身外部检查的项目及操作方法
1. 车辆技术参数符合性检查的目的：_____。
2. 请简述车身对称性检查的方法：

① _____。
② _____。

3. 请简述车身检查的作业路径：
① _____。
② _____。
③ _____。
④ _____。
⑤ _____。
⑥ _____。

4. 请简述缝隙均匀对称检查的方法：
_____。

5. 请简述前照灯检查的方法：

① _____。

② _____。

③ _____。

④ _____。

6. 请简述刮水器片检查的方法：

① _____。

② _____。

③ _____。

④ _____。

7. 请简述发动机舱检查的方法：

① _____。

② _____。

③ _____。

④ _____。

⑤ _____。

8. 请简述制动系统排气的操作方法：

① _____。

② _____。

③ _____。

④ _____。

⑤ _____。

⑥ _____。

9. 连线题。

请将下列图片与对应的检查部位的名称连接。

项目 8 整车检测与调整工位

制动液液面检查

刮水器清洗液液面检查

发动机机油液位检查

冷却液液面检查

10. 单选题。

（1）车身对称性检查。车体外缘左右对称部位高度差不得大于（　　）。

A. 20cm　　　　B. 30cm　　　　C. 40cm　　　　D. 50cm

（2）电压检查是通过蓄电池测量仪或万用表来测量蓄电池的电压。正常情况下，蓄电池的空载电压在（　　）V 左右。

A. 11　　　　B. 12　　　　C. 13　　　　D. 14

11. 多选题。

（1）车身对称性检查的目的是观察车身是否有严重的歪斜现象。检查车架和车身是否变形、悬架是否断裂、轮胎气压是否正常。如有异常，应予以调整，否则，车身歪斜会越来越严重，引起（　　）等问题。

A. 操纵不稳　　B. 转向沉重　　C. 高速发飘　　D. 行驶跑偏

（2）汽车漆面检查的方法为：近距离查看车身漆面有无（　　）等现象。

A. 划痕　　　　B. 刮伤　　　　C. 生锈　　　　D. 掉漆

二、掌握车身内部检查的项目及操作方法

1. 根据图片的提示写出汽车内部检查项目名称及检查方法。

汽车整车装配与调试
任务工单

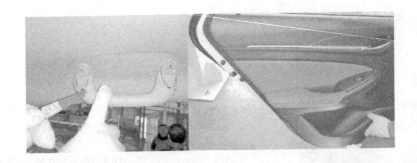

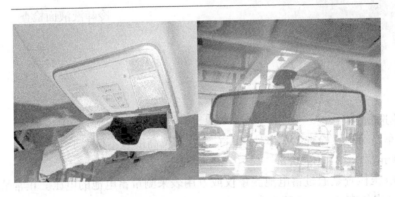

项目 8
整车检测与调整工位

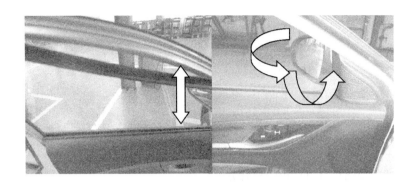

危险警告灯开关

座椅前、后调节旋钮　座椅高度调节旋钮　靠背角度调节旋钮

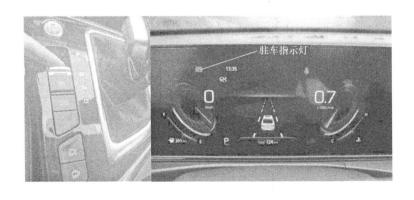

驻车指示灯

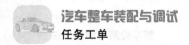

天窗控制开关

2. 请简述制动踏板自由行程的检查方法。

操作技能

一、工具准备

1. 在老师的指导下对整个班级进行分组,并由各小组讨论,选举出组长。组长负责班组管理,如负责分配分解任务,负责班组团队建设、班内的协调工作等(本环节重点是通过班组建设和班组内协调培养团队协作能力)。

2. 清点现场实训需要的设备情况(现场实训设备情况记录表)。

序号	工具或设备	数量	用途	设备状况

二、接受任务并制定计划

1. 任务
装配任务：整车装配检测与调整。

2. 制定计划
组长根据查阅的作业指导书、互联网及相关学习资料的学习，通过班组讨论进行分解、分配任务，并由组长担任装配质量检查员。要求：应该符合维修手册及作业指导书要求；本组各人员之间工时平衡、分工明确、相互协作、不相互影响（附任务分解单）（本环节重点培养学生能够根据维修手册的装配检验等要求把接受的装配任务进行分解、分配，即制定计划的能力）。

三、整车装配检测与调整实训

1. 按照制定的任务分解单和标准操作工序在班组内进行装配训练（班组内合练），查找存在的问题与不足，提出改进的措施或意见并记录（班内合练记录单）（本环节重点培养学生的身体协调的能力以及根据标准操作卡进行标准化操作的能力）。

2. 在班组内进行装配训练时，要求组长（质量检查员）及时对装配质量进行检查，组长必须严格按照相关质量要求做好关键点质量检查（质量检查记录单）（本环节重点培养学生根据质量检验卡对装配质量进行检查的能力）。

3. 在进行装配训练时，要求学生根据相关教学资料（比如维修手册、互联网、学习资料等）、已有标准操作工序和自己操作的过程对缺失的标准操作工序及工位内容进行补写（本环节重点培养学生根据实际的装配作业过程编制作业指导书的能力）。

标准操作卡（操作方法卡）			
车型		班组	
装配内容			
序号	操作步骤	操作方法	注意事项

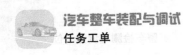

四、轮岗训练

学生在班组内进行轮岗（包括组长，即质量检查岗）训练，通过5轮轮岗训练，要求学生能够熟练掌握本班组内的不同岗位上多个任务的操作能力以及本班组装配质量的检查能力（附轮岗训练记录单）（本环节重点是提高学生的多技能）。

五、检查评估

根据自己对任务的完成情况进行评估并提出改进意见。

任务检查单

一、请进行必要的最终任务检查
1. 是否检查任务实施过程：□是 □否
2. 装配过程是否有改进需要：□是 □否
如有，处理意见为：
3. 检查装配间隙、拧紧力矩和干涉情况。
（1）装配间隙是否达标：□是 □否
（2）拧紧力矩是否合格：□是 □否
（3）装配件是否存在干涉：□是 □否
（4）其他不达标情况：
二、请进行必要的5S
是否5S 车辆：□是 □否
是否5S 工位：□是 □否
是否5S 场地：□是 □否
三、根据事实的诊断与装配工作，完善改进计划